文化视角下对外汉语教学研究

刘 宁 王保红 陈 波 著

吉林文史出版社

图书在版编目（ＣＩＰ）数据

文化视角下对外汉语教学研究 / 刘宁, 王保红, 陈波著. –– 长春 : 吉林文史出版社, 2023.10

ISBN 978-7-5472-9858-9

Ⅰ. ①文… Ⅱ. ①刘… ②王… ③陈… Ⅲ. ①对外汉语教学—教学研究 Ⅳ. ①H195

中国国家版本馆CIP数据核字(2023)第196191号

文化视角下对外汉语教学研究
WENHUA SHIJIAOXIA DUIWAI HANYU JIAOXUE YANJIU
著　　者：刘　宁　王保红　陈　波
责任编辑：高丹丹
封面设计：万典文化
出版发行：吉林文史出版社有限责任公司
地　　址：长春市福祉大路出版集团 A 座
邮　　编：130117
网　　址：WWW.jlws.com.cn
印　　厂：北京四海锦诚印刷技术有限公司
开　　本：170mm×240mm 1/16
印　　张：17.5
字　　数：405 千字
版　　次：2023 年 10 月第 1 版 2024 年 4 月第 1 次印刷
书　　号：ISBN 978-7-5472-9858-9
定　　价：98.00 元

前言 preface

随着经济全球化和信息时代的到来，不同文化背景的人们之间的交往日益频繁，人们对跨文化交际能力的要求越来越强烈。同时，由于中国国际地位和影响力的提高，全世界各地不断地掀起了"汉语热"。对外汉语教学在文化交际和传播中起着重要的作用，对外汉语教学不仅是一种汉语教学行为，还是一种跨文化交际的行为。

本书是文化视角下对外汉语教学研究方向的书籍，本书从对外汉语教学理论基础介绍入手，针对对外汉语教学理论研究的基本框架、第二语言能力结构研究、对外汉语教学的途径和方式进行了分析研究；另外对跨文化交际与第二语言习得、对外汉语课堂教学的程序、对外汉语教学中的类推法做了一定的介绍；还剖析了文化视角下对外汉语语音教学、文化视角下对外汉语语法教学、文化视角下对外汉语词汇教学、对外汉语课堂教学及评估、文化视角下对外汉语教师的素质培养等内容；旨在摸索出一条适合文化视角下对外汉语教学的科学道路，帮助其工作者在应用中少走弯路，运用科学方法，提高教学与学习效率。对文化视角下对外汉语教学研究有一定的借鉴意义。

在本书的策划和写作过程中，曾参阅了国内外有关的大量文献和资料，从其中得到启示；同时也得到了有关领导、同事、朋友及学生的大力支持与帮助。在此致以衷心的感谢。本书的选材和写作还有一些不尽如人意的地方，加上编者学识水平和时间所限，书中难免存在缺点，敬请同行专家及读者指正，以便进一步完善提高。

　　本书由青岛科技大学外国语学院刘宁、山东外贸职业学院国际官员研修学院王保红、湖南电子科技职业学院陈波著。具体撰写分工如下：刘宁负责第一章至第三章的撰写工作（共计16万字），王保红负责第四章至第六章的撰写工作（共计11.7万字），陈波负责第七章至第九章的撰写工作（共计12.6万字）。刘宁负责全书的统稿和修改。

目录 contents

第一章　对外汉语教学理论基础 ·· 1

　第一节 对外汉语教学理论研究的基本框架 ························· 1

　第二节 第二语言能力结构研究 ··································· 8

　第三节 对外汉语教学的途径和方式 ······························· 19

第二章　跨文化交际与第二语言习得 ······························· 39

　第一节 跨文化交际的内涵 ····································· 39

　第二节 跨文化交际中的文化适应与文化休克 ····················· 49

　第三节 跨文化交际与文化教学的态度和方法 ····················· 56

　第四节 第二语言习得研究的基本概念 ····························· 58

　第五节 汉语习得研究的多元视角 ··································· 62

第三章　对外汉语课堂教学的程序 ································· 83

　第一节 课堂教学的准备 ····································· 83

　第二节 教案的撰写 ··· 91

　第三节 组织教学 ··· 94

　第四节 文化导入与跨文化意识的培养 ····························· 99

　第五节 课堂教学与课外实践 ··································· 104

第四章　对外汉语教学中的类推法 ······························· 108

　第一节 对外汉语习得中类推的必然性和重要性 ··················· 108

　第二节 类推法在对外汉语教学中的教学原则 ····················· 114

　第三节 类推法在对外汉语教学中的学法原则 ····················· 129

　第四节 类推法在对外汉语教学中的教材原则 ····················· 135

第五章　文化视角下对外汉语语音教学 138

第一节　对外汉语语音教学的重要性及其难点 138

第二节　外国学生汉语语音偏误与对外汉语教学的原则 144

第三节　对外汉语语音教学的方法与技巧分析 154

第六章　文化视角下对外汉语语法教学 161

第一节　对外汉语语法教学的重要性和必要性 161

第二节　外国学生汉语语法偏误与对外汉语教学的原则 165

第三节　对外汉语语法教学的方法与技巧分析 171

第七章　文化视角下对外汉语词汇教学 187

第一节　现代汉语词汇的特点 187

第二节　词汇教学的重要性和任务 190

第三节　词汇教学的重点与难点 191

第四节　词汇教学的基本原则 197

第五节　不同文化模式对汉语文化词语的认识 200

第六节　对外汉语词汇教学的方法与技巧分析 204

第八章　对外汉语课堂教学及评估 217

第一节　课堂教学活动概述 217

第二节　课堂教学行为研究 223

第三节　课堂教学结构分析 229

第四节　基础汉语课堂教学方法 232

第五节　基础汉语教学中的课堂操练 239

第六节　课堂教学评估 245

第九章　文化视角下对外汉语教师的素质培养 252

第一节　教师的发展类型 252

第二节　对外汉语教师的智能储备 257

第三节　对外汉语教师的基本素养 261

第四节　对外汉语教师的角色意识 264

第五节　对外汉语教师要掌握的研究方法 266

参考文献 271

第一章 对外汉语教学理论基础

第一节　对外汉语教学理论研究的基本框架

一、对外汉语教学的学科定位

对外汉语教学是不是一个独立的学科，以及它的归属问题，即它的上位学科究竟是什么，目前还存在不同的认识。

对外汉语教学是否被看作是一个独立的学科并不重要，重要的是找准自己的位置，把握住自己的学术方向，以便寻求准确的研究切入点，切实地进行基础研究与应用研究，使对外汉语教学的学科水平得以真正的提高。如果我们还盘桓于"对外汉语教学学科地位上进一步论证"，一味在对外汉语教学的"名"与"实"之间辩诘，甚至在对外汉语教学隶属于哪一门学科上纠缠，加强对外汉语教学的学科建设，岂不是会流于一句空话。对外汉语教学是语言教学的一种，是应用语言学的一个分支学科，这已成为对外汉语教学界大多数人的共识，本文的总体思路，就是基于这样一种共识而展开的。

19 世纪初，语言理论方面的研究与语言应用方面的研究开始分化。那时，作为应用语言学一个分支的语言教学同当时着重探讨历史问题的语言学分了手。可以说，语言教学，它是应用语言学中最古老的一个分支，但语言教学成为一个独立学科还是近几十年的事，也有人说有了上百年的历史。英国戴维·克里斯特尔所编《现代语言学词典》认为，应用语言学"主要关心的是如何应用语言学理论、方法和成果来阐释其他经验领域遇到的语言问题。应用语言学发展最充分的分支是外语教学，有时这个名称似乎只指这个领域。但是近年来，出现了好几个其他应用领域，包括语言故障的语言学分析（临床语言学）、母语教育中的语言使用（教育语言学）、词典学的发展、翻译和风格学等"。这就是说，狭义的应用语言学是以语言教学为对象的应用学科。这里的语言教学，特指外语教学。我们还特别注意到，只有母语教育中的语言使用，才是"教育语言学"范围内的事。

从事对外汉语教学，自然要对教学中的各种现象进行研究，严格来讲，这并非学科建设。作为学科的对外汉语研究，是要探讨对外汉语教学中"有可能严格体系化的那个部分"。也就是说，对外汉语研究，尤其应该探讨对外汉语教学中的一般原则、方法和规律，以建立自身的科学研究体系。

关于这门学科的内部构成，我国语言学家邢福义先生有很好的概述："作为一门学科，'对外汉语教学'具有两属性、三要素。学科以汉语为主，以对外教学为用。汉语是学科的本体属性，是学科构成的第一要素。对外教学是学科的应用属性，'对外'是学科构成的第二要素，'教学'是学科构成的第三要素。两属性、三要素的相互制约，形成学科的内在机制，编织成学科的自身系统。这一学科的发展与成型，有赖于两属性、三要素的有效结合。"

学术界普遍认为，我国对外汉语研究状况尚不十分理想。季羡林先生认为"我国语言学界在这方面的研究和所采取的实际措施，远远不能令人满意"。有人阐释得更具体，认为我国的"对外汉语教学起步晚，理论研究和课程设计实验和师资的培训都跟不上形势发展的需要，教材教法也多半未能令人满意"。但是，无论怎么说，"对外汉语教学从 80 年代，特别是从 90 年代以来，逐渐进入蓬勃发展时期，'对外汉语教学'已逐渐作为应用语言学的一个分支成为一个独立的学科"，这也是不争的事实，我们认可这种观点。

二、对外汉语研究的基本框架

对外汉语教学，经过几十年的发展，现在在业内基本形成了这样一种共识：作为一门学科，对外汉语教学的理论基础是语言学（包括心理语言学、社会语言学、人类语言学）理论、心理学理论、教育学理论，从根本上说，它是一门新兴的边缘交叉学科。对外汉语研究的主要目标是要解决"怎样教"这个核心问题。而要解决这个核心问题，首先必须明确"教什么"和弄清学生"如何学"这两个基本问题。

这些年来，对外汉语教学研究基本上是围绕这个三角展开的。其实，这三个方面，正好构成作为学科的对外汉语理论研究的整体框架，其内涵是作为第二语言或外语的汉语本体研究及其教学规律与习得过程研究。研究框架的核心应是作为第二语言或外语的汉语，即服务于第二语言或外语的汉语本体研究，也就是说，"教什么"的问题才是研究的核心，而不应是"怎样教"。

　　之所以如此，是因为对外汉语教学既是一种汉语教学，又是一种外语教学，我们习惯上所说的"对外汉语"，其含义是指作为第二语言或外语的汉语，并不同于作为母语的汉语。研究"对外汉语"与研究作为母语的汉语，在目的、内容、方法、手段上均有很大的差别。研究对外汉语的目的，在于让学习者掌握汉语语音与韵律，了解汉语词语用法与搭配习惯，明白造句原理与句子组装规则以及正确、得体的汉语表达方法，从而养成新的语言习惯，培养学习者的汉语交际能力。在内容上，要求既要阐明汉语与其他语言的共通之处，更要揭示汉语所独具的特点，特别应点明学习者在学习过程中可能遇到的难点。在研究方法上多用语言对比分析、教育测量与统计等方法。这种作为第二语言或外语的汉语研究，体现了本学科的研究特点，是学科基础理论研究的重要组成部分，是"本"基于这种认识，我们把"教什么""如何学""怎样教"三者关系重新调整。首先要研究"教什么"，即把"对外汉语"教给第二语言学习者，教学内容研究透了，知其所以然，学生据此学，教师依此教。在"学"和"教"这对矛盾中，只有基本弄清了学生习得过程、习得顺序、习得规律、习得策略之后，才能真正谈得上有针对性地实施教学。否则，"怎样教"的研究就会发飘，欠缺依据，底气不足，依然摆脱不掉经验之谈的毛病。当然，我们也充分肯定个人教学经验的积累与多年形成的习惯做法的价值，但应付诸具有一定规模的教学实验，反复验证，使之升华，成为理论，这也不失为一种研究路子。

　　学术界持有类似观点者，亦不乏其人。陆俭明先生在论及对外汉语研究时，就提出了四个步骤的观点："研究工作应紧紧围绕'怎样在尽可能短的时间里让外国学生尽快学好汉语'这么一个问题。首先需作基础研究，其次需加强汉外对比研究和外国学生偏误分析研究，以便尽可能有针对性地进行对外汉语教学。再其次，在上述研究的基础上编出各种门类的高质量教材。最后要进一步研究、改进教学法。"（文中的着重号为引者所加）其实，这首先研究的就是

"教什么"，其次研究的就是"如何学"，再其次与最后研究的才是"怎样教"，条理分明，步骤不紊。

在这进入新世纪之时，我们有必要在总结我国对外汉语研究的基础上，权衡利弊得失，认真思考并加强对外汉语研究，真正地把它作为一个学科来建设。为此，我们认为应开辟多视角的研究路向。综观全局，对外汉语研究既然定位于应用语言学研究范畴之内，那么，它应该是

语言学、心理学、教育学、计算语言学和现代教育技术的交叉地带，这样看来，似应有四个层面的研究：

第一层面—本体论：从事汉语本体研究，其理论基础为语言学。

第二层面—认识论：从事汉语习得与认识研究，其理论基础是心理学。

第三层面—方法论：从事教学理论与方法研究，其理论基础是教育学。

第四层面—工具论：从事现代科技手段如何应用于教学与学习的研究，其理论基础为计算语言学和现代教育技术。

三、对外汉语研究项目检测

（一）作为第二语言或外语的汉语研究

对外汉语教学不同于对本族人的语文教学。研究作为第二语言或外语的汉语，自然不同于研究作为母语的汉语。我们认为，研究服务于对外汉语教学的汉语问题，也就是研究"教什么"的问题，还要关涉到如下几个相关方面：教谁；教什么；教多少；何时教；如何教。

首先，要注意学习对象。第二语言学习者在学习第二语言时，严格说来，并非重新习得一种语言，而只是培养新的语言习惯，扩大言语行为手段，在熟悉自己母语的情况下，也就是说，在已掌握一套语言规则之外，再学习一种可以替代的规则。我们的第二语言学习者—外国留学生，他们的其他知识与技能正日趋完善，尤其是成年人的身心已经成熟，他们善于类推，精于比附，故而难免把已知的语言规则的某些部分用于学习之中。所以我们说，教师不是教他们习得语言，而是教授某种新的语言表现形式，培养新的语言习惯。"教什么"是汉语本体研究的中心，应该特别注意研究"彼无我有"或"彼有我无"的语

言现象。比如，汉语虽缺乏严格意义的形态标志和形态变化，但是汉语在表达其他语言中的形态范畴时却有自己特殊的表达方式。汉语中有一些特殊句式，如"把"字句；汉语中有一些特殊的句法成分，如补语；汉语中有一些特殊的词法形式，如重叠；汉语有一些特殊的词类，如助词、量词；等等。再加上汉语表达注重意念关系，语法自由灵活，表达方式变化多样。这些既是学生学习的难点，也是我们研究的重点。

"教多少"是个"量"的问题，比如对汉语语法，我们就有取与舍、详与略之分，这个问题需要在与学习者的母语进行语言对比研究的基础之上权衡斟酌之后方可定夺。"何时教"是根据语言点的难易度排列教学顺序的问题，对这两个问题，陆俭明先生均有很好的建议。他认为在对外汉语教学中，就汉语言文字方面的知识来说，需进行以下一些基础研究：各年级学生应该掌握多少汉字、词语和语法要点？各个汉字、词语、语法要点在教材中出现时孰先教后？复现率为几？递增率为几？以及怎样根据不同母语地区的特点，制定不同的字表、词表、语法要点表？这些研究，以前也做过一些，但或因语料选择不当，或因经验成分过重，科学性还有待加强。

至于"怎样教"，那可真是"教无定法"，因时、因人、因目的不同而各异，归纳法、演绎法、解释法、操练法……方法各异，唯我所用。

总之，我们应该充分认识研究"对外汉语"的价值，对外汉语教学的前辈学者林春先生曰："在对外汉语教学中有许多问题亟待深入的科研来解决，其中有一些可能成为汉语研究的新突破点。""对外汉语教学是一门综合性很强的新学科，必须从不同的角度进行多方位的研究，这不仅仅是为了提高对外汉语教学水平，更重要的是能够促进中国语言学的发展，提高中国语言学的研究水平。"

这个层面似有如下课题应该研究：①近年来国内外汉语研究成果整理与综述。②对外汉语教学语音、词汇、语法与汉字大纲之修订研究。③对外汉语教学参考语法研究（外国人用汉语语法手册，对外汉语教学语法体系研究，对外汉语教学用语法项目及其教学顺序研究）。④汉语韵律特征研究与外国人洋腔洋调之克服。⑤外国人学习汉语词汇状况的国别调查与汉语词汇研究。⑥基于大规模北京口语调查材料的汉语口语研究。⑦汉语篇章结构特点与汉语书面语交际能力研究。⑧汉字结构特点与外国人学习汉字研究。⑨基于外国人中介语语料库的汉语句法语义研究。⑩汉语语言类型学与对外汉语教学中的语言类型视野。

（二）汉语习得与认知研究

学习理论与学习规律的研究，属第二语言习得研究领域，具有跨学科研究的特点，它已迈出传统语言学的范畴，而广泛地借鉴了许多其他相关学科如心理学、社会学、人类学等学科的研究方法与成果。

这个方面的研究将涉及汉语与外语的对比分析、外国人学习汉语的偏误分析、外国人学习汉语中介语系统研究，特别是从第二语言习得的角度多所思考。它将包括三方面的内容，一是对学习者语言的研究，即按照一定的有关学习者言语行为的理论原则，来描述学习者的语言，这是对语言学习本身的研究。其次，要探讨学习者普遍性的认知规律与习得方式，包括语音、词汇、语法、语篇的习得。再次，从学习者的外部因素（比如社会因素）、学习者的内部因素（比如影响学习者的心理因素）以及学习者的个体差异（比如自身的生理、情感、学习动机、认知特点和学习策略）三个侧面对学习者进行研究。研究的基本出发点是，教师的"教"必须以学生的"学"为前提与依据。

这个层面似有如下课题应该研究：

1. 汉语习得研究

①外国学生汉语语音、词汇、语法习得过程研究。②外国学生（不同国别）汉语句式习得顺序与习得过程研究。③外国学生汉语虚词的习得过程研究。④外国学生阅读能力结构及学习过程研究。⑤不同母语学生汉字、汉语词汇认知加工及学习研究。⑥不同文化背景的外国学生汉语学习策略的发展研究。⑦外国学生母语的语言形态因素对外国人汉语学习之影响。⑧汉语句子的理解和语篇的理解过程研究。⑨国外第二语言习得研究综述。

2. 汉语认知研究

①外国学生汉字认知过程研究。②外国学生语音、词汇、句法认知加工过程研究。③汉语篇章阅读与写作过程研究。④汉语的元语言意识（包括语音意识、

句法意识、词法意识和正字法意识等）对汉语学习的影响。⑤欧美学生汉语语法的认知与学习专题研究。⑥日韩学生汉语学习与认知研究。

3. 汉语学习者的个体差异研究

①不同国家学生汉语学习动机调查与分析。②不同国家学生汉语学习策略使用及其与学习效果之间的关系研究。③不同母语及不同文化背景学生认知方式（学习方式）研究。④不同国家留学生汉语学习过程中的焦虑感研究。⑤不同母语学习者汉语学习能力倾向测验研究。⑥课堂教学与个别教学汉语学习效果对比分析。⑦不同学习环境对汉语学习之影响研究。

（三）教学理论与教学方法研究

这个层面的研究将涉及课程与教学论、教材编写理论与实践、教学大纲的设计与制作、语言测试、对外汉语教师在职培训等诸多方面，这是一个"怎样教"的问题，这个问题一直是对外汉语教学界研究的重点。近年来，围绕对外汉语教学的"四大环节"研究，涌现了一大批科研成果，对教学原则、教学法路子、形形色色的教法，乃至各种各样的教材和教学技巧，讨论相当热烈，成果颇丰，这都充实并完善了对外汉语教学学科建设。

这个层面可做如下课题研究：①多年来对外汉语教学理论与教学方法研究综述。②面向WTO的对外汉语教学设计与实验研究。③对外汉语教学模式改革与创新研究。④适应新世纪的对外汉语教学课程体系与教材研究。⑤对外汉语教材的评估体系与创新体系研究。⑥关于如何提高对外汉语教学质量与教学效率研究。⑦体现汉语自身特点的汉语教学理论研究。⑧以培养语言能力为导向的对外汉语教学体系研究。⑨对外汉语教师业务素质及教师在职培训研究。⑩汉语水平考试题库建设与自适应考试研究。⑪汉语水平考试用词汇与汉字大纲的制定研究。

（四）现代科技手段在对外汉语教学与研究中之应用研究

语言信息处理是一种手段，它的研究和开发工作，可以从以下三方面为对外汉语教学与对外汉语研究服务：一是以规则或统计数据的形式揭示汉语的规律，支撑对外汉语研究。二是为对外汉语教学与研究提供语料库和软件工具。三是开发计算机辅助对外汉语教学的素材库、课件及其他软件。

这个层面可做如下课题研究：①多媒体对外汉语教材的研制与多媒体对外汉语教学手段研究。②网络对外汉语教材的开发与网络对外汉语教学研究。③对已建成的语料库进行深加工研究，如中介语语料库的语法标注与检索。④利用现代高科技手段对对外汉语教学的字、词、语法等大纲进行修订研究。⑤各种类型的汉语课堂教学多媒体素材库建设研究。⑥计算机辅助条件下的语言认知加工过程研究。⑦多媒体条件下的汉语字、词识别和阅读理解过程研究。⑧外国留学生书面表达过程自动查错系统研究。

以上四个层面的研究项目均为举例性质，挂一漏万，仅供研究者参考。但对外汉语研究如能兼涉上述四个层面，对完备学科建设，定不无裨益。对外汉语研究作为一个独立的学科，庶几近矣。

第二节　第二语言能力结构研究

一、语言能力结构—语言能力研究的基本框架

关于语言能力的比较和研究，至少有两种方法：对学习者某一学习阶段的语言能力状况进行共时的、横向的研究和对语言能力的形成过程进行历时的、纵向的研究。语言能力结构方面的研究属于前者。

国外语言学领域对语言能力的研究始于美国哲学家艾弗拉姆·诺姆·乔姆斯基。乔姆斯基假设儿童生而具有一种适于语言习得的语言习得装置。通过这种装置，普遍语法得以内化，并成为构成理解和产生语言的"语言学能力"的基础。这种语言学能力具有不依赖具体的语言环境而存在的普遍性，所以儿童能够在任何语言环境下习得任何语言。乔姆斯基试图在剥离语言习得过程中社会文化因素作用的高度纯净的条件下，通过演绎的手段研究最抽象的语言能力。遗憾的是，这种理想化的假设至今没能为建立语言教学和语言测试关于语言能力的理论模型提供任何实际的帮助。

在批判乔姆斯基理论的基础上，美国社会语言学家海姆斯首次提出了"交际能力"的概念。在他看来，交际能力（无论是语言的或是其他形式的交际）主要包括两方面的内容：语法性和可接受性。语法性即合乎语法规则；可接受

性指在文化上是可行的，在一定的情景中是得体的，并实现了交际的目的。然而，海姆斯并没有指出语言能力到底是什么，没有提出一套研究和描述语言能力结构的模型或理论框架。他的交际能力的概念只是语言的学习者和使用者为了达到交际目的必须做出的判断，对于语言教学或语言测试而言，也仅仅是有效的语言交际行为的一部分特征和通过这种语言行为观察推断交际能力需要参照的基本范畴。

支配着现代语言教学与语言测试理论的主要有两种不同的概念，一种是对语言能力的标准或一般化定义的概念；一种是对语言能力的多变定义的概念。标准定义的概念来源于把语言能力看作是单一的能力，甚至仅仅包含语法能力的观点。这方面的代表是"单一能力假设"理论。这种概念现在已经扩展到包括交际能力的所有组成部分。多变定义的概念在开发特殊目的英语课程的早期阶段开始受到重视。它主张语言教学和语言测试要重视学生的学习目的和个人特征的多变性，对语言能力的定义要考虑交际能力的各个组成部分。这说明随着研究的进展，人们更倾向于认为"语言能力不是一种单一的能力，而是由几个既有区别又有联系的能力构成的"。于是，对这种多元互动的语言能力结构给予理论上的定义，便成为语言教学和语言测试领域的一大课题。这方面美国语言学家卡纳尔和美国应用语言学巴奇曼的理论产生了重要的影响。

卡纳尔把语言能力归纳为四个方面的知识和技能，这四方面的知识和技能包括：①语法能力（能够掌握语言代码）；②社会语言学能力（言语能够在意义和形式上都具有得体性）；③成段话语能力（能够在口头或书面的成段表达中协调语法形式与意义，把二者有机地结合起来）；④策略能力（能够运用语言的和非语言的交际策略对交际中断进行补救，更有效地完成交际行为）。

因为缺少对于这四方面能力之间互动关系的描述，卡纳尔的这个框架显然还不能成为一个理论模型。巴奇曼在卡纳尔的理论框架的基础上进行了概括、重组和补充，提出了由语言能力、策略能力和心理生理机制三个部分构成的交际性语言能力模型。

在巴奇曼的理论框架中，人类通过语言进行交际时所运用的一组特定的知识按照各自的性质、地位、作用和相互关系构成了交际性语言能力模型中的语言能力部分。

造成识别语法正确的语句，理解这些语句所提出的内容，并将它们按一定的次序连接起来以构成口头或书面的成段话语的能力。简言之，组织能力即对语言交际中的语言符号进行组织并使其与所指按一定方式结合起来的能力。其中概括了卡纳尔的框架中所有语言形式方面的要素。可见语用能力所概括的主要是语言的意义、功能和环境方面的要素以及这些要素之间最基本的两种关系：言语的意义和功能与语言使用者想要通过言语表达的意义和功能的关系；言语的得体性与决定这种得体性的语用环境的特征的关系。巴奇曼还特别强调，语言能力的任何要素都不能独立于其他要素而存在，这些要素之间以及它们与语用环境的互动作用正是交际性语言运用的主要特征。

为了说明交际性语言能力内部的这种相互作用，巴奇曼又提出了一个语用模型。

在这个模型中，策略能力主要包括三个部分：对情景进行估计，通过重现语言能力中的有关项目来构成语言交际计划，以及通过某种心理或生理过程以执行交际计划。可以说，策略能力是那种将语言能力与语言使用者的知识结构及交际环境的特征贯穿起来的心理能力。它的作用主要是调动交际性语言能力的各个要素，连接它们并使它们发生互动从而更有效地进行交际。因此，可以认为策略能力属于一般认知能力范畴。由这一点看来，巴奇曼的理论框架实际上同时吸取了一般化语言能力定义和多变语言能力定义的合理成分。巴奇曼的模型还有一点值得注意，即通常所说的听、说、读、写四项基本技能作为心理和生理过程并非语言活动所独有，所以没有笼统地归入语言能力部分，而是依其性质归入语言的心理生理机制。心理－生理机制的作用主要是通过神经传导和神经肌肉的交互作用，为交际性语言能力各个层次的要素有效地参与交际计划提供适于交际目的和交际环境的途径（视觉或听觉）与方式（接受或表达），并最终将语言能力表现为语言行为。

交际性语言能力模型的优点是十分明显的：第一，在交际性语言能力所涉及的语言的形式与内容方面，巴奇曼的定义充分吸取了语言学、心理语言学和社会语言学的最新成果。这种定义不是把语言能力当做一个个孤立成分的简单拼合，而是把它们看作相互联系相互作用的有机体。这个模型同时也充分显示了作为这种相互作用的认知基础的策略能力的作用。因此，这个模型在理论上是迄今最完备、最少片面性的。第二，这个模型对语言能力部分的描述是建立在实证研究基础上的。第三，这个模型初步描绘了语言能力与语言行为的关系。

作为一个对语言能力结构的横向的剖面分析，巴奇曼的模型无论对于语言教学还是语言测试研究都具有实际的参考和应用价值。当然，这个模型也有一些自身的局限性。最主要的是，尽管它揭示了语言能力结构内部各种成分之间、这些成分与语言学习者的整个知识体系以及外部环境之间的动态联系，但它并未注意到，或者是有意忽略了一个事实，即第二语言能力在其发展的任何一个阶段的静态的、多维的、共时的能力结构状况（各个组成部分在总体中的地位、作用等）只是另一种动态或一种历时的发展过程的中间状态，而且是无数这种中间状态的结果和出发点。在这种发展过程的各个点上，这种中间状态或语言能力结构内部的各种成分之间、这些成分与语言学习者的整个知识体系以及外部环境之间的关系都会有比例上甚或是质上的变化和差别。这种局限当然也是已往语言能力结构方面研究的一个通病。所以，语言能力结构方面的研究尽管有其课题自身的方向、重点和优势，因而是不可或缺的，但要使我们的研究更接近于发现语言能力的本质，就需要对研究对象进行更全面、立体、纵深的观察和概括。

二、中介语连续体—语言能力结构研究的新视角

中介语连续体的研究属于对语言能力的形成过程进行历时的、纵向的研究。"中介语"指的是第二语言学习者对这种语言的知识和能力体系。无论从语言学、社会语言学还是心理语言学的意义上说，这种语言都独立于学习者的第一语言和目的语。根据其他一些学者的观点，中介语实际包含了两个相互联系而又相互区别的概念。第一，中介语反映了语言学习者在其语言发展的任一阶段所建立的静态的结构系统。第二，中介语反映了那种随着学习的进展，作为语言习得重要特征的动态的、渐进的、成系列的连锁系统，正是这种连锁系统构成了称之为语言学习者的"固有大纲"的"中介语连续体"。

中介语理论起初把中介语连续体看作是一个从第二语言学习者的母语延展

到目的语的"重构"连续体。按照这种看法，所谓重构，就是学习者逐步以目的语的部件替代其母语的部件。第二语言学习很可能以两种不同的方式进行。一种需要利用与母语习得同样的心理机制，另一种则很可能需要利用某种替代物，即人类负责语言习得以外的其他种类学习的心理机制。由于这种替代机制的作用，第二语言习得表现为一种"创生过程"。而中介语的实质是一种"再生连续体"。按照这种观点，中介语连续体的生成和发展是一个中介语知识逐渐复杂化的过程。即一种通过不断引入新的规则以改进、转换和扩大已建立的过渡系统的渐进过程。在这个过程中，第二语言学习者以一种非常类似于儿童习得母语的方式逐步创造出一套中介语的规则系统。

在有关中介语连续体的性质的观点由"重构"向"再生"转变的过程中，国外一些学者试图进一步论证第二语言学习遵循着一条"自然发展的道路"，并为此进行了一系列着眼于学习者语言行为的实证研究。其成果在促成上述转变方面起到了重要作用。这些学者的研究提出了以下问题：①是不是所有的第二语言学习者都遵循着同一条发展道路，即中介语连续体是否带有普遍性？②如果这种中介语连续体在学习者个体之间存在差异，其主要表现是什么？根源在哪里？③既然第二语言学习和母语习得同样被视为创造性的发现过程，它们在多大程度上具有共同性？

在横向研究方面，学者在20世纪70年代进行了一系列语素分析方面的研究。这些研究有一个共同假设，即第二语言学习遵循着一种不变的次序。表面看来，他们的研究结果似乎表明，尽管被试的母语背景、年龄等个人特征不同，但所有的第二语言学习者似乎都以一种非常相似的方式发展他们的中介语连续体，因为各种语法功能项目的习得次序大体是一致的。他们认为这种现象证实了"固有大纲"的存在。同时他们也发现，第二语言学习者的习得次序不同于已往第一语言习得研究中发现的儿童习得语素的次序，而这一现象很可能归因于上面提到的第二语言学习与母语习得的心理机制不同。

对通过自然发展的道路再生成中介语连续体的理论，最有力的支持来自纵向研究学者所提供的大量实证性依据。与横向研究相比较，这些研究的一个显著优点在于其数据取自习得过程中的不同时间，因而能够提供对这一过程的更为可靠的描述。这种中介语连续体在其发展的各个阶段都有着既不同于母语也不同于目的语的结构方面的特征。尽管学习者的母语有所不同，但有证据表明他们习得语法分支系统的过程具有很大的相似性，这对说明中介语连续体的再生有其自然的发展程序的观点无疑是有利的。然而，中介语连续体不仅具有一定的普遍意义，还因学习者母语及学习偏好等个体差异表现出个体发展的某些特殊性。在这里使用了两个相互区别的概念：习得程序和习得次序，并进一步解释说，习得程序指的是中介语连续体的全部创生过程及这种过程的产物。每一个第二语言学习者都要经过若干个过渡性、发展性的阶段，所有语法项目的习得都有一个基本程序。这一点具有普遍性。然而，在中介语自然发展的程序内部，习得次序又具有某种灵活性和不确定性，亦即每一个具体的语法项目何时习得，或是否在某一特定的时间习得因人而异。研究同时也证明，习得程序的普遍性和习得次序的特殊性不仅适用于第二语言学习，而且也适用于母语习得。这是迄今能够确认的两者之间唯一的共同性。

中介语连续体方面的研究发展到现在已经有多年，但有关第二语言与母语是否有着相同的习得过程的讨论仍然很难形成共识。同时这种研究也暴露出其理论与方法上的一些局限。要而言之，在这种研究中，语言习得实际上还仅仅被理解为获得某种语言学意义上的能力，因而对语言能力结构系统的研究主要还局限于语法领域，横向研究更是仅限于单个或少数几个语法项目，这样中介语的研究就把自己局限在一个历时的单维的过程中，而没有注意或是有意忽略了一个事实（而有关这一事实的理论和研究本应成为中介语连续体研究的基础），即语言能力首先是一种共时的、多维的体系，这个体系的发展实质就在于其内部结构不断发生的比例上甚或是质上的变化。因此中介语研究的深入有待于纠正这种思想方法的片面性，而纠正这种片面性首先就要回答语言能力结构这样一个基本的问题。语言能力研究必须以对其结构和动态发展的综合考虑为基础。只有这样，我们才有可能在语言教学和语言测试工作以及这些领域的相关研究中对中介语能力的本质认识得更自觉、更全面、更有深度，也更具预见性。

三、交际能力训练模式探索

第二语言教学的目的是培养学习者运用目的语进行交际的能力，而不只是让学习者掌握目的语的语言知识和一定的听说读写技能，这个根本性的问题现在已经成为大多数第二语言教师的共识。

掌握语言交际能力是社会现实对第二语言人才的要求，为了掌握语言交际能力，当然又必须首先掌握一定的语言知识和语言技能。但我们不能指望学生掌握了一定的语言知识和语言技能之后，走出课堂就能在社会交际中自动形成交际能力。交际能力是需要经专门的、交际方式的培养和训练才能达到的。因此，在第二语言教学中，语言交际既是目的又是手段。教师应当努力设法把交际引入课堂。

第二语言教学的最终目的是培养学习者的语言交际能力，我们可以从改进教学的每个环节入手，更有效地达到这一目标。

首先是课堂语言输入，语言能力的发展始于语言输入，输入应是可理解的，输入不足或不能被学习者吸收，就无法达到习得语言的目的。课堂上的教学输入应保证充足、可懂、易接受，难度以略微超过学习者的现有水平为宜，即符合克拉申提出的 i+1 原则。语料的选择应以真实的、贴近现实生活的为主，我们反对那种为适应语法点安排而人为编造的、斧凿痕迹很重的、不自然的句子，要尽量避免"教科书语言"。当然，输入的形式可以是交际性的，也可以是非交际性的。例如，精读课文可能是叙述一个故事或评论一种现象，这是非交际性的；也可能是一段对话或讨论，这是交际性的。又如听力课文，可能是一段新闻或一段评论，这是非交际性的；但也可能是一段访谈或一段答问，这是交际性的。我们并不要求每一课的课文都是交际性的，但要保证每课都有一定量的交际性内容或话题，以便展开交际的训练。有的教师还进一步提出了"话题的优选"，认为"话题的优选不仅可以典型地概括现实交际生活，还满足学生的需求"。我们可以把话题按实用程度分为最常用（有关日常生活、学习、社交活动）、常用和次常用的话题。语言的输入要考虑学生交际活动时间和空间的发展顺序，兼顾语法点的合理安排以确定话题的编排顺序。

在"语言表达操练"这一环节中，词语的朗读、句型的替换、课文内容的问答和复述等机械性、模仿性的操练是不可或缺的，它有助于强化记忆。特别是对于初级阶段的外国学生，没有大量的、反复的、机械性的练习，就无法排除母语对目的语的干扰，阻碍掌握汉语的语言系统和交际模式。但我们也必须看到这种机械模仿练习的局限，它使学生完全处于被动的地位，束缚了他们的想象力和创造性发挥。学生做这种练习时不需要考虑语言环境、文化习俗和交际功，能。他们学会的可能是正确的但却是孤立的句子，很难在实际交际中恰当地运用。长期做这种机械性模仿性训练也容易造成学生语言学习上的惰性思维方式。教学中常常对所谓"重要的"或困难的结构形式过分强调并进行大量的操练，还可能导致学生在交际中不分场合过度使用某些句式，产生另一种形式的偏误。

当学生基本上掌握了句子结构和课文内容以后，机械性的训练就必须转入到交际性的训练方面。学生话语交际能力的最终实现是在与社会自然语言接触之后形成的，也就是说基本上是在课堂教学之后完成的。这即使不能说是课堂教学的失败，至少也是课堂教学的不足。现在我们提出把真实的交际和接近真实的交际引入课堂，目的就是力求在课堂教学中训练和培养学生的话语交际技能。作为第二语言教师，我们应当清醒地认识到，我们一切教学的终极目标是培养学生的言语交际能力，我们提倡突出以目标为导向的语言课堂教学，教学目标应当指导我们对教学内容和教学方法的选择。当然，学习者在第二语言学习的各个阶段，都会有社会自然语言的输入和社会交际的实践，但是这种语言接触由于缺乏指导收效一般并不明显。

既然语言教学培养的是目的语的言语能力和言语交际能力，所以具有决定意义的不是语言理论知识和交际理论知识，而是自动化的言语熟巧。"而培养熟巧的心理活动规律又证明，任何熟巧在培养时，如果一个人意识并理解到为什么他要做这个或那个动作以及怎样去做它们的话，那么熟巧的形成也就更快、更容易，熟巧一旦形成，保留得也更持久。"所以，言语交际的训练应当成为师生双方的自觉行为。

课堂上言语交际能力的训练大致可以分为三类：模拟交际、接近真实的交际和真实的交际。下面我们分别讨论这三种训练的一些具体做法。

（一）模拟交际的言语能力训练方式很多，最常见的是围绕课文或所学内容进行的问答对话

由于问题的答案多半是限定的或双方共知的，而且师生双方均意识到他们正在做的是某种程式的语言操练，而不是交流信息，因此这种交际活动属于非真实的交际。如下面这段问答：

教师（拿着一个闹钟）：这是什么？

学生：钟。

教师：这是哪国生产的？（把钟递给学生 A）

学生 A：（看见钟背面写着 Made in China）这是中国生产的。

教师（指着闹钟上的时刻，问学生 B）：现在几点？

学生 B：11 点 20 分。

教师：对。（拨动闹钟后，问学生 C）现在几点？

学生 C：3 点 10 分。

对学生来说，对话中尽管包含一定的未知信息，但对教师来说，却是明知故问，仍然属于非真实的交际。这种带有交际性质的课堂操练是很有必要的，一方面能巩固所学的语言知识，一方面能初步开展交际能力的训练。除了 6W 查询式问答（问发生的事件、人物、时间、地点、方式、原因等）外，还可以做改变表述方式（比如把叙述体改为对话体）、分角色表演、限词编对话、编故事、故事接龙、续完句子、比较两幅近似图画的不同之处、词语替换、词语联想、设置情境的会话练习以及语言游戏等等。形式多样，均属于模拟交际，目的在于培养学生的交际能力。

（二）比模拟交际进一步的是接近真实的交际

在这种交际中，双方感兴趣的是交流看法、获取信息，通常对方的回答是不可预知的。学者认为，比较难以预测的信息更具有交际意义。这种交际的基础是建立在信息差之上，要把比较真实的交际引入课堂，关键在于说话人要告诉听话人他所不知道的信息。如果信息是共知的，那么交际是人为的、做作的、非真实的，不容易引起学生参与的兴趣。教师可以在课堂上通过设置"信息差"来创造接近真实的交际。例如，运用"提示猜词"这个教学技巧时，先让坐在第一、三、五等单数排的学生转身向后坐，相对的两人为一组。这时教师在黑板上写下若干词语，要求面向黑板的人，不能直接说出这些词，而用侧面提示的办法使背朝黑板的人猜出来。老师最后可以评议一下大家的"提示语"。这就是运用信息差设计的技巧。掌握了这一原理，我们还可以设计出很多类似的活动，比如给单双行学生发不同内容的资料，让他们通过问答了解对方的资料内容；也可以让单行的学生走到教室外边去阅读一个故事，留在教室里双行的学生听一段录音，然后让外边的学生进来，看谁能用最少的提问把对方掌握的信息弄清楚。

　　除此之外，还可以做"相片描述"（每人交一张人物照片，放在讲桌上，叫一个学生抽取一张进行描述，直到照片的主人认定为止；或者叫相片主人坐在座位上描述，让另一位学生在讲台上众多的相片中找到所描述的那张），"形象刻画"（每人书面描述一位老师或同学，不能写出其姓名，然后读给大家听，看大家能否猜出他所刻画的对象），以及"录像片段描绘""听歌记词""新闻发布会""电话约会""话题讨论""课堂辩论"等等接近于真实的交际活动。

（三）真实的交际通常是在课堂之外进行的

　　例如学生的日常生活及社交活动、语言实习活动、参观访问、社会调查等等，这对学生交际能力的形成是至关重要的，但我们也可以借助某些情境或契机把真实的交际引入课堂，比如师生的初次见面，可以互相询问有关的情况，教师应鼓励学生向自己提问题。以后来了新同学或新教师都可以这样做；有时或借助"来访者"，比如学生家长、老师或学生的朋友、旅行社的经理或导游、产品推销员、医生、学校的工作人员等，引导学生开展问答交际；学校、系部或班级准备进行某项课外活动，均可引导学生对活动的内容、方式、报告事件真相并发表评论，同时鼓励大家提问和讨论；又如组织学生对共同看过的电影、文学作品、表演、比赛、班级事件或共同参与过的活动开展评论或总结。

　　这些交际活动都是以获取信息、交流思想、联络感情为目的而展开的，都属于真实的交际。信息差作为一般交谈的特点，不仅仅存在于谈话之中，它也是学习新知识、聆听讲座和阅读文本的特征。我们要把握信息差的作用，开展多种形式的课堂交际活动。

　　学生在各种类型的汉语课堂学得了一些语言形式、结构、表达方面的知识和技能，这种语言能力训练所追求的是正确性，但孤立语句的正确性并不能保证交际的成功。正如吕必松所指出的："实际上，交际技能不是通过语言技能的训练就能自动获得的。因为它不但跟言语因素有关，而且跟语言心理和文化背景知识有关。要使学生较快地形成一定的交际能力，必须通过一定的方式对交际技能进行专门的培养和训练。"

教师只要牢记第二语言的教学目标，运用信息化差的手段，就能创造出许多行之有效的交际活动。这些活动不仅能活跃课堂气氛，而且能够调动每个学生参与课堂交际的积极性。语言的运用是一个创造性的过程，我们把难以解决的、富有挑战性的问题放在学生面前，迫使学生做出对某一特定内容的反应，表达自己的意思。学生必须调动已学过的语言形式和语义组合，还要放在连贯的话语中进行表述。这样既能锻炼用汉语思考，又能把功能和形式有机地结合到特殊的交际情景中。教师既作为导演，又作为演员参与其中。交际能力训练的要素有情景、功能、意念、社会文化及性别、心理作用、语体和语域、重音和语调、语法和词汇、语言辅助手段等。海姆斯为交际能力提出了4个参数：语法性、可行性、合适性和现实性。显然，除了语言知识和语言规则的正确性之外，重点主要应放在语用方面，即言语的得体性、文化的适切性和话语的连贯性，到了高级阶段还要考虑修辞手段的运用问题。当前，留学生跨文化交际中存在的大量语用失误现象说明了我们汉语课堂中语用教学的不足，我们必须重视这些问题，找到改进课堂教学的措施。交际性的文化知识介绍、社会角色的转换和语言变体的知识、交际策略的分类等等有关交际的理论和知识，无疑都是语言交际教学的内容，但目前最需要的还是加强交际能力的训练，让学生在交际的实践活动中培养交际能力，提高交际水平。

在加强课堂交际活动时，还要处理好以下一些矛盾：首先是交际训练与语言知识讲解、语言技能训练的矛盾。有的教师非常重视语言知识和语言技能的系统性，总是在交际训练之前先进行限定词汇和限定句型的讲解和训练，希望学生在交际中能尽量运用这些知识，但在实际交际（如话题讨论）中，学生常常自由驰骋，超出教师划定的疆界。交际活动本身就是自由表达思想的过程，而不是限词造句和句型模仿的操练，在交际中必须注意强化学生的表达欲望，保护他们的积极性，事先不必限定词汇及语法的范围，教师倒可以在训练活动之后，把交际中产生的"好词语"和"好句子"写在黑板上，带领学生练习、巩固。

实践表明，这种做法，学生的收获更大。随之而来的问题是如何处理交际训练内容与教学顺序的矛盾，交际中语言的运用是一种创造性的活动，表达的内容常常打乱教科书安排的顺序甚至超出教科书的范围。教科书通常是编者按照一定的语法和词汇的体系，试图"由浅入深"地、"系统"地安排语言输入的。

教材是为语言交际教学服务的，教师决不可削足适履，一味让交际去适应教科书。事实上，任何一本教材都不可能满足学习者对交际的需求，也没有一个语言学习者愿把自己的语言能力限制在教科书的范围之内。学生交际的需要和兴趣才是语言习得发展的最大动力。此外还有词汇和语法的矛盾，在交际训练中既要扩大学生的词汇量，又要掌握一定的语言结构，当二者发生矛盾时，应当坚持什么原则？虽然结构形式正确的表达方式是我们一贯追求的目标，但在实际交际中，捉襟见肘的词汇量往往是束缚学生自由表达思想的主要障碍。因此，我们认为词汇量是矛盾的主要方面，应当不遗余力地扩大学生的词汇量。

第三节　对外汉语教学的途径和方式

一、什么是教学路子

第二语言教学的路子，跟第二语言教学的目的和内容有关。

人们学习一种第二语言，是为了获得这种语言的语言能力和语言交际能力。当然，学习第二语言还有其他目的，例如开发智力、准备升学、提高文化素养等。但是这些目的只有通过获得一定的语言能力和语言交际能力才能达到。因此，进行第二语言教学要把帮助学生获得所学语言的语言能力和语言交际能力作为直接的教学目的。

语言能力和语言交际能力是由知识和技能两个方面的要素构成的。这里所说的知识，是指语言知识、语用知识和相关的文化知识。语言知识又包括语音、词语、语法和文字等语言要素以及关于语言和语言要素的理论知识。这里所说的技能，是指听、说、读、写等言语技能和相应的言语交际技能。这些也就是第二语言学习和教学的基本内容。

我们知道，语言知识、语用知识和相关文化知识是客观存在的，不会因为任何个人是否存在而受到影响；而言语技能和言语交际技能则总是跟具体的人联系在一起，是具体的人的技能，离开了具体的人，就无法体现这样的技能。客观存在的知识可以由传授而获得，属于个人的技能却需要经过训练才能掌握。言语技能和言语交际技能必须以客观存在的语言知识、语用知识和相关文化知识为基础，但是这些知识必须通过转化才能成为学习者个人的技能。转化的办法就是结合知识传授进行技能训练。因此，所谓语言教学，实际上就是通过适当的途径和方式以及相应的方法和技巧，把客观存在的语言知识、语用知识和相关的文化知识转化为学习者个人的言语技能和言语交际技能。语言教学的任务就是通过知识传授和技能训练去促进由知识向技能的转化。

要通过知识传授和技能训练来帮助学生完成由知识向技能的转化，就必须设计出进行知识传授和技能训练的途径和方式。这样的途径和方式就是教学路子。例如，把各种知识的传授和各项技能的训练放在同一门课中进行，就叫做"综合教学"；通过开设听力、口语、阅读、写作等专项技能课分别训练不同的技能，并围绕不同技能的训练进行相关知识的教学，就叫做"分技能教学"；既开设综合课，又开设专项技能课，就叫做"综合教学与分技能教学相结合"。"综合教学""分技能教学""综合教学与分技能教学相结合"就属于不同的教学路子。又如，用同一种教材在同一门课中既教语言又教文字，就叫做"语文一体"；通过不同的课型分别教授口头汉语和书面汉语，就叫做"语文分离"。把"词"作为基本语法单位进行教学，使汉字教学附属于词汇教学，可以叫做"词本位"教学；把"字"作为基本语法单位进行教学，可以叫做"字本位"教学。"语文一体"教学和"语文分离"教学、"词本位"教学和"字本位"教学也属于不同的教学路子。

总起来说，所谓语言教学路子，就是经过人工设计的为实现某种教学目的而进行知识传授和技能训练的途径和方式。

二、为什么要研究教学路子

人们走路，从出发点到目的地，走直线就是走近路，走曲线就是走远路。走远路就要多花时间和气力。语言学习和教学也好比走路，存在着走近路还是走远路的问题。按照正确的路子学习和教授语言就等于走近路，按照错误的路子学习和教授语言就等于走远路。教学路子对于语言学习和教学的重要性就在于此。语言教学路子是一种客观存在，只要进行语言教学，就必然会遵循一定的教学路子。我国对外汉语教学现行的教学路子不是只有一种，但是有一种教学路子已占据主流地位。这种占主流地位的教学路子的特点可以归结如下：①以培养汉语能力和汉语交际能力为基本教学目的；②以"语文一体"和"词本位"为基本教学模式；③按照综合教学与分技能教学相结合的思路设计课程；④主张结构与功能相结合，重视跟语言理解和语言使用相关的文化知识的教学：⑤提倡交际性原则和实践性原则，要求"精讲多练"。

上述教学路子是在借鉴西方语言教学理论和教学方法并不断总结自己的教学经验的过程中逐渐形成的。这种教学路子虽然融合了自己的教学经验，但是并没有突出汉语教学的个性。"语文一体"和"词本位"教学模式则在很大程度上背离了汉语的特点。

"语文一体"的教学模式不严格区分口语和书面语，不系统介绍口语体语言和书面语体语言的区别，不作语体转换练习：对阅读训练，尤其是大量和快速阅读训练的重视程度远远不够。这种教学模式培养的学生阅读能力普遍滞后，不能通过课外阅读吸收更多的知识：书面表达能力更差，即使是高年级的学生，写出的文章语体不伦不类的现象也相当严重。有些国外同行反映，他们的学生到中国学了一年半载以后，口头表达能力有了明显的提高，书面表达能力却不见长进。其实，学生口头表达能力的提高，除了得益于课堂教学以外，还得益于中国的语言环境。

"词本位"教学把词作为基本语法单位，把汉字作为单纯的书写符号，使其附属于词汇教学。把词作为基本语法单位，学生难以对双字词和多字词中的汉字形成独立的概念。汉字不能形成独立的概念，就不便于在大脑中单独储存和提取。例如，学了"欢迎"以后，头脑中就只有"欢迎"这个概念，而没有"欢"和"迎"这两个概念。只有当这两个字连在一起的时候他们才能识别，如果分开来，就有可能发生混淆，把"欢呼"念成"迎呼"，把"迎接"念成"欢接"。同样，学了"唱歌"以后，头脑中就只有"唱歌"这个概念，而没有"唱"和"歌"这两个概念，看到"歌唱"仍然念成"唱歌"，看到"歌舞"会念成

"唱舞"。学了"汉语"以后，头脑中也只有"汉语"这个概念，而没有"汉"和"语"这两个概念，以后再学习"汉字"和"英语"时，不能把"汉字"中的"汉"与以前学过的"汉"字联系起来，也不能把"英语"中的"语"跟以前学过的"语"字联系起来。这说明，"词本位"教学不符合汉字的认知规律。不仅如此，由于不了解字义，也就难以掌握确切的词义。例如，我们把"学习"翻译成 study，但是 study 并不能传达"习"字所含有的"温习、练习"等意思。我们把"汉语"翻译成 Chinese language，译文与原文的意思相去更远；如果翻译成 Han language，就必须对 Han 作专门的解释。我们把"人山人海"翻译成 a sea of people 或 huge crowds of people，把"情不自禁"翻译成 can not help 或 can not refrain from，译文虽能达意，却不如原文生动和传神。以上关于汉字认知和词义理解的问题随处可见，足见问题的普遍性和严重性。上述汉语词语也代表了汉语的某些结构方式，而汉语的结构方式又反映了说汉语者的思维方式。汉语学习者只有深刻了解汉语的结构方式，才能学到中华文化的精髓，逐渐学会用汉语思维。而"词本位"教学却不介绍汉语词语的内部结构规则。

与"语文一体"和"词本位"教学相联系的是教说什么话，就教写什么字，无法按照汉字形体结构的特点由易到难地进行汉字形体结构的教学。假设第一课教的是"你好、谢谢、再见"这3句话，就要同时教"你、好、谢、再、见"这5个字。虽然这3句话很有用，也不难学，但是这5个汉字却比较复杂。初学汉语的外国人看到这些汉字，就认为汉字都像图画，一开始便产生了"汉字难学"的心理障碍。可见，"语文一体"和"词本位"教学模式是造成"汉字难学"的直接原因。

上述情况说明，要提高汉语教学的效率，必须改变"语文一体"和"词本位"的教学模式，探索新的教学路子。

一种语言的教学路子，必须与这种语言的特点相一致。我国对外汉语教学现在占主流地位的教学路子存在的主要问题就是在很大的程度上背离了汉语的特点。因此，探索汉语教学的新的教学路子，必须首先在汉语特点的研究上下工夫。

三、中高级阶段对外汉语教学的理论探讨

（一）定性定量论

定性分析必须建立在定量分析的基础上，这是当今科学研究的一项基本原理。我们提出定性定量论，就是要改变过去中高级对外汉语教学长期没有统一标准的状况，进一步明确它的性质、目的，科学地规定质与量的等级和指标。

当代实用汉语教学。它不是近代汉语教学，也不完全是现代汉语教学（《现代汉语词典》对"现代"的释义是：现在这个时代，在我国历史分期上多指五四运动到现在的时期），而是当代实用汉语教学。

以培养学生的语言交际能力为目的。中高级阶段的对外汉语教学是初级阶段的对外汉语教学的继续和发展，它必须保持与初级阶段的连贯性和协调性，必须在初级阶段的基础上，继续强调和强化语言交际能力的培养。

以语言技能训练为核心。所谓语言技能，即我们通常说的听、说、读、写四种语言能力，中高级阶段的汉语教学仍要以此为核心展开，同时又要逐步增加"译"的技能训练和培养。

（二）在进行定性定量分析时，要充分注意以下三个问题

1. 对"基础后阶段"的认识问题

在过去相当长的一段时期内，我们都把一、二年级对外汉语教学统称为基础阶段，这样划分似乎太宽泛了些。我们认为，将一年级称为初级阶段，将二年级称为中级阶段或基础后阶段，可能更符合实际一些。

基础后阶段是一个特殊的教学阶段，具有复杂而又显著的特点。

中介性（或称过渡性）：它介于初级和高级阶段之间，一方面，它是初级阶段的继续和延伸；另一方面，它又为高级阶段作必要的准备、铺垫和过渡。

灵活性（或称伸缩性）：与初级阶段课程的统一性和规定性相比，这一阶段课程的伸缩余地大大增加，即在开设必修课的同时，根据学生的实际需要开设众多的选修课程。在这些选修

课程中，当代汉语课程仍占主导地位，同时又增加了近、现代汉语文化课程（如《中级汉语阅读》内含部分名著选读，《中国现代史》）和古代语言文

化课程（如《文言阅读》）。

选择性：学生根据自己的学习目的和现有水平，对课程具有相当大的选择余地。

2. 初级和中级之间、中级和高级之间的坡度问题

这既是一个理论问题，又是一个现实认识和操作问题。

（1）理论问题

语言教学是分阶段进行的，第二语言教学更是如此。这种教学阶段的划分是与教学内容和难度紧紧连在一起的。根据语言教学的阶段性理论和长期的教学实践，初级与中级阶段之间应该有较为舒缓的坡度，中级与高级之间应该有较为明显的坡度。也就是说，初级和中级阶段之间的水平间距，和中级与高级阶段之间的水平间距相比，后者的水平间距要比前者大。这种坡度的出现，是语言教学与语言学习规律的一种必然反映。

现在的情况是，由于初级阶段的教学内容容量偏小。中级阶段的教学内容又缺乏较为科学的定量分析，因此，显得前者的间距过大，而后者的间距过小。

（2）认识问题

解决初级与中级阶段之间的坡度问题，必须从名家名篇文学作品的圈子里跳出来，特别要从现代名家名篇文学作品里跳出来；在"基础后阶段"，还应打破选材时不准修改原文的桎梏。

（3）实际操作问题

操作前，必须对初级水平有较为准确的定量分析—词汇、汉字、语法点等等的定量分析。只有这样，才能对中级阶段的起点有一个总体的精确把握，才能逐步克服中级阶段教材编写的盲目性和模糊性。操作中，必须对入选内容及其词汇、语法点等等，逐一进行精确的过滤，切忌凭印象确定词语是否入选。

3. 初、中、高三个阶段与汉语水平考试的适应性问题

汉语水平考试与我国四年制对外汉语教学具有一种"若即若离"的特殊关系。总的说来，汉语水平考试基本上是以我国四年制对外汉语教学水平为总的参照系的，但是，它又高于目前的对外汉语教学水准。初等水平的合格界标基本上是以初级阶段一年级的平均水平为标准的：中等水平的合格界标是以中级阶段

二年级的平均水平为标准的；高等水平的合格界标不是以三年级的平均水平为标准，而是以四年级的优秀水平为标准的。

（二）序列共核论

序列共核论是在总结我国对外汉语教学正反两个方面经验的基础上提出来的，是逐步形成和发展的，它是第二语言教学的一个共同性规律。

1. 等级课程共核

（1）统一课程等级内容共核

初级阶段平行课的课程共核。主要是指初级阶段系列课程教材编写及对应的教学中的共核内容—语音、词汇、汉字、语法及功能项目等的共核内容。这种共核又有小共核和大共核之分，所谓小共核是指各种平行课（即一个小循环之内的读写课、听力课、说话课等）之间的共核内容；所谓大共核是指各种平行课程的学年的总量共核内容。

中级和高级阶段必修课的课程共核。对这些必修课的教学内容必须有一个基本统一的要求，逐步改变过去你编你的、我编我的，各自为政的教学方式，这是使中、高级对外汉语教学科学化、规范化和标准化的必由之路。

与初级阶段相比，中、高级阶段必修课的共核内容比例要小一些，宽泛一些，这也是一种规律。

（2）选修课程等级内容共核

与必修课相比，这种共核比例要更小一些，更活泛一些。这主要表现在，作为基本的统一共核，它比必修课程的共核内容比例要小，但是，作为针对特有的教学对象（如外贸班、旅游班等等），则又允许有一定的特殊共核（或称"次共核"）。这一点，是不容忽视的，也是不能强求统一的。

如果这一观点成立的话，那么在"中高级阶段对外汉语教学研讨会"上争论不休的名家名篇能否进入教材的问题，也就容易解决了。从统一课程共核的观点出发，名家名篇（特别是不同时代、作为文学欣赏的名家名篇）最好不要作为必修课的教材，但是，作为选修课，作为特殊共核（或次共核），对于学习文学或准备作语言教师的特殊的教学对象来说，它又是必不可少的，十分重要的。

2. 等级大纲共核和水平考试共核

这是等级课程和编教共核理论的发展和深化。其主要标志是由初级阶段的系列课程共核逐步上升为教学等级标准共核。这种等级共核既是《汉语水平等级标准和等级大纲》中所规定的教学内容，也是汉语水平考试所依据、限定的考试内容。可以这样说，《标准和大纲》其实质就是一种全国统一的对外汉语教学共核内容。

但是，等级大纲共核与汉语水平考试共核又有不同之处。前者，在总体设计、教材编写和课堂教学实践中，允许有一定的浮动幅度。而后者，其所有共核内容均在考试范围之内，但又允许小比例的超出。前者的"浮动"与后者的"超出"，其内涵与外延都是不同的。

3. 技能训练共核

技能训练共核是与设置的课程及其内容密切相关的。中、高级阶段的必修课最好设置《（当代）汉语教程》、《听力课》和《口语课》等密切配合的复合课程。第二语言教学的长期实践证明，这种复合课程对全面的语言技能训练是较为有效的。

中、高级阶段的《汉语教程》应该是以训练读和说为主的。语言训练课，同时也兼顾听和写的训练。《听力课》是以听为主的语言训练课，同时也兼顾说和读。《口语课》是以说为主的语言训练课，同时也兼顾听和读。

对《汉语教程》和《听力课》来说，听、说、读，就属于共有的语言技能训练共核。《汉语教程》的读〉《听力课》的读，《汉语教程》的说〉《听力课》的说；而《听力课》的听〉《汉语教程》的听。《口语课》与《听力课》相比，听、说、读，也是属于共有的语言技能训练共核。《口语课》的说、《听力课》的说，《听力课》的听、《口语课》的听，两种课型的读的比重，大体相当。

（三）循环递进论

循环递进论是针对过去中、高级对外汉语教学内容的随意性和无针对性提出来的，同时也是中、高级对外汉语教学规范化和科学化的重要规律。

1. 同一形式派生的不同等级和层次的螺旋式循环递进

（1）词汇由简单义项到复杂义项的循环递进

比如动词"打"，《现代汉语词典》中共收有 24 个义项，根据对外汉语教学的长期实践和经验，我们只取了 20 个义项，分别列入甲级、乙级、丙级和丁级四级义项之中。即将词典中的义项"（1）打门、（11）打开、（13）打电话、（22）打球"等 4 个义项放入甲级；将"（3）打人、（12）打伞、（16）打水、（17）打酒、（18）打鱼"等 5 个义项放入乙级；将"（2）碗打了、（8）打行李、（9）打毛衣、（10）打格子、（14）打介绍信"等 5 个义项放入丙级；而将"（5）打墙、（6）打烧饼、（19）打草、（20）打草稿、（23）打哈欠、（24）打官腔"等 6 个义项放入丁级中。

又如副词"就"，《现代汉语词典》中共收有 10 个义项，我们将"（1）我这就来、（2）大风早晨就住了"等 2 个义项放入甲级；将"（3）想起来就说、（4）只要用功，就能学好、（8）这件事就他一个人知道、（10）那就是他的家"等 4 个义项放入乙级；将"（5）你们两个组才十个人，我们一个组就十个人、（7）我就知道他会来的，他果然来了、（9）我就不信学不会"等 3 个义项放入丙级；而将"（6）大点儿就大点儿吧，可以买下"这个义项放入丁级中。

（2）语法点由简到繁、由短到长的循环递进

比如把字句，在初级阶段的一级等第范围之内，可以先教最简单、最常用的"把书打开""把门打开"之类的简短的把字句，进入初级阶段二级等第后，可循环递进，教比较典范的把字句；到了中级阶段（三级等第），再教带复杂定语、状语或补语的把字句；到了高级阶段最后教那些书面阅读中遇到的"长、繁、难"的把字句。

只有这样循环递进，才符合第二语言教学的规律，才能达到熟练掌握和运用第二语言的目的。否则，像先前那样，初级阶段出过"把字句"后，就认为学生已经掌握，以后的教材编写和教学中就不再理会，那是对外汉语教学中的形而上学，是不足取的。

2. 不同形式产生的相同或不同等级和层次上的叠加或循环递进

（1）汉字由独体字到合体字的叠加递进

初级阶段可先教笔画简单的、常用的独体字，如"人、山、水、日、月、女、手、木"等，然后再教笔画较多而又不能分解的独体字，如"身、页"等。

现在使用的汉字，大多数是合体字。合体字中有些是从会意字演化而来的，如"林、休、明、从"等；合体字中的大多数是形声字，如"清、请"，"板、椅"，"湖、海"，等等。

汉字的这些特有规律，要在编教和教学中加以利用。

（2）词汇的叠加循环递进

熟字、新词、新义的叠加现象。比如：生活，生日；天气，生气。生产，产生：工人，人工。

同义词和近义词的循环递进。比如：同义词：曾、曾经，常、常常；美丽、漂亮，保卫、捍卫；式样、样式。近义词：手段、方法，成果、结果，修建、建设，改造、改革。

"衍生词"的叠加递进。"衍生词"是我们起的名字。为便于教学和理解，先看下面的例子：身体、高度—身高木头、椅子—木椅这类衍生词，容易理解，不必作为生词列出。身体、重量—体重空气、温度—气温这类衍生词，不易理解，最好作为新词列出。

3. 同一等级的汉字经重新组合而产生的相同或不同等级和层次的循环递进

（1）同一等级汉字构成的置加递进

比如，1011 个甲级词中含甲级字 793 个，这 793 个汉字经重新组合叠加，形成许多新的词，我们称这些词为同一等级汉字构成的新的词汇。这些新的词汇对于词语教学是十分重要的。

（2）不同等级汉字构成的叠加递进

比如，甲级词中含有的甲级字为 793 个，2017 个乙级词中含乙级字为 831 个。这两级汉字经重新组合后，可以形成众多的新的词汇，我们称这些词为不同等级汉字构成的新的词汇。这种研究，对教学也是十分有益的。

（四）文化导入论

1. 文化导入的必然性

近几年来，我国对外汉语教学界对于文化在教学特别是中高级阶段教学中的重要作用，展开了热烈的讨论并逐渐有了共同的认识。所谓文化导入，有两层意思：第一层意思是将有关的文化因素直接引入相关的教材，大家都认识到，没有提供足够文化因素信息的教材，将文化导入教学仍然是十分困难的；第二层意思是将有关的文化因素直接引入以语言技能运用为核心的语言训练体系。

文化导入是对外汉语教学不断循环深入的必要条件和必然结果，是提高语言教学水平和语言运用得体性的必由之路。

2. 文化导入的规定性

（1）文化的范围

这里说的文化，是指对外汉语教学中直接涉及的体现在语言教学中的内涵，即语言学习和运用中直接影响理解和交际的文化因素。我们认为，对外汉语教学中的交际文化至少可分为三类：①语俗文化；②语感文化；③语境文化。

（2）交际文化的代表性

我们在对外汉语教学中要教给学生的交际文化，是有普遍意义的、有一定文化教养的中国人之间反映出来的较为典型的交际文化现象。

（3）交际文化的时代性

交际文化不是凝固不变的，它将随着时间的推移，显现出不同的时代特点和风貌。我们在对外汉语教学中介绍的交际文化，应该是当代"活"的交际文化，应该避免那些过了时的交际文化现象。当然，作为中国历史文化知识的介绍，又当别论。

（4）交际文化的语体差异性

交际文化在不同的场合、不同的背景、反映在不同层次的人身上，会出现不同的形态和语体，最常见的将是"家常语体""社交语体"和"典雅语体"三种。

3. 文化导入的阶段性

一定的交际文化项目是与一定范围的语言要素（语音、词汇、语法等）相适应的，这就决定了交际文化的导入也要有比较分明的阶段性。

文化导入是有规律可循的，它的基本规律是，其数量和难度在由初级到中级、中级到高级的循环发展中，将呈现逐步增大的趋势。这就决定了，到了中、高级阶段，交际文化的比重将大大增加，它对教学水平的提高将具有越来越大的制约作用。

（五）多样选择论

多样选择，是根据中、高级阶段的教学和教学总要求，对课程、教材、教学原则和教学方法进行多样化的选择。这是中、高级阶段教学的又一显著特点。

1. 多样选择首先表现在必修课的设置上

这里我们要强调指出，我们说，中、高级阶段的对外汉语教学，是以培养学生的语言交际能力为目的，以语言技能为核心，以交际文化导入为特征的当代汉语教学，主要是指以必修课为代表的核心课程、主导课程、应用课程。

（1）必修课的设置

必修课的设置必须是相对完整、统一的复合课程。根据多年来反复的教学实践，这一复合课程至少应包括三门课：综合性的精读课程《汉语教程》，分工较为明确的技能课程《听力课》和《口语课》。

（2）选修课的设置

选修课的设置必须适应中、高级阶段的教学特点，尽可能满足学生的多种口味和兴趣。

其中，《报刊（阅读）课》和《（应用文）写作课》这两门课是介于必修课与选修课之间的课程，是选修课中的重要课程。有的院校把它们也列入必修课，是有一定道理的。

2. 课程的多样化必然导致编教原则和教学原则的多样化

（1）编教原则的多样化

这是由课程本身的多样化决定的。一门好的课程好像是一位身怀绝技的导师，它能引导学生很快学会某种语言技能。因此，在编教过程中，必须针对这一课程的特点和难点，有针对性的进行编写。

听力课，它是以训练听力为主的课程，因此，情境的设计和语音、语调和句调的变化等就成为十分重要的因素，编写原则必须尽可能与之相适应。

（2）教学原则的多样化

这是由课程本身的多样化和编教原则的多样化决定的。一位好的教师好像是一位出色的导演，能根据课程和编教原则的要求，将其十分灵活地、创造性地运用到教学中去。

口语课，它是以训练口头表达为主的课程，因此，语言功能项目的设计和交际文化因素的注释和运用，就成为十分重要的前提条件，教学原则要尽可能与之相衔接。

（六）结语

1. 定性定量论要求统一

性质目的的统一，等级指标的统一。这种统一是认识基本一致的基础上的统一，是当前条件下的统一，是定性描述与定量分析的统一。随着时代的发展，科技的进步和认识的深化，将会出现新的标准下的新的统一。

2. 序列共核论要求制约

对课程（主要是必修课）的制约，对共同教学内容的制约。这种制约是从宏观上对教学内容的中心部分（共核部分）进行必要的限制。这种限制与制约是限时性的、正规的语言教学所决定的，是语言教学的基本规律之一。

3. 循环递进论要求发展

这种发展不是跳跃式的发展，而是循环渐进的发展：不是直线发展，而是螺旋式发展。这种螺旋式发展，既是"教"的规律，又是"学"的规律，是成功的语言学习的必由之路。

4. 文化导入论要求"入乡随俗"

要在真实的语言环境中学习目的语，要在学习目的语的过程中，体会"语感"，深入"语境"，使用"语俗"。这是中、高级阶段对外汉语教学的最显著的特点之一。

5. 多样选择论要求多元，要求发展个性

教材编写的多元，教学原则的多元，教学方法的多元。课程的多元是中、高级阶段教学对象的多样性的客观反映，是学生的客观要求在教材上的反映；方法的多元是课程和教材的多元在学习途径上的体现。

四、高级阶段的汉语教学研究

（一）高级阶段汉语教学研究的重要性与紧迫性

一种语言在其他国家造成影响，主要不只是靠掌握一般语言的人，还要靠

那些具有高度语言水平甚至达到"专家"程度的人。他们不仅能够出色地使用这种语言，传播这种语言的文化，而且还有能力成为本国这种语言的教师。主要是这些人的活动与成果以及他们的声望、地位，才使某种外语在一片陌生的土地上落地生根。而这样的汉语人才只有一至少要——通过高级阶段的教育才能培养。我们不能只满足初、中级阶段的教学，这也是为什么要专门建立汉语言专业（对外）的原因之一。要使汉语真正在世界上产生大的影响，就要在留学生中努力培养出一大批高水平的语言人才来。这样就必须对高级阶段语言教学的历史、现状、理论与规律进行深入研究，以期用更短的时间使学生更好地掌握汉语，更多地了解汉语所负载的中华文化。

1. 高级阶段是专门语言人才形成的关键时期

高级阶段是本科教育人才产品的完成阶段，能否培养出高级汉语人才来主要看这个时期。经过初级和中级阶段训练的"半成品"将在这里得到基本完善，学生的语言知识掌握得比较牢固，汉语运用得比较熟练，可以胜任各种使用汉语的工作，有较强的通用性。外语学习的经验证明，一个初通外语者在不常用的情况下很容易将它遗忘，而外语真正过关以后，这种危险就会大大降低，就像会骑自行车者那样，十年不骑，跳上去依旧会骑。而在初级、中级两个时期所欠缺的，可以在此时进行必要的弥补。高级阶段教学改革不仅关系到教学质量，而且其示范与指挥棒作用对于初级和中级阶段教学水平的进一步提高也将产生深远的影响。

2. 目前高级阶段理论研究薄弱，可突破点多，提高空间大

这些年来，对中、高级汉语教学的研究已经有了不少进展，几部大纲为教学树立了一些重要的标杆，但仍然有许多问题亟待解决。

尽管汉语学习在高级阶段所表现出的水平阶梯不如初级与中级那样明显，但是教学的科学性和规范性又要求我们必须尽可能地在定性和定量方面更加准确清楚，在这方面还有许多事情需要做。目前基本上只有词汇语法指标，能力要求不具体，科学性差，有的定性不准确。从整个本科教育来看，无论是教学实践还是教学研究，都是初级阶段最成熟，中级阶段次之；阶段历史短，学生较少，所以相对而言比较落后。科研滞后已经成为制约高级阶段教学质量提高

的瓶颈。高级阶段汉语教学的许多理论问题不但缺乏研究，甚至还没有进行认真的梳理、归纳。一些影响全局的问题多年未能引起人们的注意。

3. 高级阶段教学时间长，提高潜力大

高级阶段处于教育的后半期，在四年学习中占了整整一半，相当于初级和中级两个阶段之和；课程门类众多，技能训练的综合性强，层次高，因此从教学时间和活动空间来说都相当大，最有利于进一步提高教学效益。目前高级阶段教学的一个重要缺陷是目标与计划过于笼统，两年之间缺乏明显的区别，目标与训练的阶梯不清。在初级阶段，一年的教学时间分成了几个小的单元，每个时段都有明确的量化的训练目标与具体要求，因此效果十分显著。而现在整个高级阶段的训练目标虽然已经比较明确，但是三年级和四年级应当分别实现哪些，如何一步一步去落实，还缺乏科学的计划，甚至还没有进行自觉的研究。尽管由于高级阶段语言的综合性、模糊性使教学与初级、中级有很大的不同，但是在训练的循序渐进上应当是一致的。虽然从客观上说越到中、高级阶梯就越不那么明显，但是阶梯依然存在，若从大处着眼，还是不难梳理出来的。80年代末以来制订出版的多部大纲对汉语运用能力等级作出了基本划分与规范。要在这些大纲基础上进一步深入研究高级阶段汉语教学的培养目标—有些还需要从新的角度作一些发掘，设立一些新目标—对各类目标进行分解。在两年的四个学期中—每个学期还可以再划分为两三个略小的阶段—分别予以落实。这样有助于加强教学的计划性，克服随意性，将训练纳入更加科学的轨道，提高教学效益。如果高级阶段教学改革取得突破，那么整个对外汉语教学的面貌都将大为改观。

4. 人才市场对高级汉语人才的需求日趋旺盛

随着中国对外开放的不断扩大和深入，国外人才市场对掌握汉语和了解中国文化者的需求将继续呈上升趋势。汉语在有的国家已经成为大学、中学甚至小学的主要外语语种之一。对某些国家来说，如日本和韩国，初级汉语人才往往在本国就能培养，而中级尤其是高级汉语人才还是要到汉语的故乡中国来学习才行。

高级汉语人才需求是一个长期趋势，到汉语的故乡中国来学习高级汉语和

中国文化，是许多外国人的愿望。因此加强高级阶段汉语教学改革的力度，尽快解决那些多年没有解决的问题，认真分析某些我们至今尚未认识到的问题，进一步提高教学质量，是我们今后工作的重点之一。

（二）关于高级阶段的语言运用能力

解决高级阶段汉语教学问题，首先要认识清楚高级阶段的语言运用能力，从定性与定量上进一步科学化。

《汉语水平等级标准与语法等级大纲》已经有了重要突破，使能力培养第一次有了一个比较科学、完整、具体而便于操作的指导性依据。这部大纲的《标准》部分的基本框架是三等、五级、三要素。即：

初等水平（相当于汉语言专业一年级）含一、二级标准

中等水平（相当于汉语言专业二年级）含三级标准

高等水平（相当于汉语言专业三四年级）含四、五级标准

三要素是：每一级标准都由话题内容、语言范围和言语能力构成。

应当说，这个"三要素"已经朝着语言运用能力标准的立体化方向迈出了重要的一步。

该大纲还对每级标准从读、听、说、写、译五项技能的角度分别进行了具体描述。但是总的看来，对词汇和语法的要求比较具体，便于落实与检查：而对语段和语篇能力的要求则比较笼统，不清楚究竟有哪些具体能力。有些要求的限制条件没有标出。因此要进一步完善标准，尤其是要把这些标准从各方面一总体要求、阶段目标、微技能等一进一步分解，才能使各项技能目标的实现更加具有可操作性，易于落实。

从教学实践出发来研究语言运用能力是有它独特的角度的。这里我们以表达能力为例，来阐释一下高级阶段汉语表达能力应主要体现的几个方面。

1. 用汉语高密度表达的能力，即数量要求

"速度"的问题似乎比较容易引起人们的重视，其实并非如此。因为并不是越快越好，而是在"好"的前提下加快。这个"好"不仅是指内容和语法准确，而且包括语音、语调、语气等方面的要求。而这就需要进行科学的训练，主要是指能够在短时间内作出最佳的语言反应。

"密度"是指同样字数中的信息量大小，目标是达到语言运用能力的精练程度。因此，这是一个空间要求。有的学生虽然能说或写许多，速度也可以，但是文字水分大，同量字数中的信息比重小。有不少文字实际上讲的是差不多的内容，并没有提供新的信息。因此需要帮助学生学会将文章或话语写得或说得精确。

具体说就是要有即兴长篇大论地叙说能力：能够就某一个议题在 3 分钟内讲大约 400 字以上话语的能力。长篇大论地写作的能力：具备在 100 分钟内写一篇有中心，内容充实，基本上没有病句的不少于 800 字的记叙文或议论文。

2. 用汉语简练表达的能力，即提炼技术

高级汉语在能力训练上要进行分解，而不应只做笼统要求。阅读文章听取信息后的提炼能力，包括归纳、概括文章的中心意思，主要论点，分论点，基本结构：人物的主要事迹、性格，人物关系。学生往往只会不分主次轻重地复述，不习惯于从中提炼出主要论点或内容来；往往是按材料顺序讲或写，重点不突出，零乱，不会按中心分几部分重新组织。这些都是需要我们着重予以解决的。

3. 用汉语表达严密思维的能力，主要是逻辑性

对外汉语高级阶段的教学，培养学生具备严密的逻辑思维是题中之义。汉语教学的范文具有逻辑美，而且也只有在教学中将这种隐藏在句中、句群间、段落间和篇章之间的逻辑关系揭示出来，学生才能真正具备掌握高级汉语的能力。从语言形式的角度来说就是句、句群、段与段之间（显性与隐性）的衔接能力。学习连接、过渡、转折、回复、呼应等各种衔接手段，争取做到衔接得自然、紧密、巧妙。

4. 用汉语表达自己见解的能力，即认识的独创性和语言个性

这里有一个问题需要讨论，即如何看待学生的"创造能力"，将其置于什么位置。我们容易重视学生在使用汉语时，有没有错别字，句子通不通，正确不正确等问题，至于学生是否能够用汉语表达自己的深刻思想，有没有独创性，似乎对于语言教学不那么重要。实际上作为一个合格的学生，应当具有这些能力。这是汉语运用能力是否达到"高级"的一个重要标准，我们不能停留在学生不写错别字和句子通顺简练的要求上，也不能只要求学生看懂文章理解内容就成，

而应当理解文章表达的深层思想含义，自己对这些问题或人物应当有较深入的认识，或者能够用自己的语言进行评价，并将意思表达得比较清楚而又有意味。

5. 汉语语体特征的把握能力，即语体意识

能否把握不同语体风格，在不同风格系统之间，在雅与俗之间进行语码转换，是高级汉语表达能力的重要标志。我们强调语言的得体性，在高级阶段还应向高雅性发展。得体高于及格标准，不得体就表明语言运用得不符合身份或场合，而高雅性是语言运用的高标准。有些人认为高级阶段的汉语教材，包括高级口语、当代中国话题、高级汉语，它们的一个重要缺点是语言不够口语化，不能进行口头交际。实际上，这是一种误解。口头交际是分层次的，如果口头表达从初级到高级一直是一种语体风格，全是大白话，那是教学上的失败。在丰富多彩的社会生活中，不少工作和场合需要人们用比较庄重、文雅，即书面化的口语进行交际。"一种语言的语用系统所形成的语体类型是多元的，各个语体之间的界限，是凭借语体区别特征区别开来的。所谓把握语体特征，就是把握各个不同语体的共同点与不同点。如外交语体与日常会话语体，前者语音规范雅正，后者俗音俚调，前者词语多用文言套话，后者则不忌方言土语；语法上前者句类单纯，句子长度大，固定格式多，后者句类多样，简短，当然还有修辞特征与风格特征的区别。"高级汉语表达能力便体现在能够把握使用不同风格的汉语上面。我们也不能将交际只看作口头一种类型，书面交际能力也至关重要。这在学生未来工作中用处十分广泛，特别是信息社会、通信技术的发展，无论是书信还是文件往来，那种准确、严密、简练、雅致的语言会用得越来越多。

高级阶段成段、成篇地叙述的能力应当强调"准确、连贯、完整"这三个基本要求。

准确：是正误的界限。除内容的正确外，关键在于用语的妥当和定语、状语、补语位置的合适。对于三、四年级的学生来说，达到这个目标并不十分困难。问题在于他们往往习惯于用最简单的答案，甚至只有一个词，而不是完整的句子来回答。因此必须同时提出以下两个要求。

连贯：除了内容本身的连贯外，主要是对句与句之间有机联系的要求。这是训练成段表达、大段表达直到成篇表达的一个中心环节，也是进行思维训练

的一种基本形式。这就要求学生在表达之前，对内容从整体上作一番思考与整理，有条理地进行叙述。但是对于一个略长一点的语段来说，光是达到"连贯"显然是不够的，因此还必须要求"完整"。

完整：是对于内容完全正确的要求。它是训练学生进行有中心、有条理、全面叙述的一个最重要的指标。要帮助学生养成分析"这是从几方面写（说）的"的习惯，从而进一步巩固表达的连贯性，自觉地注意回答相关问题的完整性。由于是从"几方面"入手进行思考，不但内容的完整性能够实现，而且思维的条理性和逻辑性也得到了锻炼。

对讲述与评论能力也要进一步分解。当代中国话题是一门提高学生篇章阅读能力和高层次口语表达能力的课程。学生读过文章发表见解时要注意以下几方面能力的提高：①提炼与突出主题的能力；②分段介绍与段落衔接能力；③巧妙的开头能力；④有力的结尾能力；⑤精彩语言的设计能力。

要在高级阶段培养出这样的语言表达能力，显然应当让学生多说多写，而且要多讲长话，多写较长的文章。多说的问题主要从两个方面解决：课上教师少讲，使学生有时间多说；有意识地让学生有准备地发言，逐渐过渡到能够作篇幅较长的即兴发言。只有着力于培养各项具体能力，学生的高级汉语运用能力才能得以形成。

在明确了高级阶段汉语运用能力的目标之后，如何进行分解训练便成为关键。高级阶段两个年级四个学期如何具体安排，在高级汉语综合课、高级口语、写作、中国报刊阅读、当代中国话题、翻译等几门语言课中，在教学目标与训练上究竟应当有什么分工，各自应当完成哪些任务，需要进一步细化。

在解决技能训练的阶段性问题上各门课均应注意以下两点：

（1）在分阶段训练中坚持真实性和综合性

语言运用能力的本质决定了高级汉语的"高级"在于它对真实状态下的语言运用的反应程度与水平，而这种状态通常都比较复杂。因此无论哪一类课型均应减少一般性的简单模仿训练，尽量抹去人工痕迹，增加真实感和综合性强、能够锻炼思维能力的练习。注意将词语与句子的训练和篇章训练结合起来，如三、四年级多重复句的练习就可以纳入篇章练习。

（2）注意明确训练目标与适当的项目量

培养能快速大量地汲取信息和长篇大论地叙说和写作的能力，是高级阶段汉语教学的基本任务，而这些能力既不能截然分开，又必须适当地有重点地分别实现。有时可能主要训练读说，有时则可能重在读写。总之在技能、文体、数量、强度、密度等诸方面，每一课程均应有分工及分阶段目标。

以上主要是对高级汉语表达能力的要求、能力构成的各种因素，作了一些粗略的分析，对于微技能问题只是刚刚接触。与文字、词汇、语法等方面的要求分解得那么细致，等级划分得那么清晰相比，语段和语篇的能力要求无论是类别划分还是等级划分都是相当初步的。这方面的工作要加大研究的力度。

第二章 跨文化交际与第二语言习得

第一节　跨文化交际的内涵

一、关于文化

（一）文化的定义

给文化（culture）下一个定义是困难的，因为它包含的内容太过复杂，文化包含了历史、哲学、地理、政治、艺术、军事、风俗、习惯、教育、科学、文学，乃至价值观、道德观、人生观、世界观、行为方式、思维特点等诸多方面。这也就是虽然学者们一再努力给它下一个定义，但至今为止还是没有得到一个公认的、令人满意的定义的原因。不过这并不会给大家造成困惑，反而使人们对文化的概念有了整体的认识：文化是"人类在社会历史发展过程中所创造的物质财富和精神财富的总和，特指精神财富，如文学、艺术、教育、科学等"。

物质财富是指人类创造的各种物质文明，包括衣、食、住、行所有方面的物质，它是一种带有各自明显特点的，可以直接观察的显性文化。如各地不同的服饰、食物、建筑、服饰、工具、器物等，它们表现出不同的风格样式。

精神财富同样带有各自的明显特点，但是，它们属于不可见的隐性文化。因为精神财富主要体现在制度文化和心理文化上，价值观、审美观、世界观、人生观是其主要内容，文学、哲学、政治、艺术是其主要载体。如各文化中待人接物、为人处世的不同，乃至音乐的旋律节奏、绘画的主题等的不同。

物质财富和精神财富互为表里，物质的风格特点背后是精神（特指意义上的文化）在起作用。同样的，物质的风格特点又反过来不断地强化其精神（文化）的特点，最后达到物质和精神的完全融合。例如建筑，中国古代建筑中的对称设计，就是中国文化中庸和谐、不偏不倚、允当适度的体现。中国北方四合院民居的布局更加体现其人伦关系。如长辈住上房、兄东弟西、女眷居住在后院等，就是长幼尊卑这些人伦关系的物质体现。

（二）文化的特点

文化是一个复杂的系统，主要的特点是：

1. 文化是群体的

根据美国文化人类学家爱德华·霍尔（Edward Hall）的观点，文化是一个群体的生活方式系统，它是一群人的共享系统。文化不是某个人特有的，而是一群人代代相传后形成的一种相对固定的特质。虽然个人会在某种程度上对自己所处的文化产生影响，但是形成文化的力量却不在个人，而在群体。文化是在互动中产生的，文化就是因为群体互动而生的。

2. 文化是不能遗传的

任何文化都是人们在后天习得的和接受的，文化可以被创造，但不能通过遗传传给下一代。左撇子可以遗传，但不是文化；吃饭用筷子不是遗传的，却是一种文化。

3. 文化是综合的

孤立的文化是不存在的，任何一种文化都是多种文化要素复合的结果。如在建筑中，我们可以看到一种文化中多种因素的复合，如美学、哲学、绘画、科学技术等。

4. 文化是象征的

文化是由一系列象征符号构成的系统，也正因为象征，文化才有具体的展示，才有了能用于传播和交流的意义，世界也才有了意义。例如一种植物，我们中国人叫它"树（shu）"。于是，shu这个声音就和这种植物建立了联系，它象征了这种植物。同样的植物，英国人把它叫tree。在说英语的人群中，tree就是指那种植物了。又如不同的颜色和动物，在各个不同的文化中，它们的象征意义也是不同的。如龙，在中国文化中显示出的是尊贵、威严、吉祥的正面意义；在西方文化中，龙却是邪恶、暴力的负面形象。

5. 文化是可以传递的

文化这些象征符号一旦被创造，就会被传递、运用、模仿。它可以代代纵向传递。例如中国人春节时贴对联的习俗已经传了上千年，今后肯定还将继续传下去。它也可以横向传递到周边国家，为其他文化所接受。又如红色交通灯代表停止前进是英国人的创造，现在已经传遍世界，被普遍接受。还有，不同文化创造出来的体育、艺术形式在世界范围内普遍传播，以及一些本为某一民族、某一文化专有的节日却被其他民族、其他文化所接受，都是文化传递的典型案例。

（三）主流文化和亚文化

主流文化，又称官方文化，是一个社会群体中发挥主要影响，被最大群体认同的，受到政府提倡的文化。如某个国家、民族对于男女平等的看法和做法，对教育孩子的看法和做法，等等。

亚文化，又称小文化、副文化、集体文化，是大的文化中由于不同阶层、职业、地域、年龄、性别等差异而形成的小的群体文化。它们属于主流文化所代表的那个大群体，如军队文化、校园文化、城市文化、农村文化等；他们可能有单属于自己的观念和行为，有时还可能会与主流文化有很大的不同。

（四）高语境文化和低语境文化

爱德华·霍尔在 20 世纪 70 年代中期出版的《超越文化》中提出高语境文化和低语境文化的概念。简单地说，高语境文化中，说话者的言语或行为的意义更多地依赖说话者当时所处的语境来表达，信息被包裹在语境之中，甚至语言本身有时都变得不那么重要。说话者的意愿和情感通过环境、场面、气势、过程，也就是通过语境表达出来。如帝王高高在上的威严和臣子匍匐在地的架势已经明示二者的地位。

低语境文化恰恰相反，交际双方关注的是双方交流的内容，一切信息都需要用语言或其他交际信号清楚明示，没有弦外之音，直截了当，不需要太关注语境。中国、日本、阿拉伯等属于高语境的国家，而斯堪的纳维亚国家、德国、瑞士等属于低语境国家。

（五）关于文化差异的维度

荷兰心理学家吉尔特·霍夫斯泰德提出了一个测量不同国家间文化差异的框架，这一理论被称为霍夫斯泰德文化维度理论，在世界上有广泛的影响。他从五个基本的文化价值观来考察不同文化间的差异：①权力距离。这个维度指某一文化中的人们，尤其是地位低的人们对不同人在社会的权力分配不平等的接受程度。②不确定性规避。这个维度指一个文化中的人们面对不确定的事件和风险时的回避程度，以及是否通过正式的渠道来避免和控制不确定性。③个人主义与集体主义。这个维度考察某一社会总体呈现出一个关注个人利益还是集体利益的倾向。④男性化与女性化。这个维度主要看某一文化是男性的性质偏多还是女性的性质偏多，同时考察社会中男女性质间的差异程度。⑤长期取向与短期取向。这个维度指某一文化中的人们抑制当前需求，而将目标放在未来，接受物质、情感的满足推后的程度。

虽然用霍夫斯泰德理论考察各国的文化差异不够精确，带有明显的西方视角，但它毕竟给我们提供了对文化差异进行量化的工具，让我们不再笼统地分析文化的差异。从这点上看，其理论是有价值的。

二、关于跨文化交际

（一）跨文化交际的过程

交际可以被理解成一个编码和解码的过程。首先，信息发出者将一系列文化元素进行编码，赋予自己的意愿、情感、思想，然后向信息接收者发出。信息接收者接到这一串编码后要进行解码，解码就是对接收到的这些象征符号进行还原或解释。在进行解码后，信息接收者还将向信息发出者进行反馈。这样，一次完整的交际就完成了。

在同一个文化中，编码通常可以被较好地解码，不会产生大的问题。但是在跨文化交际中，编码往往不能被很好地解码，最终造成交际障碍。例如两个中国人在菜市场相遇，一个人说："买肉啊。"另一个会自然地回答："是啊，女儿回来了，买点儿肉包饺子。"但你如果用同样的话问一个在菜市场买菜的德国人，他可能无言以对，不知道你想干什么。"买肉啊"这个编码里包含的"问候""寒暄"信息被错误解码。又如一位中国学生因为爷爷去世，他戴孝走进教室，同学们都会比较小心地保持分寸，不再像平常那样玩笑打闹。因为大家清楚地知道他身上那个黑色布条的意义，同学们解码成功，反馈得当。而如果他在美国的学校戴孝走进教室，美国同学们可能会嘻嘻哈哈跟他开玩笑，还有可能打趣他衣服上的黑色布条，美国同学的解码不成功，这次跨文化交际失败。

（二）言语交际

语言是人类最重要的交流工具，言语交际是用语言来向对方表达我们的意愿、情感的方式。言语交际主体在言语交际活动中会根据交际对象、交际环境等因素选择最合适的言语方式，并在交际过程中随时调整自己的言语行为，以完成交际任务，达到交际目的。成功的言语交际者可以通过言语清楚地传递出信息，清楚地展示自己想要营造的形象，让交际对象产生预想的感觉。

不成功的言语交际者就是"不会说话"，言语中传递错误信息，导致交际失败。言语交际受文化影响很大，不同的文化有不同的言语交际形式。一个例子是说某领导入在某单位一个庆祝会上说："大家要努力工作，把工作做得更好……"这样的话中国人听起来没问题，可一个美国人听了会有这样的感觉："你怎么敢在这样一个愉快的时刻批评我们工作做得不好，借机骂我们！"还有一个例子是说一个人冬天见了朋友，说："你该多穿一点儿。"在中国人看来是关心，可这句话英文的意思是："你还是个孩子，糊里糊涂的，不知道穿衣服，我来关心你一下。"同样，中国人的问候"你去哪儿？""怎么这么早？"，给外国人的感觉是过分关心他的私事，会引起怀疑。

（三）非言语交际

非言语交际是不借助言语进行的交际行为。通常人们通过举止、语调、表情、目光、接触等身体语言进行交流，甚至通过停顿、沉默、空间距离来传递某种信息。除此以外，借助符号也能进行交际，如旗语、信号等。非言语行为在信息沟通中作用巨大，可以修饰言语交际行为，起到加强、削弱或否定言语交际的作用；在某些情况下，还可以直接代替言语交际，完成言语交际所达不到的目的，"此时无声胜有声"。

非言语交际有更鲜明的文化特点，不同文化间的非言语交际形式差异很大。

同时，非言语交际语义模糊，容易受干扰，传递的信息往往不够明晰，这些特点我们也要注意。

下面列举几种非言语交际的形式：手势，姿态，服饰，眼神，表情，体距，触摸，音量。

1. 手势

需要注意的是，不同的手势在不同文化中有不同的意思。中国人认为手心向上招呼人是不礼貌的，如同召唤小狗或挑衅；但在其他一些文化中手心向上招呼人并没有这个意思。

握手这个世界上普遍的示好方式泰国的乡村人就相当反感。英国人忌讳四人交叉式握手，据说这样会招来不幸。这可能是因为四个人的手臂正好形成一个十字架的原因。

2. 姿态

身体姿态也有很强的文化色彩。如英国人忌讳有人用手捂着嘴看着他们笑，认为这是嘲笑人的举止。

美国人忌讳有人在自己面前挖耳朵、抠鼻孔、打喷嚏、伸懒腰、咳嗽等，认为这些都是不文明的，是缺乏礼教的行为。若喷嚏、咳嗽实在不能控制，则应头部避开客人，用手帕掩嘴，尽量少发出声响，并要及时向在场人表示歉意。他们忌讳有人冲他们伸舌头，认为这种举止是污辱人的动作。

在泰国，地位较低或年纪较轻的人，应该主动向地位高和年纪大的人致合十礼。泰国人忌讳有人盘足或把两腿又开而坐。他们忌讳有人用脚踢门或用脚指东西，认为这是有伤风化和不礼貌的举止；忌讳别人拿着东西从他们头上掠过，认为这是极不礼貌的举动，是有意的污辱；忌讳左手服务，认为左手不洁净，令人回想起肮脏的事情，甚至还会怀疑是不轨行为。

印度尼西亚同样不能用左手触碰食物。他们把左手视为肮脏之手，认为使用左手是极不礼貌的。

在接受别人的馈赠或服务（如倒茶、斟酒）时，中国人通常要起身致谢，而西方人一般都坐着不动。同样，东方国家普遍表示尊敬的鞠躬也并不是所有文化的通例。

3. 服饰

服饰在社交中有很重要的作用。客观地说，现代中国人对服饰在社会交往中的作用认识不足，不少人胡乱穿衣，身着 T 恤、牛仔裤出席盛宴（典礼、音乐会等）的情形时有发生，这在许多文化中都是失礼的。在有的国家，社交服饰是非常考究的，人们在不同的场合需要穿着不同的服饰。

国外有一些比较讲究的餐厅、饭馆，谢绝服装不整的人人内用餐。有一些公共场所也禁止衣冠不整的人进入。剧院、音乐厅的要求更加严格。在国外，人们在收到宴会请柬时，经常会在请柬的左下角看到注有"正式的（formal）""非正式的"或"小礼服"等字样，有时也写着"随意"。这些都说明宴会主人对着装的要求。如果主人没有在请柬上注明对着装的要求，一般的人就会按通常的做法着装。宴会主人在请柬上对着装提出的要求，反映出主人对宴会性质的想法。

4. 眼神

在交往中，眼神也是很重要的方面。如美国人对握手时目视他方的举动很反感，认为这是傲慢和不礼貌的表示。西方人说话或倾听时习惯看着对方的眼睛，意味着尊重和礼貌；说话时不看着对方眼睛会被认为是无礼的。对于比较含蓄的东方人来说，要做到这一点是比较难为情的；因为如果我们长时间盯着一个人，这个人反而会有些不自在。

5. 表情

中国人含蓄、内敛，表情远没有西方人丰富。我们似乎更接受喜怒不形于色的含蓄方式。在我们的文化中，能控制自己的情感，展现给别人一个平静的表情是有修养和坚毅的体现。

《世说新语·雅量》有一个故事，说的是关系东晋王朝生死存亡的湖水之战，前秦国主苻坚大兵压境。东晋宰相谢安主持朝政，战事最紧急的时候他平静地与别人下棋；当侄儿谢玄大败敌军的喜讯传来，他却好像没发生什么似的。可见他控制感情的能力多么强。

我们这种表情上的含蓄跟西方文化鼓励坦白表现出内心情感的交际方式很不一样，我们要互相理解。

6. 体距

人和人的身体距离多远才让双方感到舒适，每个民族的标准是不同的。"私人空间"的原理告诉我们，当人过分接近时，会令人产生不快及焦躁感。"私人空间"变得狭小不足时，会产生压迫感，而使人不能冷静、客观地做判断，甚至会对侵犯者采取攻击态度。我们要了解和体会不同民族"私人空间"的界线。如欧美人同别人谈话时，不喜欢距离过近，一般以保持50厘米以上为宜；阿拉伯人交谈时的距离就近得多。爱德华·霍尔就说过人与人之间有四种空间距离：公众距离，可以达到360厘米；社交距离，120～360厘米；个人距离，45～120厘米；亲密距离，45厘米到零。超过和没有达到合适的身体距离都会感到不舒服。欧美人心理的"私人空间"范围比中国人大，距离也远一些。中国人的文化心理状态使他们将自身空间范围仅局限于身体的本身，范围较西方人小，距离也较西方人近。

曾有一个留学生说，在中国最可怕的不是厕所的肮脏，而是排队时大家紧密地挤在一起。

7. 触摸

虽然中国人舒适的身体距离和范围较西方人小，但是中国人的身体直接接触却没有西方人多。西方人拥抱、接吻是每日的例行公事，他们也更多地用触摸的方式表达自己的情感，如亲人、朋友间用拥抱表示关怀和爱护。中国人就很少拥抱。成年人的拥抱相当少见，父母与成年子女也很少拥抱。但是，中国人的另一些身体接触方式，如男性间的手拉手和身体接触，会让西方人感到尴尬。

中国人也常常喜欢把触摸孩子的头当成一种喜爱，这在一些文化中很忌讳。泰国和印度尼西亚忌讳触碰任何人的头部，即使是对小孩子。因为头颅被视作人体的最高部分，随便触摸别人的头部就是对他的一种极大的侮辱。泰国人也讨厌西方人平时生活中的拍拍打打的举止习惯，认为这是有伤风化的。

8. 音量

人在不同的交际场合，与不同的交际对象交谈时，音量是不一样的。而不同的音量在某种程度上表现出说话人的修养和态度。在跨文化交际中，对语音的控制要十分留心。西方在语音方面的基本礼仪规范是：与别人进行交谈时，尤其是在大庭广众之前与别人进行交谈时，必须有意识地压低自己说话时的音量；说话的声音最好是低一些，轻柔一些，只要交谈对象可以听清楚即可。在交谈时，特别是在公共场所里与别人交谈时，如果粗声大气，不仅有碍于他人，而且也说明自己缺乏教养。一些中国人在公开的社交场合声音比较大，显得有些吵闹，这有失身份，要注意克服。

总之，每个文化都有自己的交际模式，有约定俗成的习惯，对此我们要有清楚的认识。我们不能以一个民族的文化生活习俗和道德标准去衡量另一个民族的同一行为现象。对于历史文化现象，只要是这个民族习惯的、接受了的东西，应该看作一种正常现象。

（四）文化休克

"文化休克"，又叫"文化震荡""文化震惊"，是20世纪50年代末期美国人类学家奥博格创造的一个概念。文化休克指一个人身处一个不熟悉的文化环境之中，由于失去了自己所熟悉的文化象征符号和社会交流手段，尤其是语言交际能力的丧失而产生的一种失落、紧张、迷失、沮丧、排斥、无助乃至恐惧的感觉。具体表现是他感觉在这个文化中失去了社会身份，自我认同和人格被降低，生存的能力大打折扣，无能为力。他感觉在这个文化里情感无所依托，于是厌恶周边环境，情绪焦虑低落。

文化休克包括蜜月阶段、沮丧阶段、恢复调整阶段、适应阶段等阶段。文化休克不是一种病，而是一种复杂的个人文化体验，个体差异很大，造成的影响也很不相同。有些人沮丧阶段可以非常短暂，而有的人会持续较长时间。这就需要我们在面临进入一个新的文化时要有所准备，预防文化休克带来的消极影响。有效的方法有很多，如：多了解新文化、新环境，提高自身的语言和文化应变能力，避免产生强烈的文化休克；乐观自信，开放胸怀，在新文化环境中积极参与社会活动，改善人际关系；寻求可靠有力的支持系统，如各种组织或团体、亲朋好友的支持鼓励。

（五）文化适应模式

1. 社会距离因素

社会距离关注的是二语学习者群体和目的语群体的社会关系，包括：①社会主导模式，指二语学习者群体与目的语群体的平等程度（分主导、从属、平等三种情况）。一般认为，两个群体处于平等关系更有助于二语水平的发展。②融合策略，指二语学习者群体对目的语文化采取的态度和做法（包括同化、保留、适应）。当二语学习者接受目的语群体的生活方式和价值观（即同化）时，二语习得效果最好。③封闭性，指目的语所在国在社会设施（学校、医院、娱乐场所）等方面的封闭程度。如果二语学习者群体和目的语群体能共享的社会设施多，封闭性低，则会创造更好的习得环境。④凝聚性，指二语学习者群体内部成员的紧密度。如果二语学习者紧密程度过高，社交圈子过于局限在群体内部，则不利于与目的语群体的交流，会阻碍二语水平发展。⑤二语学习者群体规模。群体规模越小，越不容易形成内部聚集，有利于二语学习者融入目的语群体。⑥文化一致性。二语学习者群体与目的语群体文化一致性越高，越有利于二语习得。⑦群体态度。二语学习者群体对目的语群体持正面态度，有助于二语习得的发展。⑧打算居留时限。打算在目的语群体所在国长期居住的二语学习者可能更主动融入目的语群体，语言习得更快。

2. 心理距离因素

心理距离关注个体学习者对目的语群体的整体情感因素，与个体学习者对学习任务的适应程度有关，包括：①语言休克，指二语学习者使用目的语时感到害怕、恐慌。②文化休克，指二语学习者在接触目的语文化时的焦虑和不安。③学习动机，指二语学习者学习目的语的目的以及为实现该目的所做的努力。④自我渗透性，指二语学习者语言自我的僵化程度。语言自我是指二语学习者在母语习得过程中逐渐形成的具有保护性的心理屏障。如果二语学习者语言自我渗透性弱，无法打开心理屏障，就很难吸收新的语言信息，从而抑制二语水平的发展。

三、中国民俗介绍

中国人口众多，地域辽阔，各地、各民族风俗千差万别，我们要充分利用大量鲜活有趣的材料进行教学。一般来说，可以从节庆、饮食、婚丧、语言、艺术等多个方面来介绍民俗。要注意的是，民俗的介绍不是为介绍而介绍，要为语言学习服务，不能脱离学习者的语言水平。正如《国际汉语教师证书考试大纲》所说："能通过文化产品、文化习俗说明其中蕴含的价值观念、思维方式、交际规约、行为方式。能将文化阐释和传播与语言教学有机结合。掌握相关中华才艺，并能运用于教学实践。"

例如，介绍中国饮食，就可以顺便把"炒鱿鱼"这个惯用语给介绍了；讲旧时结婚的吹吹打打，就把"吹喇叭，抬轿子"给介绍了；"老皇历"就可以引出中国历法。总之，"能以适当方式客观、准确地介绍中国"。

文化教学的内容远远不止这些，它贯穿在语言教学的整个环节。所以，中国文化教学的活动不是仅仅局限在教室和教材里，教师要积极主动地用符合学生学习习惯的方法来进行设计和教学。无论在国内还是国外，教师都可以灵活运用各种方法，尽量调动学生学习的兴趣。总之，就是要善于用最能被人接受的方式讲述"中国故事"。

第二节　跨文化交际中的文化适应与文化休克

跨文化交际涉及跨文化适应问题，而跨文化适应问题中的文化休克又表现突出。不同文化背景的人们在交际时，或者互相适应对方的文化，或者不适应，从而产生两种不同的结果：文化适应：文化休克。当一个人"处于一种生疏的社会文化环境中，努力在自己与新文化环境之间建立起并维持一种相对稳定的、互动的和有功效的关系"时，这就是文化适应。而当一个人自觉或不自觉地套用自身所在社会的行为规范来判定对方行为的合理性时，由于双方的行为规范存在差异，常常产生误解、不快甚至更坏的结果。这种现象可称为"文化休克"。在对外汉语教学中，汉语教师和学生面临如何适应新的文化，如何有效应对文化休克，如何提高文化适应能力等问题。以下就跨文化交际中的文化适应与文化休克现象展开探讨。

一、跨文化交际中的文化适应

"文化适应"是英语"cultural adaptation"或"cultural adjustment"的汉译，原称"跨文化适应"。跨文化适应是一个对新文化环境适应的过程，最终适应新的文化环境，学会在新文化环境中进行有效交际。以下就文化适应策略、文化适应的类型、文化适应的过程、文化适应的影响因素进行分析。

（一）文化适应策略

到一个新的文化环境中学习、工作、生活的人都会面临文化适应的问题，但是由于到新环境中居留时间和目的不同，不同的人群具有不同的文化适应模式或策略。加拿大跨文化心理学家约翰·W·贝里分析了不同人群的文化适应策略，分为同化、分离、融合和边缘化。采用同化策略的人不希望保持原来的文化传统和身份，寻求与新环境中的人们多进行日常交往，试图建立新的人际关系。采用分离策略的人希望保持自己原有的文化身份、文化习惯和传统。采用融合策略的人希望保持自己的原有文化，同时也接受新的文化的一些价值观念和行为方式，他们吸收和融合了两种文化中积极的方面。采取边缘化策略的人对保持自己原有的文化传统没有兴趣，也不认同目的文化的价值观和行为方式。

其他学者调查分析了上述四种文化适应策略与心理适应和社会适应两个方面的关系。研究结果显示，采用同化策略的人经历的社会适应中的困难最少，但会比采取融合策略的人遇到更多心理适应方面的问题；采用分离和边缘化策略的人产生的心理焦虑都比较多，而采取分离策略的人在社会适应方面遇到的困难最多，采用融合策略的人感受的心理焦虑最少。大多数汉语教师在国外工作期间采取融合或分离的适应策略，而采用同化和边缘化策略的人占少数。在中国留学的外国学生中，很多人采取融合策略。

（二）文化适应的类型

文化适应可分为以下几个类型：短期文化适应、长期文化适应、重归文化适应。短期文化适应指因学习或工作而暂时旅居另一文化环境的人对新文化环境的适应，其居留时间短到数月，长则几年。长期文化适应指长期侨居异国和移民国外者的文化适应。长期侨居异国和移民国外者在新文化环境中的语言、生活、工作和交际等方面都已无大的困难，但是他们对当地语言的深层内涵和风格仍不得要领，因而仍然难以融入当地居民群体和文化。重归文化适应即留学或侨居他国数年甚至多年后回归祖国的人，在相当一段时间内感到自己与祖国文化产生了距离感，对国内生活、工作和人际交往难以适应。

其中，短期文化适应和长期文化适应既有区别又有联系。区别在于二者的目的、达到标准不同。在目的方面，短期文化适应是因公、因事短期居留异国他乡期间的文化适应，也包括在本国对外国企业文化的适应。目的是保证其在异文化环境中任务的顺利完成，"工具性"较强。长期文化适应是一种对永久居留环境的适应，主要指移民的文化适应，其目的是要融入居住国文化，成为该文化的一员。在达到标准方面，短期文化适应不必达到文化认同，更不要求文化身份的改变，只求相互理解、友好合作、和谐共处。长期文化适应解决的是永久居留所必需的文化身份的适应和改变，其"文化适应门槛"是文化身份在由母语文化转至移民国文化过程中的界限。短期文化适应与长期文化适应的关系表现在：前者是后者的基础，也可以说前者是后者必经的起始阶段。没有短期文化适应，长期文化适应就无从谈起。但实现了短期文化适应，也只是长期文化适应的中的一小部分。

（三）文化适应的过程

文化适应过程是价值观念和文化身份调整或改变的过程，其成果大小、时间的快慢，不仅取决于两种文化之间差异的大小，更重要的是本人的态度和适应能力。早期学者就文化适应划分为几个阶段，其中最著名的是美国文化人类学家奥伯格提出的理论，他将短期旅居者的文化适应过程分为四个阶段：蜜月期、挫折期、恢复期和适应期。蜜月期是刚到一种新的环境中最初一两个星期的经历和感受。由于与新的文化的接触有限，对看到的一切都感觉新奇有趣，心情兴奋而激动，因此对新的文化的态度往往是正面的。挫折期的心情是失望、沮丧、焦虑。此时，在新的文化中待了一段时间，并对新的文化的了解逐渐增多，发现有很多规则与自己原有的文化并不同，自己预想的和实际的存在很多的差别。外语能力水平有限，给生活带来了不便，因此不愿意和当地人交流，对当地文化产生了负面的印象。恢复期里，原来觉得奇怪的事情慢慢习惯，意识到了文化差异，并开始尝试接受和理解，失望、焦虑的心情渐渐消失。适应期里，对文化差异的了解更加深入，因此态度也就更加客观、宽容，心情变得平和、愉快。

（四）文化适应的影响因素

跨文化心理学者对影响文化适应过程和结果的因素进行了研究，并由之形成多种理论，比较有代表性的是文化学习理论和焦虑处理理论。文化学习理论主要从行为的角度来看待文化适应问题，认为缺乏特定文化的知识和社会技能导致了跨文化适应的困难，强调学习跨文化知识和跨文化交际技能的重要性。因此，影响文化适应的因素有：目的文化的知识和语言、两种文化的距离、与目的文化人群交往的程度、文化身份、文化适应模式、跨文化交际培训等。焦虑处理理论主要从情感的角度来看待文化适应问题，突出个体特征与环境特征的相互作用，强调掌握处理跨文化心理焦虑策略的重要性。因此，影响文化适应的因素有：个体性格、社会支持、性别、民族、处理文化适应问题的策略等。结合上述两种理论，这里将影响文化适应的因素归结为：期望值、目的文化的知识、个人性格特点、社交支持、文化距离。期望值影响一个人在目的文化中的思维、态度和行为。拥有比较切合实际的期望值的人会对文化适应过程中可能出现的问题做更充分的心理准备。有的学者还发现，现实好于期望值的情况会使人们对新环境生活的满意度提高。了解和掌握目的文化的知识是促进文化适应的因素之一。许多学者的研究表明，参加跨文化交际能力及知识培训对增强自信心，增加人际交往技巧，提高文化适应性、文化理解力等具有积极作用。在个人性格因素中，对模糊性的容忍程度、内在动机、灵活性、幽默感、内向与外向等性格特点都与文化适应能力有密切关系。学者特别强调性格特点与目的文化特点契合，如性格独立的人更容易适应个体主义文化，而倾向相互依靠的人在集体主义文化中则感觉舒服。社交支持包括家人、朋友以及其他熟人的支持。没有社会网络的支撑，人们容易产生孤独感和焦虑感。许多研究表明，与当地人广泛交往是文化适应的必要条件，与目的文化中的人们交往越多，对该文化越了解和理解，对自己生活的满意度就越高。文化距离是指自身文化与目的文化之间的差异。有学者就文化距离与文化适应之间的关系进行了研究分析，认为文化距离越大，个体要超越这些文化差异所需要的努力和资源就越多，所经历的生活变化也越大，心理焦虑体验更强烈。反之，文化差异小，心理焦虑体验较弱，文化适应的速度就越快。

总之，学生的第二语言习得过程永远与文化适应过程相伴。所以，要深入研究和清楚了解第二语言习得过程与文化适应过程之间的同步发展关系，探索出行之有效的第二语言教学途径。文化适应的关键期发生在第二语言学习者跨越"文化适应门槛"之时，学生面临着文化适应和语言学习双过关的关键时刻，此时要切实做好这一阶段语言教学和跨文化适应导向教育，让学生渡过文化适应难关，进入基本正常的第二文化学习时期。

二、跨文化交际中的文化休克

"文化休克"一词译自英语的"culture shock"，因此也有译为"文化冲击""文化震荡"的。"culture shock"这一术语是由人类学家奥伯格于20世纪50年代中期提出的，用以描绘在巴西参加一个卫生保健项目的美国人文化适应的问题。奥伯格认为，"culture shock"是一种有其独特征兆和医治方法的病态反应。此后这一种术语成为身居异国他乡的人常用的晦涩难懂的基本术语。现在人们普遍用其描述初居异文化之中的人们在文化适应过程中所产生的心理反应。"culture shock"在西方有广义与狭义之分。从广义上看，"culture shock"几乎可以成为"文化冲突"的同义词，指身居异文化环境中的人与居住国家人们之间的各种文化冲突。从狭义上看，"culture shock"指的是初居异国他乡的人，由于脱离了母语文化而突然置身于完全陌生的文化环境中所产生的心理困境和生存困难。人们一般从狭义上去理解和解释这一术语。这里认为，文化休克指的是"初处异文化环境中的人，对陌生环境产生的一种不知所措和惶恐不安的心情，并由此产生的抗拒新文化和留恋旧文化的病态心理反应"。第一文化与第二文化之间，距离越大，文化休克往往越严重，差异甚微的文化之间文化休克反应可能表现轻微，甚至难以觉察。

西方绝大多数人认为，亚洲文化与西方文化差异最为显著，因为二者之间从身体外表、哲学观点、社会态度、语言传统，直至对自己和宇宙的看法等方面都有极其悬殊的差异。而西方人与中国大陆人交往中的文化差异和文化冲突更为突出。由于教育制度、社会环境、生活环境的不同，来华学习的外国留学生对我国大学的教材内容、教育方法、规章制度、生活环境、师生关系和人际交往习俗等诸多方面都存在不同程度的不适应感，给外国留学生教学和管理工作带来不少困难。因此，在对外汉语教学工作中，应当重点解决好文化差异所造成的文化休克问题。

以下就文化休克的主要表现、影响及相关态度、应对策略展开分析。

（一）文化休克的主要表现

文化休克主要表现为心理上的不适，有时也有生理上的反应。文化休克的表现主要有：感到孤独和无助；想念家人和朋友；烦躁和焦虑；害怕被欺骗、抢劫或伤害；过度认同自己原有的文化；回避与他人接触；身体疼痛会不适等。其中，文化休克的典型表现是不知所措、惶恐不安、抗拒。

1. 不知所措

这是刚到一种新的文化环境中生活首先产生的一种普遍心理。新来者因文化差异、语言不通等而发现住房、购物、交通等方面都遇到了困难，对周围的一切都感到茫然，行动方向感很弱。与人交际中，常发现以为对的事情都是错的，过去熟悉的行为准则和交际礼节等都失效了。因此，饮食起居、学习、工作和交往都处于茫然不知所措的状态。

2. 惶惑不安

惶惑不安是一种由于对新文化的惧怕和反感而产生的失望和厌烦心理，表现出心情压抑，性情孤僻，将新环境看成一无是处，认为周围的人对自己都不友善。自己的遭遇和"不幸"似乎也被人忽视。

3. 抗拒

抗拒是在遭遇文化休克危机时采取的一种无意识的自我保护心理与行动，常难以自控。实际上，这一心理主要受文化优越感的左右。抗拒心理的具体表现有三种。第一种表现是，认为与本文化不同的一切人和物都是不好的，因而采取厌恶和拒绝的态度；第二种表现是千方百计地将自己与新文化环境隔离开来，竭力寻求母语文化的支持和庇护；第三种表现是精神紧张，敏感多疑，甚至还会出现严重病态反应，个别人还可能采取一些过激的行动。

（二）文化休克的影响及相关态度

文化休克有正面和负面的影响。对此，跨文化心理学有两种不同的看法。一种是把文化休克看成一种心理问题，是跨文化交际的障碍。另一种看法是把文化休克看作是跨文化交际的必然经历，是个人成长的积极因素。

早期学者认为，文化休克是一种心理疾病，认为当一个人紧张和焦虑的时候，他的交际能力会降低，与他人的紧张关系更严重，主要处理方法就是进行心理咨询或采取心理疗法。

20世纪70年代，不少学者通过一系列研究，发现研究移民和短期旅居者的文化适应有两种方法：将跨文化交际作为难题解决的方法和将跨文化交际看成学习和进步过程的方法。也有学者将"文化休克"既不视为积极因素，也不看成是消极因素，而是将文化休克看成是文化适应过程中不可或缺的学习经验，是跨文化意识增强过程中一个有机部分。20世纪80年代以来，越来越多的跨文化交际学者从积极的角度来看待文化休克。文化休克本质上是一种跨文化的学习、自我认识和改变。文化休克的经历不仅不阻碍文化适应，而且还可能使文化适应过程更有效率。采取积极态度的学者们认为对文化休克的正确处理方式是做好心理准备，参加与文化适应相关的培训，增加与文化适应相关的社会技能。

总之，文化休克给个人生活和跨文化交际可能带来的积极效果包括：获得重新认识自我的新视角；更加理解不同文化的价值取向、人生观的差异；思维更加活跃、客观和开放；情感更加丰富，性格更加坚强、成熟；人际交往能力更高，适应新的文化环境的能力更加强。

（三）文化休克的应对策略

能否成功处理文化休克，主要看个人的素质和努力程度，而关键是调整自己的认识、态度和行为。处理文化休克的策略主要包括两种：首要策略和次要策略。首要策略是直接的行动，是以任务为本的行为。次要策略主要是认知方面而不是行为方面的，指的是改变自己对引起焦虑的情景或状态的认识和评价。首要策略和次要策略的区别在于，前者是改变环境以适应自己，后者是改变自己的认识适应环境。具体而言，文化休克的应对策略主要有以下几方面：①学习目的国语言。语言是重要的交际工具，语言不通就很容易让人感到无助和沮丧，从而加重文化休克现象，阻碍文化适应的过程。掌握目的国语言可以提高人们在国外的生存能力，改善生活质量，结识新朋友，增强自信心和成就感。②了解目的文化的知识。如果预先了解目的文化的特点，就会对目的文化产生合理的预期，减轻在新环境中的焦虑和失落感。③参加社会文化活动。参加当地的文化实践活动，可以避免产生孤独感，亲身体验当地文化中人们的生活方式，结交志趣相投的朋友，充实自己的生活，增加生活乐趣。④广交朋友，建立良好的人际关系。多接触目的文化中的人，获取目的文化信息或得到情感上的支持，减轻文化适应中的焦虑情绪。⑤做自己感兴趣的事情。出现心理焦虑的时候，专注于个人喜欢的事情，可以转移对不愉快事情的关注，缓解焦虑。⑥改变自己的思维。当不能改变环境时，就改变自己的想法和态度。例如，当遇到文化休克问题时，可以这样告诉自己：这一切不愉快都将很快过去；我来这里就是为了迎接挑战；很多人都跟自己一样正在经历这样的过程；我曾经遇到的情况比这糟糕得多；人会周期性地感到情绪低落，这是正常的。

第三节　跨文化交际与文化教学的态度和方法

一、对不同文化的基本态度

（一）注意文化教学内容的现实性和可接受性

要注意向学生展示我们现实的文化风貌，不要把明显落后于时代的文化内容当成中国文化的特点来介绍。同时，要避免空洞的政治宣传和道德说教，要注意寻求中国文化中那些包含人类共同感情的东西，不要把中国文化（包括政治观、价值观、道德观）强加在学生身上。

教师一定要有一个宽容的文化观，中国文化本来就是在兼容并包、博采众长中发展起来的。我们历史上就接受了大量的外来文化，唐朝的开放气度使它成为当时世界上最先进的国家。在中国历史上，由于文化冲突而导致战争的情况并不多见，这跟世界上其他国家的情况很不相同。中国近代开始闭关锁国，反而导致国家的落后与衰弱。今天中国的巨大成就得益于改革开放，也要求我们以一个更开放的态度对待外来文化。

同时，我们也要能妥善处理涉及中国国情方面的敏感话题。在大是大非的问题上要坚持原则，对一些不能接受的观点和文化也要坚决抵制，如对中国的恶意诋毁，我们一定旗帜鲜明，维护国家民族利益。

（二）有跨文化交际的意识

跨文化交际与文化教学要注意对文化差异的认识，尊重不同的文化。理解和宽容由于文化不同带来的冲突。由于老师和学生来自不同文化背景，通常会遵循不同的价值判断标准和行为准则，对同一事物就可能采取完全不同的态度和行为来应对，结果就会导致师生之间、学生和学生之间发生文化的冲突。对此我们要有心理准备和应对的方法。

对教师而言，对不同文化的学习者进行中国语言文化的教学，要特别注意学生的文化背景，要对学生国家的法律规定、价值观、风俗文化、语言与沟通的方式有所了解。同时，教师要具有较强的跨文化交际能力和灵活处理问题的能力。教师不能以自己文化的立场和价值观为标准去评判别人的文化，要充分尊重文化的多元性和不同的文化。

二、文化教学的方法和材料

（一）应用现身说法和对比法启发学生思考

教师应正视由于文化不同而产生的偏见乃至冲突，正确应对，而不是选择忽视或逃避，比较好的做法是，教师应先行预想到可能出现的问题，准备比较合适的回答，在回答中以个人作为例子现身说法，拉近与学生的距离。因为教师就是一个中国文化的代表，而且是一个正面的代表。对比的方法往往也能起到非常好的效果。

例如，教师可能常常会被问及"中国人吃猫吃狗吗"这样的问题。可以这样回答：世界上不同的国家、不同民族的饮食习惯不同，有的吃狗肉，有的不吃狗肉，吃狗肉的习惯不止中国有，越南、韩国和别的国家也有；就算在中国，也不是每个地方的人都吃狗肉，很多地方就没有这种习惯。像老师自己，从来不吃狗肉；家里也养了小狗，老师很喜欢它。这样的应对就很恰当。

一些国家的美食，如蜗牛、昆虫，在另一些国家人的眼里却很恶心、恐怖，其实都是文化差异造成的。要了解这些差异并将其适当地运用到教学中去，引导学生进行思考，了解到自己文化中的某些做法对其他文化来说也是很难理解的，这样就能建立起跨文化交际的意识。教师要"能自觉比较中外文化的主要异同，并应用于教学实践"。

（二）教材应多采用当代的内容

目前的汉语教材中，有不少教材古代知识文化的比例太大，三皇五帝、三山五岳，厚古薄今，语言艰深，这是很不适合的。比较好的做法是做到"三个平衡"：①传统文化与现代文化的平衡。古代文化固然重要，但文化教学的内容应该和现实生活紧密结合，否则文化教学就失去了最重要的意义。文化教学要做到"学以致用"。如果教材中学生感兴趣的当代话题很多，题材实用性较强，学生会比较喜欢，因为学了能用。②知识文化与观念文化的平衡。这也可以说是知识和理解的平衡。记住大事年表、年节习俗由来、名人生辰功绩乃至城市的特产是需要的，但我们更希望学习者对中国文化的精神、中国人的价值观有所了解，了解中国人交际文化产生的根源，起到追本溯源的作用。教材中要注意引导学生思考和观察中国文化在日常生活的表现，而不是记住了某一个年代和人物。③语言技能和文化内容的平衡。汉语教材，不论是语言教材还是文化教材，都应该十分关注学生的语言能力和接受程度，尽可能降低语言难度。以往自我陶醉的那些充满"文采"的妙语诗篇并不一定适合汉语国际教育的文化教学，胡适关于新文学的"八不主义"的一些观点同样适用于汉语教材的编写和使用，如"不用典""不用套语烂调""不重对偶，文须废骈，诗须废律""不摹仿古人""不避俗话俗字"等。理想的教材应能有效地提高学生的语言交际能力，又能让学生从中学习到目的语中蕴含的文化并能实际运用。

另外，文化教材还应根据学习者水平、特点和课文内容的设置、要求，科学地设计练习，以帮助学习者理解、巩固、应用跨文化交际能力和文化知识。

第四节　第二语言习得研究的基本概念

第二语言习得研究的基本概念是了解和探讨该领域基本理论的基础。然而，即使这些基本概念，学者们的观点也并非完全一致。因此，在进入第二语言习得研究理论探讨之前，有必要对这些入门概念做一些阐释，从而避免一些概念上的混淆。

一、"第一语言"与"第二语言"的含义

"第一语言"与"第二语言"是一对对应的概念。第一语言通常是指学习者的母语或本族语。虽然有些时候学习者的第一语言并不一定是他的母语和本族语，但在大多数情况下，学习者的母语就是他的第一语言。通常我们说"第一语言"这个概念时，一般是就学习者语言习得的时间顺序而言的。因此，第一语言是指儿童出生后最先接触和习得的语言。第二语言，是学习者习得的第一语言之外的任何一种语言。从时间顺序上来说，学习者首先接触和掌握的是他的母语，其他语言是在习得母语之后获得的。另外，有些学习者习得母语之后，先后或同时习得了两种以上的其他语言，如第三、第四语言，但为简便起见，一般统称为"第二语言"，尽管第三或第四语言的类型和习得过程有所不同。

需要指出的是，当我们从语言习得的时间顺序来称说第一语言和第二语言时，这对概念的分别与学习者所在的语言习得环境没有必然联系。美国儿童习得母语之后学习其他任何一种语言，比如说法语，无论在美国学法语还是在法国学法语，对学习者而言，都是第二语言。换句话说，美国儿童习得英语之后又学习法语，并不因为习得环境不同而改变法语作为第二语言的习得顺序。尽管在美国学法语和在法国学法语的最终结果会有所不同。

二、"第二语言习得"与"外语习得"的区别

"第二语言习得"与"外语习得"，按照英国语言学家、第二语言习得专家艾利斯的观点，二者并不是一对对应的概念。在他看来，"第二语言习得"这个概念既包括自然的，也包括课堂上的习得。但是，艾利斯明确地将第二语言习得与外语习得的概念区分开来。他认为，第二语言习得是指学习者在目的语国家学习目的语。学习者所学的目的语在目的语国家是公认的交际工具，当然也是学习者用来交际的工具，如学习者在英国或美国学习英语，英语在这种环境下应该称作"第二语言"。相反，中国人或俄罗斯人在本国学习英语，英语是作为外语来学习的，原因是学习者所学的语言在本国不是作为整个社团的交际工具。另外，这种语言学习基本上是在课堂上进行的。

由此可见，艾利斯后来主要是依据学习者语言习得环境来区分第二语言习

得和外语习得。但是，有学者认为，这两个概念指的是两种不同的语言习得环境，而不是两种不同的语言。其他学者指出，语言习得环境的区分主要依据两个因素，一是语言习得的国家是否说这种语言，二是是否有课堂学习经历。因此，外语环境指语言习得发生在课堂环境之外，而且所学语言不是所在环境的社会交际语言，如学习者在美国学法语就是外语习得环境。第二语言环境指学习者所学语言在语言习得发生的环境中作为社会交际语言。"第二语言习得"与"外语习得"的概念与语言习得的环境无关。这是因为美国人在法国学习法语，法语是作为第二语言在第二语言环境下来习得的。同样，美国人在美国学法语，法语依然是学习者的第二语言，只不过是发生在外语习得环境。这样就能够避免将"第二语言习得""外语习得"与"第二语言环境""外语环境"混淆在一起。当然，区分"第二语言习得环境"和"外语习得环境"还是很有必要的，因为在两种语言环境下的语言习得在学什么、怎么学，以及最终语言习得的结果有很多差别。

三、"习得"与"学习"的区别

"习得"与"学习"在第二语言习得研究中是一对对应的概念。学者们用这一对概念来区分两种不同的语言获得过程、获得方式和知识类型。但也有学者并不刻意区分这两个概念，而把二者作为可以交互使用的概念。

美国语言学家斯蒂芬·克拉申认为，成年人可以通过两种不同的方式获得第二语言。一种是通过"习得"的方式，即类似于儿童母语获得。另一种是通过"学习"的方式，通常是通过课堂学习，因此，习得是"非正式"的语言获得，学习是"正式"的语言获得，即通过教学的方式来获得第二语言。大多数成人第二语言学习者都是通过学习这种方式获得第二语言的。

就语言获得的心理过程而言，习得通常是指在自然状态下"下意识"的语言获得，而学习一般是指"有意识"的语言获得。就语言获得的知识类型而言，通过习得获得的是"内隐的语言知识"，通俗地说，是一种知其然而不知其所以然的知识。通过学习获得的是"外显的语言知识"，这种知识是可以言说的。所以，学者们通常用"picking up alan-guage"来描述语言习得，就像儿童那样下意识地、毫不费力地获得一种语言。而语言学习，学者们认为是"knowing about a language"，即学习一种显性的语言知识，而不是"language learning"，即获得一种语言。

四、"自然的二语习得"与"有指导的二语习得"

"自然的二语习得"是指在自然环境发生的第二语言习得，它与"有指导的二语习得"的区别，按照艾利斯的观点，主要取决于两个方面：一是第二语言是以何种方式习得的，即是以交际的方式获得的还是以教学的方式获得的。二是第二语言习得发生的环境，即第二语言习得是在自然的社会环境下发生的还是在课堂环境下进行的。因此，从上述两个角度出发，自然的二语习得是以交际的方式获得的，而且通常发生在自然的社会环境下；有指导的二语习得则是以教学指导的方式，通常发生在课堂教学环境。显然，艾利斯是从社会语言学的角度对二者进行划分的。

但也有学者，如美国语言学家克莱因从心理语言学的角度把语言习得分为"自发的习得"和"有指导的习得"。所谓"自发的"语言习得是自然发生的，没有明显的学习行为。学习者在自发的习得过程中，注意力集中在交际方面而不是语言形式方面，因而是一种不经意的习得；而在有指导情况下的语言习得，学习者的注意力主要集中在语言形式的某些方面，如语音、词汇、语法等项目上。

艾利斯认为，最好还是从社会语言学的角度来划分这两个概念。因为它反映了学习者参与习得过程的环境和活动。如果从心理语言学角度来划分，似乎自然习得就是下意识的，有教学指导的习得就是有意识的，这好像不完全符合实际情况。

五、"语言能力"与"语言表达"

"语言能力"与"语言表达"是第二语言研究中经常遇到的两个基本概念。按照乔姆斯基的观点，语言能力是由交际双方内在语法规则的心理表征构成的。简单地说，语言能力是一种反映交际双方语言知识的心理语法。这种语法是一种潜在的内隐知识，母语者对句子的合语法性的直觉判断依据的就是这种语言能力。

语言表达，按照乔姆斯基的理论，指的是交际双方在语言的理解与生成过程中对其内在语法的运用。第二语言习得的最终目的是对学习者潜在的第二语言知识进行描写，并最终对学习者的语言能力做出解释。但是，我们无法直接观察到学习者的心理语法。研究者必须通过收集和分析学习者在言语表达过程中的实际话语来推理和检验学习者的语言能力。然而，心灵学派并不重视学习者的实际语言分析，在他们看来，如果普遍语法具有普遍性，那么那些普遍原则就适用于所有的学习者。因此，检验一个学习者的语言直觉能力就足够了，而没有必要去检验言语表达中的语言材料。

第五节　汉语习得研究的多元视角

自 20 世纪 80 年代开始，第二语言习得研究受不同理论的影响，形成了许多不同的研究领域。这些研究领域反映了第二语言习得研究不同的理论视角。如第二语言习得研究的语言学视角、社会语言学视角、认知视角以及社会文化视角等。汉语作为第二语言的习得研究虽然起步比较晚，但在这些理论的影响下，也初步形成了一些新的研究领域。

一、汉语习得研究的语言学视角

在第二语言习得研究领域，第二语言习得研究的语言学视角，主要是指从语言类型学和 Chomsky 的语言学理论，即普遍语法的角度研究第二语言习得。由于 Chomsky 的普遍语法理论对第二语言习得的影响最大，因此本节主要介绍在普遍语法理论框架下的汉语习得研究。

（一）基本概念和相关理论

1. 什么是普遍语法

20 世纪 60 年代末 70 年代初，"普遍语法"被乔姆斯基赋予特定的含义，即"普遍语法是由一些原则、条件和规则构成的系统"。到了 80 年代，乔姆斯基又提出了"管辖与约束理论"，认为人类的语言是由"原则"和"参数"构成的。普遍语法的原则是恒定不变的，适用于所有的语言。对于学习者而言，原则是先天的，是不需要学习的。而参数是由有限的数值构成的，不同参数的设定构成了不同语言之间的差异。乔姆斯基这一理论对第二语言习得研究产生了极大的影响，有的第二语言习得理论就是建立在原则和参数理论基础上的。90年代，乔姆斯基的普遍语法理论又发生了重大变化，提出了"最简方案"的思想。乔姆斯基认为，人类语言的核心是"词库"，由"词汇语类"和"功能语类"构成。通俗地说，词汇语类是指包含实词的类别，如名词和名词性短语、动词和动词性短语等；功能语类包括指示词、助词以及抽象的语法特征等，如时态、主谓一致等形态特征。在最简方案中，普遍语法的参数包含在功能语类中。最简方案提出后，出现了一些基于这一理论框架的第二语言习得研究。

2. 第二语言习得的逻辑问题

第二语言习得的逻辑问题源于儿童母语习得的逻辑问题。有学者认为，儿童语言能力的习得不可能只是通过有限的外部语言输入获得的。换句话说，儿童不可能只是通过模仿父母或其他成年人的语言而习得目的语规则系统。一方面，这种外在的语言输入是贫乏的；另一方面，儿童在认知水平很低的情况下，很难习得抽象的语言知识。那么，问题的必然结论就是，儿童语言能力的获得只能依赖先天的语言习得机制，如果没有普遍语法这种先天的生物遗传属性，儿童是不可能学会语言的。这就是所谓"语言习得的逻辑问题"。成人第二语言学习者是否也面临这一逻辑问题呢？第二语言学习者同样存在这个问题，因为他们的第二语言知识如果不是从语言输入中获得的，一定是在大脑里已经存在了。第二语言学习者和儿童母语习得一样，依赖先天的语言习得机制习得第二语言。但是，第二语言学习者所面临的"逻辑问题"与儿童母语学习者根本不同，因为二者的语言能力在本质上是不同的。即使部分成人第二语言学习者可以依赖先天的语言习得机制达到母语者的水平，但是大多数人仍然达不到母语者的水平。

3. 普遍语法的"可及性"问题

普遍语法的可及性问题是指成人第二语言学习者是否还可以利用普遍语法习得第二语言的问题。目前有三种不同的观点：第一种观点认为，普遍语法不仅适用于儿童母语习得，而且也适用于成人第二语言习得。学者指出"如果可以证明第二语言学习者可以利用普遍语法的原则实现与母语不同的第二语言参数设置，那最好的解释就是，普遍语法仍然在起作用"。也有研究表明，第二语言学习者可以成功地对第二语言的参数进行重设。比如，英语为第二语言的日本学习者不仅能够成功地重新设置"中心语参数"，即实现由日语的中心语后置到英语的中心语前置的参数重设，而且能够运用在日语中不起作用的一些原则，如"毗邻原则"，即在英语中能够正确地将"wh—短语"移位到句首。这些研究表明，普遍语法仍然适用于第二语言学习者。

第二种观点认为，普遍语法是不可及的。也就是说，普遍语法不再适用于第二语言习得。证据是，移民儿童的第二语言大都能够达到类似母语者的水平，而他们的父母却很少如此。这一基本事实主要与两个因素有关，一是语言习得的关键期，二是语言习得机制。成人第二语言习得与母语习得之所以有很大的差别，一个很重要的原因就是普遍语法在关键期后就不再起作用，不再适用于成人第二语言习得。学者在英语语法直觉判断的研究中发现，七岁以前移民美国的儿童以类似母语者的方式进行语法判断，而年龄大的学习者语法判断的错误多于前者。这意味着，在关键期前的儿童第二语言学习者与成人第二语言学习者在语法判断中依据的心理机制不同。因为儿童母语习得依然可以凭借普遍语法习得第二语言，而成人第二语言学习者只能凭借一般的学习策略来学习第二语言。机制不同，第二语言习得的最终水平也不同。

第三种观点是一种折中的观点，即对成人第二语言学习者而言，普遍语法有的部分是可及的，有的部分是不可及的。普遍语法的原则对第二语言学习者可能依然适用，但有些参数可能不会习得。证据是，成人第二语言学习者的语言表达并没有出现所谓"野语法"。也就是说，学习者不会产出违反普遍语法原则的语法错误，因为他们的语言产出是受普遍语法制约的；但是，当第二语言的参数与其母语参数不同时，他们却不能够正确地设置，从而正确地习得第二语言的参数。所以，对第二语言学习者而言，普遍语法的原则是可及的，但是第二语言的部分参数却是不可及的。

上述三种观点都有各自的实验依据，但这些研究都描述了问题的一个侧面，因而难以形成共识。因此，关于普遍语法的可及性问题还需要多侧面的实验研究做进一步的探讨。

（二）基于普遍语法的汉语习得研究

基于普遍语法的汉语习得研究的数量相对较少。近些年这个领域的研究逐渐增多，主要集中在三个方面：一是围绕普遍语法的原则和参数问题探讨汉语学习者某些原则和参数的习得研究，二是围绕功能语类问题的汉语习得研究，三是检验"界面假设"的汉语习得研究。

20 世纪 80 年代的"管辖与约束理论"对汉语习得研究影响很大，许多汉语习得研究建立在这一理论基础上。管辖理论，简而言之，主要阐释的是管辖与被管辖成分之间的句法关系。如动词管辖名词性宾语，介词管辖名词性成分，即介词宾语必须是宾格名词性成分。约束理论则是阐释指成分或代词与其先行词的关系。如：a."张三觉得李四对自己没有信心。"b."张三觉得李四对他自己没有信心。"句 a 的简单反身代词"自己"既可以指"张三"也可以指"李四"；句 b 中的复合反身代词"他自己"只能指"李四"。这两个句子中的反身代词不同，与其先行词"张三"的指称和约束关系也不同。由于语言类型不同，不同母语背景的汉语学习者在习得汉语反身代词与先行词的指称关系可能会存在一些困难和问题。母语为英语的汉语学习者能够成功地习得汉语复合反身代词"他自己"与先行词的约束关系。但在习得汉语简单反身代词"自己"与先行词的约束关系上却存在困难，即只能习得简单反身代词的某些指代特征。一方面，是因为反身代词的局部回指和先行词之间的约束关系是自然语言的共性，因而相对容易习得；另一方面，汉语学习者容易将"自己"与"他自己"相混淆，因而在判断长距离回指时，不能很好地区分二者在回指距离上的差异。

围绕普遍语法理论的另一个领域是基于"界面假设"的汉语习得研究。"界面"指抽象的语言系统中不同模块之间或语言表达之间的相互影响和映射关系，只要不同语言表达层级之间存在映射，"界面"就蕴含在这些层级之间。抽象的语言系统包括句法、语音、形态和语义等不同模块。这些模块各自有它自己的组织结构和组织层级。因此，语言规则和处理包括两类：一类是语言机制中每个模块内部的运行机制，如语音规则和句法规则；另一类是联系不同语法模块的运行机制，如句法和语义之间的界面，形态和语音之间的界面等。按照"界面假说"，"纯句法特征即便在学习后期才能被掌握，但最终是可以被完全习得的；

而句法与其他的认知范畴间的界面特征则难以被完全习得"。根据这一假设，我国学者依次考察了母语为英语的汉语学习者习得汉语非宾格动词与非作格动词、存在极性词等语法点时，对"语法—语义"这一内部界面和"句法—语篇"这一外部界面习得的情况。研究发现，虽然界面会给汉语学习者带来习得困难，但并非这一假说所预测的永远难习得。另外，界面本身可能并不是造成二语习得困难的根本原因，界面所需的信息处理量才是决定汉语学习者多大程度上能够习得各种界面的关键因素。

（三）研究方法与评价

基于普遍语法的第二语言习得研究，顾名思义，这些研究都是建立在普遍语法框架下的第二语言习得研究，目的是为了检验普遍语法的普遍性和适用性。

基于普遍语法的汉语习得研究，在研究方法上和其他语言作为第二语言的习得研究一样，首先是根据普遍语法的理论形成第二语言习得的理论假设。根据普遍语法的原则与参数理论，提出第二语言习得的过程就是"参数重设"（parameter resetting）的过程。如不同语言类型在"中心语参数"的设置上存在差异，汉语说"我吃饭"，日语说"我饭吃"。汉语动词短语的中心语"吃"在前，日语动词短语的中心语则在后。因此，日本学生要习得正确的汉语语序，就必须对其母语的参数重新设置。其次，研究者通过实证研究来检验这一假设对汉语作为第二语言学习者而言是否成立，即是否可以通过参数重设的假设来解释第二语言习得的过程和机制。

基于普遍语法的第二语言习得研究，基本上都是采用学习者对第二语言的语法判断这种研究范式来考察学习者的语言习得过程。采用这种语法直觉判断的方法，与普遍语法对学习者语言能力的理论假设密切相关。学习者的语言能力，即"心理语法"是一种内隐知识，这种内隐知识的获得是第二语言习得的最终目标。因此，语法直觉判断是考察学习者语言能力的重要方法。当然，这种研究范式也受到一些学者的质疑。有学者认为，早期基于普遍语法的第二语言习得研究过于依赖语法判断的方法，缺少纵向研究。因而，不知道通过语法判断获得的到底是内隐知识还是外显知识。但是，现在这一领域的研究已经不仅仅限于这种研究方法，而是与实证研究相结合。研究的理论和方法也在不断更新。

二、汉语习得研究的社会语言学视角

基于社会语言学视角的第二语言习得研究，大致可以分为两个方面：一是第二语言学习者语言变异的研究；二是从更为宽泛的社会环境因素来考察第二语言学习者的语言习得过程，如"语言社会化"研究、跨文化认同研究等。

（一）汉语学习者的语言变异研究

1.语言变异的相关概念

（1）什么是语言变异

通常所说的"语言变异"指说话者的语言表达系统由于社会因素（社会等级、职业等）、社会心理因素、心理语言因素而产生的语言形式变化。第二语言学习者的语言变异大致可分为两类，即"系统变异"和"非系统变异"。

系统变异是指第二语言学习者的语言变异随着情境的变化而变化。言语情境是第二语言学习者语言变异产生的主要原因。见下面例句：

①我在五道口吃饭。（情境 A）

②我吃饭在五道口。（情境 B）

如果学习者对言语输出注意的程度比较高，其言语表达大都符合目的语规则，如在情境 A，句①的状语语序；当学习者对言语输出注意的程度比较低时，即情境 B，其言语表达在语序上则偏离了目的语规则，如句②。这种变异是随情境变化而变化的，属于情境变异或系统变异。

非系统变异是指第二语言学习者经常在同一情境用两个或两个以上的语言形式表达同一功能。非系统变异也称"自由变异"。这种变异不受语境因素的影响。见下面汉语学习者的表达片段：

在中学毕业后，我一个年没学，转到另一个大学学习中文一年，再没学一年，再学一个半年，没学一个年……

这种交替使用两种不同形式（一年／一个年）来表达汉语的数量结构是典型的自由变异。这种变异是非系统的，不受言语情境的影响。虽然第二语言学习者的语言变异是造成其中介语系统不稳定的一个重要因素，但同时也是促进其中介语系统不断发展的动因。

（2）上下文语境变异

上下文语境变异指由上下文语境的变化而引起的语言变异。上下文语境效应主要体现在语言的音系、形态和句法层面。

（3）中介语语体变化连续体

把学习者的中介语系统看作一个由不同语体风格构成的连续体。连续体的一端称作"随便体"，另一端称作"严谨体"。前者指学习者在非正式情境下的语体风格，后者指学习者在正式情境下的语体风格。学习者的中介语根据情景语境的需要在这两种语体间移动变换。随便体和严谨体都是构成学习者中介语语言能力的一部分，因此在考察学习者的中介语时，应该收集不同语体的数据材料来反映不同的语言规范。她认为语体变换是由心理语言机制，即学习者对语言形式注意程度的高低造成的。当学习者对语言形式的注意很少时，其中介语表现为随便体。当学习者将其注意力主要集中在语言形式上时，其中介语表现为严谨体。这些不同的语体风格构成了学习者的中介语语体风格连续体。

2. 汉语学习者语言变异的相关研究

汉语学习者语言变异的研究相对比较少。已有研究主要集中在汉语学习者在语音和句法层面的变异研究上。

根据"注意程度"假说，分别统计了初、中、高三组以英语为母语的汉语学习者在五种言语情境下汉语声调产出的正误数据。这五种情境依次为：口头表达、朗读句子、朗读短语和词语、朗读最小配对、给最小配对标声调。研究结果表明，从情境1（口头表达）到情境5（给最小配对标声调），由于学习者对声调产出注意程度逐渐提高，声调产出的正确率逐渐上升，形成一个不断变化的连续体。我国学者袁博平的研究基本证实了言语情境变异的假设。与此同时，他也发现，三、四年级学习者在注意力程度最高的标声调测验中的正确率，与注意力程度较低的实际发音没有明显差异。这一结论表明，学习者对语言产出注意程度的高低并非造成语言变异的唯一因素。

除了情境变异研究之外，也有学者探讨上下文语境对汉语学习者口语产出语音变异的影响。后接元音和声调这两个上下文语境对零加级、初级、中级学习者习得汉语舌尖后音的语音变异现象。研究发现，上下文语境在一定程度上影响了语音变异。当后接元音为 /i/ 类时，零加级汉语水平学习者将舌尖后音发成舌面前音和舌叶音的比例较大。

上述两项研究都是对汉语学习者言语产出的系统变异研究，但自由变异研究却屈指可数。研究发现，学习者在习得"不"和"没"否定结构的过程中，把"不"和"没"看作两个可替换的自由变体。而且"不"和"没"的否定规则的习得过程是一个缓慢的扩散过程，呈现为四个过渡阶段："不"的否定占主导地位阶段；"不"和"没"作为自由变体互相替代阶段；以"没"为主的泛化阶段；"不"和"没"分化，各司其职。自由变异的现象往往出现在新规则刚刚导入阶段。随着学习者语言水平的提高，自由变异现象逐渐消失。

3. 第二语言学习者语言变异的研究方法

第二语言习得研究领域的语言变异研究，较常见的研究方法主要有三："分类规则"和"变量规则"描写方法、中介语语体风格连续体的描写方法、"扩散模式"。

按照"语体变换"（style shifting）理论，语体变换是系统的，是可以预测的。因此，我们就可以用分类规则将学习者的语体变异做如下描述：

thing—/θ/（情境 A）

thing—/t/（情境 B）

这一规则的含义是：学习者在情境 A，即对英语"thing"的产出注意程度比较高，使用合目的语标准的变体 /θ/；在情境 B，即对英语"thing"的产出注意程度比较低，则使用另一变体 /t/。显然，分类规则适合描写系统变异现象。

然而，学习者的语言变异实际上并不完全是非此即彼的简单分类变化，而往往是基于概率变化的。因此，又提出了"变量规则"的描写方法。所谓"变量规则"是指两个或多个变体在不同情景语境和上下文语境中出现的可能性。见下例：

Y（变体）0.6—语境 / 语体 A（随便体）

Z（变体）0.4—语境 / 语体 A

X（变量）

Y（变体）0.9—语境 / 语体 B（严谨体）

Z（变体）0.1—语境 / 语体 B

在语境／语体 A 中（随便体，即对语言产出注意的程度比较低），X 作为考察和描写的变量（如英语"thing"），其变体 Y（/θ/）出现的概率为 60%，X 的变体 Z（/t/）出现的概率为 40%；在语境／语体 B 中（严谨体，即对语言产出注意的程度比较高），X 的变体 Y（/θ/）出现的概率为 90%，X 的变体 Z（/t/）出现的概率为 10%。可见，变量规则对语言变异现象的描写是建立在概率的基础上的，而且能够动态地反映第二语言学习者语言特征的发展变化。

用于系统变异研究的第二种方法就是提出的中介语语体风格连续体的描写方法。这种描写方法也是根据学习者对言语产出注意程度的高低来设计言语情境。通常采取读词表（注意程度高）、读句子（注意程度较高）、朗读语言片段（注意程度较低）、自由表达（注意程度低）等不同的实验任务来实现。学习者在这些不同言语情境下的语言产出构成一个不断变化的连续体，可以看出学习者的语言变异随着言语情境的变化而变化。但是，这种研究方法也有一定的局限性。即言语情境只是引起学习者语言变异的因素之一，为了避免这种局限，还应该考虑其他因素对语言变异的影响。

（二）汉语学习者的语言社会化研究

1. 什么是语言社会化

语言社会化的一个基本观点是，语言和文化并不是截然分开的，无论是母语习得还是第二语言习得，语言和文化都是一起习得的。有学者认为，语言知识和社会文化知识是相互依存的。学习者的一个基本任务就是在习得语言形式的同时习得相关的意义和功能，而这些意义和功能在很大程度上是依据社会文化构成的。一方面，语言知识寓于社会文化知识之中，另一方面社会文化知识的理解与阐释在很大程度上是通过语言媒介来实现的。有学者甚至认为，语言社会化与学习者语法能力的发展也密切相关。学者指出，在每个社区，语法形式与其运用的社会文化环境以及语法形式的表征意义，对儿童有关这些语法形式的理解与产出产生影响。

学者们这些观点反映了这样一种共识，即语言社会化就是将学习者的语言能力的发展和社会文化发展联系在一起，因为至少儿童母语知识的习得同时伴随着与母语知识相关的社会文化规范的习得。但是，第二语言学习者第二语言的习得并不一定伴随着目的语社团的社会文化规范的习得。有可能是学习者所处的外语习得环境使然，也有可能是语言教学方法使然。比如，强调规则操练和强化的听说法，在某种程度上将二者分离。因此，有学者呼吁应该提出一种更为完整的语言习得理论，将第二语言习得的认知过程和社会过程结合在一起。目的是使第二语言学习者在习得第二语言的同时实现语言社会化。

2. 汉语学习者语言社会化相关研究

语言社会化研究作为一个新的研究领域，最初源于儿童母语习得，如萨摩亚西部和巴布亚新几内亚儿童的语言社会化研究。学者们发现，不同文化和族群儿童的母语习得及其相伴随的语言社会化过程存在较大的差异。随着应用语言学领域的"社会转向"，儿童母语习得的语言社会化理论引起第二语言习得研究领域的兴趣。但第二语言习得研究领域关注的主要是第二语言课堂教学中学习者的语言社会化问题。受语言社会化理论的影响，汉语学习者语言社会化研究，近些年虽然研究不多，但已有学者在这个领域做了初步的探索。

以美国华裔汉语学习者为研究对象，从学习者运用汉语请求策略的角度，考察学习者语言社会化的进程。该研究发现，不同汉语水平对汉语学习者非规约性间接策略的使用有显著影响，即高水平的汉语学习者更多地使用非规约性、间接的请求策略。作者认为，这一结果，一方面可能与学习者的态度有关，即持积极态度的学习者更倾向于少用直接策略，更多地使用非规约性策略；另一方面持积极态度的学习者会更加注意暗示和言外之意的理解和使用，从而体现了学习者社会文化知识的积累。但是，统计分析表明，持积极态度的中高级汉语学习者语言社会化的程度，与初级汉语学习者相比，并没有显著的提高。作者进一步指出，造成这种现象的原因是，高水平汉语学习者可能会更加刻意地增加非规约性策略的使用，但是，由于海外汉语学习者的汉语习得缺乏真实的语言环境，因而在一定程度上影响了他们的语言社会化进程。

3. 语言社会化研究的方法

语言社会化研究根植于早期的儿童学习说话的纵向的人种学研究。这类研究通过学习者在以特定文化构成的语言运用情境中语言使用的观察和描写来考察其语言社会化进程。因此，这种研究多采取纵向的观察和质性分析。通过考察儿童与保姆的会话发现，北美中产阶级的白人阶层几乎从儿童一出生就把他看作是会话的同伴，而在萨摩亚，儿童并不是被看作会话的同伴。儿童教育的方式也不同，白人阶层通过会话来扩展儿童会话的能力，通过交际来帮助儿童澄清常规的交际话语。而在巴布亚新几内亚，成人却很少帮助儿童去澄清不理解的话语。由此可以看出，儿童与保姆的会话这种教育方式本身就是有特定文化构成的。

在第二语言习得研究领域，由于第二语言课堂教学常常缺少特定文化构成的语言运用情境，因此，教师在课堂常常通过目的语社团的言语交际习俗和习惯的教学让学习者掌握恰当和得体的目的语规则。在汉语学习者语言社会化研究中，已有研究基本上是通过特定的交际活动，或者创设特定的交际情境和语用环境，引导学习者学习特定的汉语语用规则，如请求策略、间接言语行为等。而在研究方法上，通常采用问卷和话语补全等方法来考察学习者的语言社会化进程。由于这种方法不是自然、真实的语言交际情境，因而有一定的局限性。

（三）汉语学习者跨文化认同研究

1.“认同”的含义

“认同”一词有多重含义，它既指“同一性”也指“独特性”。因为这解释了个体与他人或群体的相似和相异两层关系，即指明了你和一些人有何共同之处，以及你和他者有何区别之处。认同，即包括主观上你对“你是谁”的认识，也包括客观上你所属的群体。此外，认同包括很多类型，如身份认同，即“你是谁”，同时也包括社会认同、族群认同、个人认同等。在第二语言习得研究领域，第二语言学习者的认同研究，主要借自社会心理学“社会认同”的概念。将社会认同定义为，个体认识到自己所在群体的成员所具备的资格，以及这种资格在价值上和情感上的重要性。在汉语习得研究领域，学者们更为关注的是汉语学习者对目的语社团的语言、文化、族群与价值观的认同，特别是汉语学习者的“跨文化认同”和“超越文化认同”的研究。第二语言习得研究领域之所以关注学习者的认同研究，是因为学者们发现，第二语言学习者对第二语言的态度、动机以及认同这些社会因素和情感因素将会对第二语言习得产生重要的影响。

2. 汉语学习者跨文化认同的相关研究

汉语学习者的语言文化认同研究，就研究对象而言，主要分两大类：一类是关于华裔汉语学习者的认同研究，另一类是关于非华裔汉语学习者的认同研究。之所以这样区分，是因为华裔和非华裔汉语学习者面临完全不同的语言、文化、族群和价值观等方面的认同问题。华裔汉语学习者作为一个特殊的群体，在移居国的主流社会要应对两种截然不同甚至相互矛盾的生活方式：一方面，他们要面对母语族群语言文化传承的压力；另一方面又要尽快融入主流社会，以免被视为另类。换句话说，华裔汉语学习者既要面对华裔族群的认同，同时还要面对主流社会族群的认同，即所谓"双向认同"的问题。因此，在汉语习得研究领域，汉语学习者跨文化族群认同成为学者们关注的重要领域。

为此，有学者从来华经历、汉语水平以及态度和动机等不同角度考察了这些社会和情感因素对汉语学习者跨文化认同的影响。研究发现，有来华经历对美国汉语学习者在语言、文化和族群认同上比无来华经历的汉语学习者认同程度更高，但在价值观认同上则无影响。此外，不同国别的汉语学习者的态度和动机对其语言、文化、族群和价值观认同也存在不同程度的相关关系。但是，这些研究并没有触及汉语学习者的"双向认同"问题。实际上，第二语言学习者都会不同程度地面临双向认同问题。而华裔汉语学习者作为生活在"两种文化夹缝"中的人，这个问题就更为突出。学者在考察华裔汉语学习者双向文化认同时发现，这个特殊群体在语言、文化、族群和价值观认同上处于一种两难境地。即在"我是谁"这个问题上处于一种游离状态。他们有时称自己中国人，有时称自己美国人，有时称自己中国—美国人，或美国—中国人。他们认为，相对美国人，他们更像中国人，相对中国人，他们更像美国人。这种族群认同上的矛盾心态阻碍了他们族群身份认同的构建。因此，作者提出了"第三种身份"的构建，即提出的"超越文化认同"，按照这种理论，华裔汉语学习者应该采取开放的心态，接受不同的文化。通过多种文化的融合使已有文化的内涵得到扩展和丰富，而不再仅仅局限于种族和肤色来定义族群和文化认同。

上述研究的意义在于，跨文化认同或超越文化认同作为一种社会和情感因素，对汉语学习者，尤其是华裔汉语学习者的汉语习得具有潜在而又深远的影响。

3.跨文化认同研究的方法

早期的文化或族群认同研究，虽然研究的对象是跨文化群体，但是其理论和方法却是单向的认同研究。有学者认为，第二语言学习者族群认同的建构过程是一个动态发展的过程，即学习者最终要向主流族群认同过渡，最终实现主流族群的认同。问题是，有研究表明，有相当一部分第二语言学习者终生都会停留在认同建构过程的某个阶段，如两难选择的阶段。换句话说，那种单向的研究方法并不适合第二语言学习者，特别是族裔传承语习得的学习者。因此，目前的跨文化认同研究，大多采取"多维文化适应量表"的问卷调查方法。这种多维文化适应量表为考察双向认同提供了可选择的空间。因为，双向认同研究，不仅要考察第二语言学习者对母语语言或文化的认同，而且还要考察学习者对目的语语言或文化的认同。但是，这只是作为一种测量和调查工具，跨文化认同研究需要在适当的理论框架下进行考察，并选择适合的研究方法。

三、汉语习得研究的认知视角

当代认知心理学有两种不同的理论取向，即"信息加工取向"和"联结主义取向"。在这两种理论取向的影响下，汉语习得研究形成了两种不同的研究领域，即基于信息加工理论的汉语习得研究，以及基于联结主义的汉语习得研究。

（一）基于信息加工理论的汉语习得研究

信息加工理论产生于 20 世纪 70 年代。该理论把人的心理过程看作类似计算机的符号加工器。这些符号加工器控制着语言的心理表征的建构、语言输入和输出等加工过程。在第二语言习得研究领域，有三个关于信息加工的重要假设：一是，人的认知结构是由"表征"和"通达"构成的。表征是指存储在人脑中的知识，语言表征主要是由语音、词汇、语法、图式等知识构成的。通达是指在言语理解与产出时对存储在人脑中的知识进行检索、提取的加工过程。二是，信息加工有两种不同加工机制，即自动加工和控制加工。母语者的言语交际大都是自动加工，而不熟练的第二语言学习者的言语交际则更多采取控制加工。三是，认知加工的资源，如注意和记忆资源是有限的。由于这种资源有限，言语交际的自动加工需要较少的注意资源，控制加工则需要更多的注意资源。基于信息加工理论的第二语言习得研究，基本上是在上述理论框架下探讨学习者语言习得和语言认知加工的过程和机制问题。

1. 汉语学习者心理表征的研究

在汉语习得研究领域，学习者关注较多的是汉语学习者声调表征问题。声调表征的研究，通俗地说，是研究汉语声调知识，如声调的音高、重音等声学特征以及音位特征在学习者大脑中是如何建立的。声调表征的研究，可以揭示学习者汉语声调习得的心理过程和加工机制。这种研究大都采取实验语音学和认知实验研究相结合的研究方法。从声调的声学信息和音位表征两个方面研究了美国学生汉语声调的加工机制。研究发现，初级水平的美国学习者已经具有明确的声调范畴，声调识别能够达到很高的正确率。但在词汇加工中，声调的音位表征却远未形成。原因是，声调范畴的知觉和音位表征是两个相对独立的层面，抽象的音位表征的建立对汉语学习者而言更为困难。但是，汉语声调关键性声学信息的感知对声调音位表征建立将产生直接的影响。

2. 关于汉语学习者心理词典的研究

"心理词典"是包含所有词语信息的心理知识系统。这些知识包括词的发音、形态和句法以及语义信息等。这些知识构成了学习者的心理词典。在心理词典中，词语之间是按照语义网络的方式组织在一起的。语义相近、相关的词更容易被激活。如"父亲"激活"母亲"，"桌子"激活"板凳"，"苹果"激活"水果"的时间要短于"父亲"激活"作者"或"板凳"激活"水果"的时间。因此，研究者通常采用词汇联想测试的方法考察汉语学习者心理词典的结构和组织方式。通过心理词典的研究，可以发现学习者汉语词汇的形、音、义各种信息的表征是如何建立的，这些信息之间是通过何种方式组织在一起的。词汇联想实验包括四种反应类型，即聚合反应、组合反应、语音反应和无反应。聚合反应是指刺激词和联想词之间属于同类词，如"大—小""父—母"等。组合反应指刺激词语联想词具有先行句法关系或搭配关系，如"大—苹果""环境—污染"等。语音反应指那些与刺激词仅在语音上的联想反应，如"dog—bog"等。聚合反应和组合反应在母语者心理词典中是最普遍的组织方式，语义关系密切，因而加工深度比较高。语音反应和无反应与语义没有任何联系，因而加工水平比较低。汉语学习者随着语言水平的提高，聚合反应和组合反应不断增加，语音反应和无关反应逐渐减少。此外，汉语学习者在汉语词汇理解和产出上的加工深度存在差异，产出性词汇加工深度比较高，理解性词汇加工水平比较低。学者研究进一步发现，汉语学习者心理词典中的词汇以语义关联为主。其中中级水平学习者聚合关联占主导地位，初级学习者聚合和组合关联比例相当。与英语学习者相比，汉语学习者的词汇关联中，汉字字形关联多于字音关联，而且语块形式的关联较多，反映了汉语学习者心理词典结构组织方式的差异和特点。

3. 伴随性词汇习得与词汇通达研究

"伴随性学习"与"刻意学习"相对。二者的区别在于，伴随性学习是在刻意注意条件下的学习。如要求学习者完成阅读理解任务，事后测试学习者对某些词语的理解，但事先并不告知学习者阅读后要对词语测试。而刻意的学习则明确告知学习者在阅读中刻意注意生词，读后对这些词进行理解测试。在汉语习得研究领域，学者们关注较多的是伴随性词汇习得。目的是考察学习者在伴随性学习条件下的词汇习得是否比刻意的词汇学习效率更高。采用眼动技术，并通过设置不同的语境任务考察前后语境位置以及语义提示词（同义词／反义词）对汉语学习者词汇习得的影响。研究结果显示，语境对词语学习有显著影响，前语境句子的整句注释时间明显短于后语境句子，同义语境句子的整句注释时间明显短于反义语境句子。结论是，前语境和同义语境更利于目标词的学习。即在上下文语境条件下，伴随性词汇习得有助于阅读过程中的词汇习得。

关于词汇通达研究，关注的主要问题是，学习者在言语理解与产出过程中，以何种方式检索和提取词汇知识。学习者的词汇通达受到哪些因素的影响。有学者通过真假词判断任务，并通过多元回归分析详细地考察了汉语复合词加工的影响因素。该研究发现，整词频率、首词频率、首词家族数、语义透明度和具体性是影响汉语母语者复合词加工的最主要因素。对第二语言学习者而言，整词频率、尾词素、语义因素是影响其汉语复合词加工速度的主要因素。复合词的通达既存在整词加工也存在词素加工。基于这一结论，作者认为，在汉语词汇教学中应强调词汇复现率，而且应重视词素教学对扩大词汇量的重要作用。

4.汉语学习者正字法意识研究

在汉语习得研究领域，汉字认知研究一直是学者们关注较多的研究领域。近些年，学者们从多个侧面研究学习者汉字认知的过程和机制。但大多数研究是关于汉语学习者正字法意识形成和发展的研究。正字法是关于汉字字形的规范，包括笔画、部件的结构和组合规律。汉字正字法意识指学习者对汉字结构和组合规则的意识。汉字作为一种表意文字，特别是对母语为拼音文字的汉语学习者而言，其识别和书写是非常困难的。因此，汉字正字法意识的形成和发展是考察汉语学习者汉字识别和书写水平的重要因素和手段。汉字认知研究大都采取认知实验研究范式，即通过真、假、非字的识别和判断考察学习者汉字正字法意识的建立和发展。"真字"是具有形音义的字；"假字"符合正字法，但无音、无义；"非字"既不符合正字法，也无音、无义。汉字正字法意识的研究，不仅研究汉字的字形结构意识，而且研究汉字的结构规则，如部件的组合规则、部件的位置、部件的一致性意识等。学者通过实验研究考察了印尼华裔汉语学习者汉字正字法意识的形成和发展。实验研究表明，印尼华裔初级汉语学习者已经具备正字法意识，中高级汉语学习者的正字法意识在左右和上下结构汉字中均有体现，而且左右结构的汉字的正字法意识具有优势。

研究汉字部件延迟书写发现，学习三个月汉语的越南学生已经具备了汉字部件意识。而且部件构字能力是影响学生汉字书写的重要因素。该研究也发现，学习者汉字左右结构部件结构意识好于上下结构。此外，学者对日韩学生汉语形声字声旁一致性意识进行了检验。研究发现，汉字水平高的留学生在一年级时就具有了一致性意识，而汉字水平低的留学生到三年级才发展其一致性意识。这一结果表明，学习者的汉字水平是影响其形声字一致性意识的主要因素。

从上述研究可以看出，基于信息加工理论的汉语习得研究，基本上都是围绕认知研究领域的基本理论问题，采用认知实验的研究范式，研究汉语学习者习得汉语语音、词汇、汉字等语言要素的认知过程和加工机制。但不同语言层面的研究方法有所不同。汉语学习者声调习得的认知研究，基本上是采取实验语音学研究方法和认知实验研究相结合的方法。而词汇和汉字的习得主要借鉴认知心理学的研究范式。

（二）基于联结主义的汉语习得研究

联结主义作为一种新的认知理论复兴于 20 世纪 80 年代。这一理论与信息加工理论相比，有两个不同之处：首先，联结主义强调知识的分布表征，而不是符号表征。在信息加工的语义网络中，一个节点表示一个概念。而联结主义是通过神经网络中神经元之间的联结模式表达的。其次，在信息加工方式上，联结主义采取平行加工，而不是序列加工。联结主义，作为浮现主义家族中的一员，具有三个共同的学习原则：一是联想学习。联想学习是基于实例和样例的学习。当学习者对语言输入中呈现的一个个样例（如 N 个"把"字句）形成记忆，学习便发生了。频次越高的样例越容易形成记忆。二是概率学习。这种学习方式并非是分类的，而是渐进式基于经验概率的猜测和推断式学习。三是基于运用的学习。根据这一学习原理，语言知识和运用是不可分的。学习者是通过语言运用来学习语言。联结主义的上述学习原则，反映了语言知识获得的普遍规律。学者们基于上述原则通过特定的方法来探索第二语言习得的普遍规律。

在汉语习得研究领域，联结主义认知理论的引进比较晚。基于这一理论的研究也相对少。一方面是因为信息加工理论在第二语言习得的认知研究方面仍然占主导地位；另一方面，基于联结主义的研究方法，即基于人工神经网络的模拟方法在一定程度上限制了这一研究领域的发展。但是，基于人工神经网络的模拟方法与其他行为实验研究相比具有一定的优势。第二语言学习者的语言习得涉及的因素和变量比较复杂，但行为实验研究的变量有限，基于统计分析的结果难以客观地揭示交织在一起的多种因素的交互关系。而基于联结主义的神经网络可以从多个维度分别表征更为复杂的因素和变量。由于神经网络能够具有人脑学习功能的生物有效性，通过模拟可以更为直观地观察到复杂的学习过程。在汉语习得研究领域，神经网络最早用于汉语学习者汉字构型意识的模拟研究。学者利用"基于衰减网络的自组织模型"模拟了汉语学习者汉字构形意识的发展。汉字构形意识主要包括两个方面：一是汉字组字单元的意识，即汉字部件意识；二是汉字组字单元之间的组合规则意识。为了模拟汉字构形意识的萌发和发展，该研究从汉字部件数、结构类型等九个维度对汉字进行表征。

模拟的结果表明，初级水平的子模型已经具备了汉字构形规则的认知能力。汉字结构类型的认知效应主要反映在左右结构的汉字上。模型汉字识别采取的首要策略是字形策略，其次才是结构识别策略。该模拟研究在一定程度上避免了行为实验的局限，其模拟的结果比较客观、可靠。

利用神经网络进行模拟的另外一个领域是汉语声调范畴的模拟研究。学者利用"自组织模型"模拟了母语为非声调语言的汉语学习者习得汉语声调范畴的认知机制和发展过程。该研究实际上是一个双表征模型，既包括学习者母语的语音特征的表征，也包括学习者的目的语，即汉语的语音特征的表征。声调表征包括调值、调型、调长和调域等多个维度。模拟结果显示，初级子模型已经形成声调范畴。阳平和上声范畴的区分最差。模拟的结果澄清了以往行为实验不一致的结论。

上述基于联结主义神经网络的模拟研究，均采用了无监督学习的自组织神经网络。这种自组织模型与有监督的学习模型相比，更符合人脑的学习过程和特点。虽然，基于自组织模型的汉语习得模拟研究目前还有很多局限，但是，随着深度学习模型的应用，将会进一步促进汉语习得模拟研究的新进展。

四、汉语习得研究的社会文化视角

（一）社会文化理论的基本观点

1. 调节与调节学习（mediation and mediated learning）

"调节"是心理学家维果茨基社会文化理论的核心概念。这一概念的含义是，人类在改造物质世界时，往往通过间接的方式，即通过物质工具来调节我们与物质世界的关系。同样，人类也利用符号工具，如数字、信号、音乐、语言等工具来调节人的思维，调节人与人、人与世界的关系。其中，语言是区分人与动物最重要的调节工具。这些调节工具，无论是物质的还是符号的，都是人类创造的"文化产物"，这些产物都是人类文化和智慧的结晶。

按照社会文化理论的观点，语言习得本身也是通过调节工具的调节过程。学习者一方面通过使用和控制心理工具，如语言和符号来学习语言，而且还可以借助其他辅助工具，如多媒体来学习语言。但是，社会文化理论认为，语言习得过程在本质上是社会化调节的过程。语言习得总是发生在人与人的社会互动环境中，无论这种互动是面对面的还是网络的虚拟世界，离开社会环境语言习得便不会发生。因此，研究者试图在社会文化理论的框架下探讨基于调节的语言习得过程和习得机制。

2. 调控、支架和最近发展区

"调控"作为"调节"的一种形式，是用来阐释儿童认知能力发展过程和阶段性的术语。按照维果茨基的观点，儿童的认知发展经历三个不同发展阶段：第一阶段是客体调控。客体调控指儿童的思维受他所处的环境左右。比如让儿童抓取面前摆放的各种玩具，儿童往往不会按照父母的意愿行事，而是被那些颜色更鲜亮、比较大的或离得最近的玩具所吸引。换句话说，儿童此时的思维受环境控制。儿童模仿周围成人说话同样是客体调控。第二阶段是他人调控。这个阶段，儿童往往需要一个能力更强的他人帮助来完成认知任务，如父母或保姆为儿童提供"儿向语言"帮助儿童学说话等。第三阶段是自我调控（self-regulation）。在这个阶段，儿童的认知能力发展成熟，不需要他人帮助而独立完成认知任务。

"支架"的含义是，在专家和新手、教师和学生或者同伴之间合作完成认知任务或言语交际过程中，当新手或学生不能独立完成这些任务时，由专家或新手提供帮助，即所谓"搭支架"以完成学习任务。支架有不同类型，专家与新手是最常见的支架类型。同伴之间搭支架，需要一方水平略高于另一方。与搭支架相关的另一个概念是"最近发展区"。维果茨基将其定义为，儿童目前独立解决问题的发展水平与其在成人引导下解决问题的潜能之间的差异或距离。因此，儿童潜能的发展有赖于成人的帮助，即在其不能独立解决问题的情况下通过搭支架跨越最近发展区。换句话说，儿童学习潜能需要借助他人调节（即搭支架的方式），发展为现实能力。

3. 个体言语与内在言语

"个体言语"指儿童或成人第二语言学习者在完成认知任务或遇到困难时，常常会出现自言自语或重复他人话语的现象，目的显然不是为了交际。按照社会文化理论的观点，这种个体话语是学习者正在形成的一种自我调控能力的表现，即以个体言语作为调节思维和言语行为的工具，并最终内化为"内在言语"。当内在言语作为思维的调节工具时，学习者就不再依赖外化的个体言语。研究个体言语的价值在于，个体言语可以为我们提供观察学习者以个体言语作为调节工具向内在言语转化的这一内在过程的窗口。

（二）基于社会文化理论的汉语习得研究

社会文化理论拓宽了第二语言习得研究的理论视野，使研究者可以从另一个视角探讨语言习得研究过程和机制。在汉语习得研究领域，学者们通过微观发生分析的方法和实证研究对社会文化理论进行了多方面的检验和探讨。

按照维果茨基的观点，儿童的认知发展必然经历客观调控、他人调控和自我调控三个阶段。但是，成人第二语言学习者的汉语习得是否也会经历这三个不同阶段？学者根据这一理论通过实证研究对不同汉语水平的学习者在词汇习得过程中采取的调控方式及其发展过程进行了考察。该研究发现，不同汉语水平的学习者的词汇习得过程并没有表现出儿童母语习得具有的明晰的发展阶段。初级汉语水平的学习者在词汇习得上更多地依靠客体调控和他人调控的方式。中级汉语水平的学习者自我调控能力得到了一定的发展，但主要依赖的仍然是客体调控和他人调控的方式。然而，高级汉语水平的学习者并不依赖客体调控和他人调控的方式，这些学习者已经具备了自我调控的能力。这一结果表明，成人第二语言学习者词汇习得采取的调控方式与其语言水平相关，而儿童语言习得依赖的调控方式与其认知水平密切相关。

在社会文化理论中，语言教师最感兴趣的问题是如何在课堂教学中搭支架，以及哪些支架更有助于汉语学习者的语言习得。有学者认为，语言习得的最终目的是通过他人调节跨越最近发展区，具备自我调节的能力。在课堂教学环境下，教师是为学习者提供他人调节的最佳人选，而搭支架是教师最常用的他人调节方式。通过实验研究分别考察了两类支架，即"认知支架"和"情感支架"对汉语学习者听说能力的影响。研究结果表明，真正对学习者听说能力产生作用的是教师在课堂教学中搭建的情感支架。也就是说，情感因素对学习者听说能力的提高会产生直接的影响。这一结论实际上得到神经科学实验证据的支持，即控制情感因素的大脑"边缘系统"的激活有助于提高语言习得的效率。

关于"个体言语"的研究是汉语习得研究较少关注的领域。但近些年也出现了相关研究。采取微观发生分析的方法考察了汉语学习者如何利用个体言语作为调节工具跨越最近发展区习得汉语的过程。该研究重点考察了个体言语的功能及其在语言习得过程中的作用。研究发现，个体言语的主要功能包括三个方面：一是认知和元认知功能。这是个体言语最重要的功能，因为这一功能可以直接促进个体言语的内化。二是情感功能。即学习者常常用个体言语来控制感情，有效降低焦虑感。三是参与功能。这个功能实际上是一种比较隐蔽的演练功能，反映了学习者对课堂学习的积极参与。该研究并没有采用实验研究，而是采取源于维果茨基社会文化理论中的微观发生分析方法，具有一定的借鉴意义。

（三）社会文化理论的微观发生分析方法

"微观发生分析"方法是大多数基于社会文化理论的语言习得与认知研究所采用的方法。这种方法源于维果茨基的发生学方法。微观发生分析是通过学习者个体认知发展过程的纵向考察，揭示学习者最终实现自我调控的阶段性变化的定性研究方法。维果茨基认为，只有通过变化才能正确地理解发展。也有学者认为，微观分析方法有四个特点：需要对个体变化进行一个时段的观察；应分别对个体变化前、变化期间和变化后的过程进行观察；在变化期间进行定期观察；通过定量和定性方法对个体变化进行密集观察和分析，以便确认发展变化的过程。但是，微观发生分析很少采用定量研究方法，而是通过质性分析考察特定语言功能和特征是如何变化并内化的。然而，许多研究社会文化理论的学者经常采取定量研究的方法。维果茨基之所以主张采用微观发生分析的方法，是因为，他认为，基于反应时的实验室研究只适合人的低级心理机能的研究，而不适合研究人的高级心理机能的发展。此外，社会文化理论的研究者主张采用微观发生分析的方法研究个体的认知发展过程，而不主张采用实验的方法做群体的研究。

第三章 对外汉语课堂教学的程序

第一节　课堂教学的准备

一、对学习者先前学习过的知识的了解

学习者学习新知识和新技能有个起点的问题。教学起点低于学习者的水平，会使学习者厌烦而失去兴趣；教学起点高于学习者的水平，会使学习者畏难而失去信心。实际上即使同一班级、同一水平的学习者也会有某些层次上的差距，教学取个折中点，还是很必要的。因而了解学习者先前学过的知识是教师备课的第一步。

对外汉语教学要了解的内容应包括：

（一）一般的文化程度和文化常识

学习者的文化程度不同，他们所具备的文化知识也就不一样，这跟学习外语关系甚大。任何一种语言都包含许多文化因素，学习者的文化知识丰富，理解和接受他国文化也比较容易；文化知识少，理解和接受包含在外语中的文化因素也比较困难。这一点，对外汉语教师千万不要忽视。

（二）目的语语言基础知识

零起点的学习者的目的语知识是一张白纸，教师可以随意描画。对目的语有一点或一定基础的学习者，教师则要从语音（拼读上的熟练情况和声调的准确度）、文字（书写的量、能辨认的量、会默写的量）、词语（词语的量）、语法（哪些语法点）等方面入手仔细摸底。

（三）目的语听、说、读、写四种技能的掌握程度

由于个体差异－学习者在听、说、读、写四种技能上的发展是不平衡的。有的听说能力高于读写能力，有的读写能力高于听说能力，当然也有全面发展的。

教学放在哪个起点，是偏中间略高，还是偏中间略低，这对于担任不同课型的教师来说，尤为重要。

二、对学习者理解能力和接受能力的把握

一项新的教学内容，学习者自己能看懂多少，教师要讲多少，练习要安排多少，总共需要花多少时间，采用何种教法，其中的比例、容量以及时间的分配，等等，都必须建立在对学习者理解能力和接受能力的把握上。因而，对外汉语教师在下列三个方面要多加注意，以便把握好学习者的理解和接受能力。

（一）学习者的概括能力

阅读课文能否概括出内容大意，最能说明学习者理解能力的高低。如果根本读不懂，当然也谈不上概括；如果概括不当，也反映出理解上还有问题。而且这与学习者加工信息的认知风格密切相关。具有场独立性的学习者，归纳、综合的概括能力强，希望教师讲重点；具有场依存性的学习者，概括能力较弱，希望教师系统讲述。这就需要教师根据班级大多数学习者的特点和能力来安排教学内容、讲练比例，以及选择教学方法。

（二）学习者的推理能力

学习者的阅读理解能力跟原有的知识和经验的预期作用是分不开的，这种预期就是推理能力；学习者的听力理解和说话能力跟词语和语法的熟练应用，即在与原先学习情境相似的情境中运用的水平迁移和在新的情境中运用的纵向迁移也是分不开的，这种迁移应用也是一种推理能力。所以推理能力的高低能反映出学习者的外语水平的高低。而且这与学习者的认知加工方式有关。沉思型的学习者习惯于对问题深思熟虑，从已知、旧知推导出新知、未知的能力较强；冲动型的学习者常常是灵机一动，冲口而出，想当然的成分居多，其听说能力较强，推理能力较弱。教师要把握好这两类学习者的特点，因材施教，扬长避短。

（三）学习者同化新知的能力

学习者接受新内容，实际上是把新内容接纳进已有的知识结构中去，这个过程就是同化过程。如果新内容跟已有的知识结构不相容，无法同化，就要改变、调整原有的知识结构，以适应新知识，这个过程就叫顺应过程。课堂教学实际

上就是促使学习者不断地进行同化和顺应新知的过程。而且这与学习者的认知加工方式有关。具有容忍倾向的学习者，求知欲旺盛，能较快地把新内容融进自己的知识结构，吸收和同化新知识的能力强；具有排他倾向的学习者则反之，他们极难改变原有的知识结构，接受和同化新内容需要较长的过程。教师要顾及后一类学习者，改进教法，努力提高他们同化和顺应新知识的能力。

三、对学习材料的地位和价值的分析

教学任务有两种：一种是整个学期的，一般是一本教材总的教学任务；一种是分课的，一般是以一篇课文为单位的教学任务。教师明确一个学期的教学任务，就是胸有全局，可以从宏观方面把握教学；教师明确一篇课文的教学任务，就是心中有数，可以从微观方面贯彻和落实知识或者培养和训练技能。教师备课当然要先了解和分析整本教材的知识系统和技能系统，才能对每一篇课文在整本教材中的地位和价值做出评估，从而确定每篇课文乃至每一堂课具体的教学任务。

对每一篇学习材料的地位和价值的分析，可以着眼于以下几点：

（一）确认本课学习材料是后续知识的基础

学习者对于有些知识内容的学习和吸收必须以先导知识作为铺垫和基石，否则一步越几级或囫囵吞枣是难以消化的。例如，主谓谓语句这样的语法知识，一定得先让学习者了解主语和谓语的概念和搭配原则，才能使其学习和领会主谓结构做谓语这一汉语的特殊语法现象，逆序而上学习者是无法接受的。因此，确认本课学习材料是某种后续知识的基础，教师就能有意识地把握和强调跟后续知识有关的概念和规则。

（二）确认本课学习材料是培养某种技能的必要条件

有些技能的培养必须先掌握有关方面的知识，就像学习驾车先要懂得汽车的驱动、刹车和掌握方向等基础知识，不学习、不具备这方面的知识是很难培养出某种技能的。例如，汉语拼音和声调的知识就是培养朗读的必要条件。因而，明确本课学习材料是培养某种技能的必要条件，对教学任务的确定有着重要的意义。

（三）确认本课学习材料是交际会话中必须具备的文化知识

文化有知识性的和交际性的。知识文化有助于阅读理解，内容的涉及面比较广；交际文化有助于交际会话，内容大多为习俗性的，有一定限度。对初学汉语的外国学习者来说，后者显得更为重要。例如"问候"是常用的一种会话功能，但汉语中的问候，表达方式多种多样，可以问家庭、问健康、问学业、问工作、问生活，有时甚至明知故问（如"买菜去呀！""上班去呀！"），这些都是外国学习者学习问候语时所必须具备的交际文化知识。因而，明确本课学习材料中的交际文化知识，有利于教学任务的确定。

（四）确认本课学习材料是知识向能力转化的关键

知识有陈述性和程序性之分。陈述性知识只是作为一种描述世界是什么的知识储存于记忆库中，而程序性知识由陈述性知识通过程序化的训练而转化为熟练的技能技巧。一般来说，课文的内容和生词、语法等都是陈述性知识，但是许多语法规则可以揭示一定的生成规则，如果学习者能熟练掌握这种规则，就能把词语组织进去，推导出句子。可见，把知识转化为能力的学习材料是至为重要的教学内容，在确定教学任务时不要轻易放过。

（五）确认本课的学习材料与其他课的材料是并列的知识内容或并列的功能—意念

课文中，有的知识内容或功能一意念跟其他课文中的知识内容和功能一意念没有先后之分、轻重之别，是并列的。但并列不是说不重要，有时候可能是同等重要。它们具有同样的地位和价值，教师在备课时也应该置于考虑之列。

不同课型的学习材料因目的、任务不同而有自己的特点。同样是一篇课文，口语教材一般以表达功能为线索，用对话的方式体现；听力教材一般从单音到多音、从词语到句子、从句子到句群、从段落到篇章，以不断加深听力难度为主线，配上记述体或会话体的语言材料；精读课是学习者接收新内容的主要渠道，其教材从生词、语言点、词语例解、注释直至练习，都有独到的构思和巧妙的安排。因而，对外汉语教师在备课、分析教学任务时，除了对整本教材有通盘的了解，还要对每一课具体的学习材料进行仔细的分解，以确定本篇课文的教学要求。

四、对学习材料的分解

（一）学习材料的结构

学习材料的结构包括整本教材的体例和本篇课文的构成。整本教材的体例，主要体现在教材的各个部分（如生词、课文、语言点、注释、练习等）的有机组合及其编排的顺序上，这是教师选定教材后首先要做的准备工作。一篇课文的构成是教师在讲授一篇课文前对学习材料所做的具体分析。这种分析主要针对以下几个方面：①生词在课文中出现的情况（哪个义项，何种词性）和复现率；②语言点在课文中的体现和落实情况（是个例还是展示比较充分）；③注释部分的内容—文化的、习俗的、句型的、科技的、经济的等；④词语例释所做的词语辨析情况（是同义的、反义的，还是有一个词素相同；是本课中出现的，还是扩展出去的，等等）；⑤练习落实课文、生词、语言点、功能点的情况（形式、复现率、题量等）。

掌握学习材料的结构，容易确定本课的教学任务和要求，对如何使用教材和提高可懂度，以及草拟教案有直接的帮助。

（二）学习材料的重点

一篇课文的内容及其附属部分（生词、注释等）相当丰富，但教学不能蜻蜓点水似的面面俱到。有的内容，学习者可能已经学过；有的内容，学习者自己能看懂和理解；有的内容，教师稍做点拨学习者就能领悟；而有的内容是学习者所生疏的，理解较为艰难；有的知识要花一定时间的训练才能转化为技能，等等。如果教师对这些内容的教学平均使用力量，那很可能吃力不讨好，而且也许会造成对于学习者应该掌握的学习材料由于时间不充分而匆匆带过的情况。因而，教学重点的确定是进行有效教学的一个相当重要的因素。确定学习材料重点的准则是：①既是课文所安排的语言点，又是学习者以前没接触过的新内容；②出现频率比较高的词语；③学习者不易辨别又常用的同义词，或有一个词素相同的词语；④某种表达功能常用的句式或句子；⑤课文所表达的有关中国文化习俗或价值观念的内容。

这五个准则供教师确定教学重点时参考，但不是五个方面都要齐备，可以选择其中的一个或两个方面。

（三）学习材料的难点

学习材料的重点并不是难点，当然学习的难点，也不一定是学习材料的重点。教师在教学过程中常会出乎意料地发现学习者学习中所遇到的难点，很可能需要临时改变教学计划，腾出时间来解决学习者的难点。事先预料或估计教学的难点，使教学有计划地进行，还是非常有必要的。确定学习材料难点的准则是：①妨碍和影响理解课文内容的文化知识；②妨碍和影响理解课文内容的疑难句子；③语言点中极易受母语干扰的部分；④学习者说话和写作中经常性出错或者故意回避的部分（主要是词语和句式）；⑤汉语所特有的又很难转化为技能的部分（如"把"字句等）。

每一堂课要解决的难点不能太多，以一两个为宜。如果学习材料的难点过于集中，则要设法在每一堂课中去展示和解决。

五、提高教材可懂度

备课和确定本课教学任务，除了了解和掌握以上四个要点，还有一件相当重要的准备工作要做，那就是提高教材的可懂度。对外汉语教材只是一种书面材料，它大多是用汉语来解释和阐述的，部分教材有英译或日译内容。有的内容学习者能看懂和理解，有的内容学习者可能很难弄懂。教师的教学艺术就在于把书面的材料转化成系列性的教学活动-促使学习者去学习和消化教材内容。这一环节做得好不好，充不充分，直接影响教学的质量好坏和效率高低，有经验的对外汉语教师花在这方面的时间比较多，因而他们把时间和精力都用在刀刃上，深入浅出，事半功倍。提高教材可懂度的技术一般有：

（一）分段和归纳

对于一篇较长的课文，经过分段并归纳段落大意，最后总结出全篇的中心思想，学习者差不多就能把握和理解全文的基本内容。教师备课就要考虑如何引导学习者分段，怎样启发学习者讨论并归纳段落大意和中心思想。

（二）难词难句的解释

难词难句妨碍学习者理解课文内容，教学中必须扫除这种障碍。难词之所以难,是因为在学习者的母语中没有相对应的词,或者蕴含着独特的文化内涵(如成语典故),或者用法比较特别(如"突然"有形容词用法,不同于"忽然")等;难句之所以难,是因为句子过长、内部关系比较复杂,或者包含的文化内容过于艰深,或者其中的思维方式、价值观念让学习者难以理解,等等。对于难词,可以采用直观法、讲成语故事、造例句、利用课文情境来让学习者体会等方法揭示词语的内涵,说明词语的用法;对于难句,可以采用语法层次分析、厘清其中的意义关系、联系上下文等方法去揭示句子所包含的文化内涵和深层意思。

（三）语法规则的举例

语法是课文内容的重要组成部分,一般放在生词表之后专门进行介绍和阐述。其内容有语法规则的定义、例句和需要注意的地方等。限于篇幅,举的例句较少,且都属于比较典型的句子。而在实际生活中语法规则的使用是没有那么典型和简单的,情况要比例句复杂得多。为了让学习者真正能体会、掌握和使用某一条语法规则,教师可以多补充一些例句。所补充的例句尽可能涵盖多种情况,例如教"被"字句,可以举带出施事的例句(如"窗玻璃被孩子敲碎了")、省略施事的例句(如"窗玻璃被敲碎了")、复杂例句(如"窗玻璃被孩子用石块敲碎了")、变式例句(如"窗玻璃被孩子敲碎了两块")等,从中归纳出"被"字句使用中的诸种格式。这样,学习者不仅容易懂,而且转化为应用技能时,头脑里就有好几个"被"字句的格式供选择。

（四）问题设计

带着问题学,是教学中最常用且效果较佳的一种方式。因为问题中往往包含或渗透着学习该项内容的目的性和重点、难点,学习者的注意力容易集中;而系列性的问题常常是打开知识大门的一串钥匙,如果学习者在学习中能给几个连贯性的问题找到答案,也就掌握了新的知识内容。因此,问题的设计也是提高教材可懂度的技术之一,一般阅读课运用较多。所设计的问题可以是引导性的(如"事情是在什么样的背景下发生的?"),可以是启发性的(如"做这件事所具备的条件有哪些?"),可以是思考性的(如"这件事告诉我们什么?"),也可以是系列性的(即由若干个连贯的问题呈阶梯形进行组合)。教学内容用问题来串联,不仅教学显得有条理,而且能避免教师一言堂、满堂灌的现象。

（五）练习的设计和补充

练习是巩固和消化知识内容必不可少的途径。教材的每一篇课文后都附有编者精心设计的练习题，通过练习，传达编者的意图，体现教材的重点，复现知识内容，训练技能技巧。它们是教学的指南，又是知识转化为能力的枢纽。对外汉语教师要充分重视练习的作用，除了选择和利用教材原有的练习，还应针对学习者的实际情况，设计和补充一些新的练习，以便贯彻和落实新知识和新内容。练习的形式多种多样，诸如拼读、词语搭配、词语扩展、填空、是非、选择、复述、问答、组词成句、造句、改错等。总结起来可分为三大类：第一是理解类，即有助于理解课文内容的练习；第二是消化类，即有助于记忆所学知识的练习；第三是应用类，即有助于知识转化为能力的练习。练习题设计得好，能起到可懂、可记、可转化的作用 - 可以成为学习者的良师益友。

（六）利用图表和心理图式

认知实践告诉我们，直观性的东西比文字记载更易接受。教学上所说的直观，一种是图表式（包括电视、录像等）的教具，一种是储存于学习者头脑中的经验模式。前者属于外界刺激，后者属于内部唤醒。它们的作用是把文字性的东西形象化地展现，然后反过来让学习者用形象的线索去理解文字，这样就提高了教材的可懂度。图表是对外汉语教学用得较为普遍的直观工具，一般有路线图表、方位图表、结构图表、段落层次图表、亲属图表、人物关系图表、情节图表、景物图表等。图表的有效性已被教学实践所证实。心理图式实际上是存在于学习者头脑中的一种认知结构，是通过不断实践而积累起来的具有等级层次的经验系统，例如，上课图式就由进入（学习者进教室、学习者找座位、学习者坐下）—准备（学习者拿出书和笔、上课铃声响、教师进教室、学习者起立敬礼）—授课（教师检查作业、教师讲授新课、学习者记笔记、教师布置作业）—下课（下课铃声响、教师宣布下课、学习者自由活动）等大事件中套小事件组合而成。教师有意识地唤醒学习者头脑中跟教材有关的图式，学习者就比较容易接受和理解教材（尤其是听力教材）所涉及的内容。当然，由于图式是存在于学习者意识中的东西，而且因人而异，教师较难调动和驾驭，但它确实在学习者理解教材的过程中起着潜在的预期作用。这方面的研究和挖掘，成为提高教材可懂度的良好方法。

（七）情境的设计和创造

语言的信息传递和交际一般总在一定的情境（包括语境）下展开。语言展示情境，情境又促进对语言的理解。在某种情境（环境）下学习外语，或所学习的外语材料包含一定的情境，学习者则容易理解和记忆。这是因为在学习者的头脑中同时进行着语义和情节双重编码的缘故。出现语义，学习者马上会联想到有关情节；出现情节，学习者马上会联系到有关语言。对外汉语教师不仅要充分利用学习材料中的情境来进行教学，还需要设计和创造情境来进行训练，这在听力和会话课中显得格外重要。语言知识的学习不仅是记忆和贮存，更要转化为应用能力。而情境的设计和创造就为语言的应用创造了条件：设计和创造跟原先相仿的新情境来训练应用原先学习的语言知识，这是水平迁移；设计和创造跟原先不同的新情境来训练应用原先学习的语言知识，这是纵向迁移。两种迁移的方法交替使用，就有可能让学习者把学过的语言知识转化为熟练的技能。情境的设计和创造要贯彻现实性原则（即符合学习者的知识水平）和实用性原则（即符合现实生活的需要）。在课堂上可以准备必要的图片、道具、录像或录音等有声可视材料来创造语境，在课外则要善于选择或捕捉典型事例，让学习者在实践中体会和感受。

第二节 教案的撰写

一、教案的构成要素

一份完整的教案，一般依照下列要素的次序撰写：①课文的教学目的、要求（分课时教学目的、要求）；②教学的重点和难点；③本课运用的教学方法（如归纳、演绎、串讲、讲练、练讲、听说、问答、对话、复习、做练习等）；④课时；⑤教学过程：复习旧课（提问、检查等）；导入新课（以旧引新、文化背景介绍等）；讲解新课，一般由下列步骤组成（步骤的先后顺序应视实际情况来安排和组合）：朗读—词语解释—课文学习分段、难句解释、提问和回答—语法点的讲授、操练和小结—解释有关的文化内容；巩固新课（课堂练习、复述或小结）；布置作业。

二、教案撰写的注意事项

（一）教学目的、要求的撰写

教学目的、要求，要陈述学习者的学习结果（即本课学习的终点），力求明确、具体，可以观察和测量；要反映学习结果的层次性，即理解、记忆和运用三个层次。例如，课文中的生词，哪些作为重点词语（多数为动词、形容词、代词、副词或介词）要求掌握和应用，哪些作为一般词语（大多为名词）要求理解即可。再如，课文中的语法，哪些知识只要理解即可（如语法、术语），哪些知识需要记忆（如词语的重叠方式、副词的种类、补语的类别等），哪些知识要转化为应用能力（如句型、句式等）。在撰写教学目的、要求时要有明确而具体的体现，不要含糊、笼统。

（二）五大环节的安排

复习旧课、导入新课、讲解新课、巩固新课和布置作业是教学过程中的五大环节。每个环节需要花多少时间应大致确定。一般来说，上新课总需要安排五大环节；而上练习课、复习课等，就不一定非有这些环节不可，可以灵活运用。

（三）教学步骤的组织

朗读、词语解释、分段、难句解释、提问和回答、归纳段落大意和中心思想、语法点讲授、操练和小结、解释有关文化内容等是讲解新课的教学步骤。这些步骤的先后顺序不是千篇一律的，要依据语言信息（即知识）—智慧、技能（即理解和运用概念和规则以及推理的能力）—认知策略（即学习者个体对自己的学习方法和过程进行调控的能力）等认知心理过程来安排和组合。例如课文的生词，如果学习者根据自己的知识水平、理解能力和学习策略可在课文阅读过程中学习和领会，教师就不必专门安排词语解释的步骤；如果课文的一些语法现象妨碍学习者对课文的理解，教师讲解语法点的步骤则应安排在上新课之前。再如，新课文的前几个段落包含大量的文化内容，那么文化背景介绍这个步骤就应提前在分段时进行等等。

（四）例句的编拟

语法规则举例是提高教材可懂度的技术之一。无论使用例一规法还是规一例法，除了利用书上的例句，一般均需补充一些典型的例句、一般的例句、复杂的例句和变式例句等。这些例句都要事先拟就，并落实在教案中，尽可能避免临时匆匆忙忙地构思和编拟例句。不然的话，会由于例句的质量较差，达不到应有的教学效果。

（五）问题的设计

提问和回答是课堂教学的基本方式。但提问绝不是教师在教学中经常说的"为什么呢？"这样随口发问的问题，而是有计划地周密设计的。

所拟的问题应尽可能有连贯性、启发性，并给学习者发挥创造性的机会和余地。上课准备提问的问题连同参考答案（至少是要点）都要写进教案。

（六）文化内容的确定

背景导入和文化内容的讲解也是提高课文可懂度的重要一环。讲解过于简单，无助于学习者理解；讲解过于烦琐，则会喧宾夺主。因而，讲什么内容，怎么讲，都必须考虑成熟，所讲的重点和关键语句都需要写进教案，以防临场过多发挥。

（七）作业的布置

关于布置作业，教师要注明教材中的哪几道题；如果另行补充，则要附上练习题。

（八）执教记录

教案执行完毕，教师可以写一点教学笔记，记录执教心得和学习者反馈的情况，积累教学和科研的资料。

三、教案的修改和变更

从教案写完到执行可能有一段时间，原先的授课计划和想法可能已不符合或不完全符合学习者的实际，因此在教案实施之前要再次考虑学习者学习情况的变化而做相应的修改和变更。对于教师来说，课前的局部修改和课内的临时变更都是常做的事，这也是一些老教师虽然年年教同一本教材却年年重新备课、重新写教案、修改教案的原因。

修改和变更的原因主要在于：①教学目的、要求的拟定是否适当？②原先确定的重点和难点是否符合学习者的实际？③原先拟采用的教学方法是否需要改换？④教学步骤的先后顺序是否要重新安排？⑤词语解释、例句、问题和练习的再次补充。

第三节　组织教学

教师备课是对教材内容如何落实到学习者的思索和考虑，教案撰写是把头脑里酝酿的东西付诸书面的行为，组织教学则是把已确定的教案付诸实施的过程。它们是同一件事的三个互相关联的侧面，只是从不同角度来剖析和加工而已。从广义上说，一切课堂的教学活动都属于组织教学这个范畴。而这里说的组织教学，仅就新内容的落实而言，即教师在执教过程中组织和开展一系列的教学活动，主要是新内容的导入、展开、转换和结束，以及提问和改错等，将新内容进行分解、组合、归纳，从而使学习者易于感知、接纳、加工、记忆和应用。

一、教学内容的导入、展开、转换和结束

新的教学内容比较单一，组织教学也比较简单；新内容如果比较丰富、复杂，教师就要考虑组织较多的教学活动来引导学习者联想、思索、咀嚼和体会。

（一）教学内容的导入

人们在认知世界时，心理上有没有准备，感知和接收信息的效果是不同的。新的教学内容，在学习者毫无思想准备的情况下突然让他们接触，会让他们一时反应不过来，他们势必要有一个适应的过程，然后才能进入接收状态。为了缩短这个适应过程，就要进行新内容的导入，激活学习者的知识结构和认知机制，让他们处于一种亢奋状态，调动和集中注意力迎接新的知识内容。

教学内容的导入，从内容来分类包括：

1. 文化导入

从跟新内容有关的文化背景，如时代特征、社会风俗、人物关系、地理位置、

自然环境、历史沿革、经济体制、组织结构等入手，为学习者提供想象新内容的空间和场景，吸引他们的注意力，为其理解和接纳新内容做铺垫。

2. 旧知导入

新内容、新知识之所以能被学习者接纳，就因为学习者原先的知识结构可以同化或顺应新的知识内容。利用旧知（包括文化的、历史的、地理的、政治的、经济的、自然的、动植物的、语言的等）导入新内容，就是充分调动和激活个体的旧知，发挥其预期作用，从而使学习者能够最大限度地接收和加工新的信息。

3. 情境导入

新内容如果与情境一起出现，可以促使学习者进行多方位的编码，易于接纳和记忆。有的新内容本身就具有情境，则情境导入可起强化和补充作用，学习者对新内容中的情境会有一种亲切感和情趣感；新内容本身如果没有什么情境，则情境导入可使新内容情境化和感性化，激发学习者的学习兴趣。导入的情境有真实情境、现实情境、历史情境、想象情境等。它们能起到预期作用（利用情境经验加深对阅读和听力的理解）、交际作用（利用情境开展口语会话）、联想作用（利用情境促进写作内容的想象和构思）。

4. 图片导入

图片（包括电视、录像、多媒体）导入实际上也是一种情境导入。所不同的是，情境导入主要由教师描述，学习者通过听觉接收语言，然后把语言转换成形象的图式；图片导入可直接由视觉形象展现，更生动、更形象。图片有人物图片、风景图片、示意图片、表格图片、连环图片等，它们通过视觉形象唤醒学习者头脑中已有的跟图片类似的经验图式。这种图式与情境一样也能起预期、交际、联想的作用，从而促使学习者进入理解、吸收和应用新知识的最佳状态。

5. 教具导入

展示跟新内容有关的实物，具有直观作用，也能引起学习者的想象和对比，有助于其理解新内容。上课用的教具一般是服装、佩饰、小摆设、彩色纸、餐具、文具、玩具、工具、文娱用品、体育用品、模型等便于携带的小巧的实物。教师可以上课开始时出示，也可在课中出示，特别是很难讲清楚的词语，展示一下实物，学习者就能一目了然。而用实物启发造句练习，效果也很理想，例如，出示大大小小、高高低低、深深浅浅、长长短短等实物造比较句（如甲比乙大，甲比乙高一点，甲比乙深一些，甲比乙长2厘米，等等），既生动活泼，又符合生活实际。

6. 随机导入

利用周围发生的事即兴联系或引出新内容，效果也较好，这就是随机导入。因为周围发生的事，如节庆、生日、天气、旅游、参观活动、文体活动、特别新闻等，是学习者所熟知的，又比较新鲜，容易跟内容挂钩、联系，所以有助于学习者理解和吸收新的知识内容。

教学内容的导入，从方法来分类包括：①提问。通过提问的方式来导入内容比较有节奏，学习者印象也较深刻。②回忆。回忆旧的知识和内容，容易调动学习者头脑中的知识结构。③复述。复述前一堂课的内容，有利于课程继续进行。④讲述。导入的内容比较复杂，一般采用讲述的方式。⑤对比。先提出旧内容、旧知识以及母语的情况，以期引发学习者与新内容、新知识以及目的语进行对比。⑥游戏。智力游戏如词语连接、组词连句等也可引出新的知识内容。⑦练习。通过练习发现问题，从而引出新知。

文化导入、旧知导入、情境导入、图片导入、教具导入、随机导入，都可灵活选用上述七种方式来进行内容的导入。

（二）教学内容的展开和转换

教学内容的展开指用分解和合并的方法进行语言材料的教和学。分解是把整体的材料拆分成一个个部件来分析，如段落的分解、句群的分解、句子的分解等；合并是把一个个小的部件整合成较大的部分，如归纳段落大意、归纳句子类型、归纳词语结构等。分解和合并的交替，推动着教学的进程。一篇课文有几个段落，就可相应地安排几个"分解—合并"的教学活动。

教学内容的转换指从一个内容转移到另一个内容的教学活动。一篇课文可能包含几个语言材料，也可能包含性质不同的其他材料，如语法、词语例解等。上一内容展开完毕，就得过渡到下一内容·这中间就需要转换。转换的基本方式有两个：一是重新导入，然后进行下一个材料的分解和合并；二是自然过渡或人为过渡。对于内容相近的材料，教师只要简单地提示一二句，就可自然地转移到下个内容或话题；对于内容相关而不同类的材料，教师则要组织话语或问题，人为地把学习者的注意力引向下面的内容或话题。教学内容的展开和转换的具体做法如下：

1. 理解类的材料

一般通过提问、回答、复述等方式让学习者由浅入深、由表及里、有层次地学习理解课文内容。例如，听力课放一遍语言材料后进行问答，就可测试学习者对材料的理解程度，如能基本复述出材料的大意或内容，则显示学习者的听力理解水平较高。精读课、泛读课采用问答、复述的频率更高，因为这些方式最能展示学习的焦点和重心，吸引学习者的注意力，促进学习者层层深入地思考。

2. 记忆类的材料

一般通过讲—练、练—讲、边讲边练等教学模式让学习者消化并巩固学习内容。例如词语例解、语法等内容，就可运用讲—练（即从规则到例句的演绎法）、练—讲（即从例句到规则的归纳法）、边讲边练（即分段或分层演绎）等模式复现所学内容，让进入学习者短时记忆中的知识转入长时记忆。而课文的讲解运用这些教学模式，可使词语、句子、语法规则等带上情境色彩，学习者感知、接收时可进行情节和语义的双重编码加工，更易于记忆。

3. 应用类的材料

一般通过练习和应用的方式将知识转化为能力。记忆、贮存的材料只是陈述性知识，要使其中的一部分知识转化成熟练的技能，必须经过大量的练习和应用，这样才能使其成为程序性知识。因而练习的重点就是把语言规则分解为系列性的产生公式，并在应用中熟练地依靠产生公式的推导造出合理的语句。例如，口语课包含功能性话语（即带有某种色彩、语气和要求的话语）、应对性话语（回答对方的表态性话语）和叙述性话语（即述说和介绍观点、意见和情况的话语），这些话语的搭配组合就构成了对话体，对话体的教学不仅要求学习者理解，更要学习者能构建这样的语句，这就需要在大量的练习和应用中培养和掌握。

（三）教学内容的结束

新内容教授完毕，教师可采用多种形式以示结束。常用的结束形式有：①小结形式。小结和强调所教的知识内容。②思考形式。提出或留下问题启发学习者思考和回忆。③归纳形式。让学习者概括全篇课文的中心意思。④复述形式。让学习者复述课文内容或情节。⑤朗读形式。让学习者有感情地朗读全文。⑥讨论形式。让学习者联系社会和本国实际展开讨论。

二、提问和改错

（一）提问

提问是语篇理解的主要方式。提不提问题、何时提问题、提什么问题，对学习者理解语篇的引导和理解效果是不相同的。语篇理解中设计的一系列问题一般是讲解课文的纲目。问题一般有：①提示性问题（带着问题阅读）。提示性问题为学习者提供理解课文内容的背景和文化习俗知识，并能控制理解和检索的范围，吸引学习者的注意力，启发他们进行思考。②复述性问题（阅读以后回忆）。复述性问题能加深学习者对课文内容以及课文中出现的语言现象的记忆，提高从思想到语言表达的转换能力。③剥笋性问题（边阅读边思考）。剥笋性问题逐层揭示、提供理解课文的线索，以使学习者掌握事件的脉络和情节，以及人物焦点的外显和隐去、场面的转换等，从而让其比较深入地理解课文内容。④归纳性问题（阅读以后思考）。归纳性问题训练学习者运用汉语对事物进行概括的能力，并理解包含在课文中的文化含义和价值观念。

（二）改错

改错是纠正学习者表达中出现的偏误的有效方法。外国学习者学习汉语，在相当长的一段时期内，他们用来表达的都是中介语。也就是说，在他们说的汉语中，有些是正确的、合理的语句，有些是略带语病的语句，有些是存在明显错误的语句。学习者的中介语是一个过渡性的语言系统，虽然在一定的时间里有其稳定性，但它终究发生着"渐变"，慢慢地向地道的、正确的目的语靠拢。而促成"渐变"的因素，除了耳濡目染、潜移默化，还要归功于教师的改错。

既然学习者在表达中出现的偏误有不同的原因和情况，教师纠错也得区分错误的性质而分别对待：①大错误，有错必改。所谓的大错误，指明显不符合汉语语法规则的错句，如成分残缺、语序颠倒、搭配严重不当等偏误。对此，教师应有错必改，并指出错误缘由。②小错误，适当提醒。所谓的小错误主要指用词不当，如大词小用或小词大用、轻词重用或重词轻用、褒词贬用或贬词褒用等。对此，教师应着重提醒，并讲清该词语的感情色彩，能过得去的可迁就，严重用错的则要加以纠正。否则，学习者感到一开口、一下笔都是错句，会丧失用汉语表达的信心。③一时失误（或笔误），可让学习者自己修正或做相应的改正。这样做可提高学习者学习汉语的积极性和自信心。

一般来说，对学习者口头上的偏误，纠正可以从宽；对书面上的偏误，纠正可适当从紧。同时，应保护和鼓励学习者大胆使用新词和新语法规则的积极性。

第四节　文化导入与跨文化意识的培养

人们用本族语表达的内容，总渗透着或包含着本族人的文化意识和文化习俗。因而学习外语不仅要掌握该语言的形式（语音、词语、句子等），还需要了解该语言形式所包含的交际文化和该语言形式所表述的知识文化（意识、习俗、价值观念等）。形式和内容是相互依存、相辅相成的，舍弃文化内容而只学语言形式是很难学好一门外语的。对外汉语教学的根本任务是让外国学习者学会汉语的结构形式，同时需要导入有关的文化知识和培养学习者的跨文化意识。外国学习者只有在一定程度上了解中国的文化意识和具备中国的文化修养，阅读和听力理解才能深入、透彻，口头和书面表达才能确切、得体。

一、文化导入

无论是阅读课、听力课还是口语课，所包含的内容总有其一定的文化内涵。要揭示其中的意义，就要进行文化导入。也就是说，必须将新内容放置在一个具有中国色彩的大的文化环境或文化背景之中，才能使外国学习者领悟、理解其中的文化意义和文化习俗。

（一）文化导入的意义

教授新内容之前进行文化导入，主要是提供或布置一个中国的文化环境或文化背景，让学习者循着这种环境或背景线索来理解并吸收新的知识和内容。因而，对外汉语教学在导入新课环节中比较注重文化导入。文化导入的基本意义和作用是使学习者理解课文、理解思维和了解民俗。

1. 理解课文

有了文化导入，新教学内容中有关情节的安排和开展、人物的思维和活动、作者的构思和点评等都有了文化背景作为依托和根据，学习者就不会感到突兀、离奇和不可思议，理解就不会是肤浅的，而是比较深刻的、透彻的。而且由于有一定的情节，所导入的文化知识随着情节一起输入学习者的头脑中，融入和充实学习者的文化知识结构。以后有类似的情节刺激，学习者就能激活相关的文化背景，进而去理解和吸收有关的教学内容。

2. 理解思维

一般来说，对于概念、判断、推理等思维形式和比较、分析、综合等思维过程，母语和目的语都是差不多的。但在思维内容上有着很大的差别。同样一件事，不同民族由于在不同环境不同条件下，从不同角度来观察，就会形成不同的概念，其判断和推理也因政治经济观念、价值观念、道德伦理观念、家庭宗法观念等的不同而带上民族的烙印。有了文化导入，外国学习者就能从中国人所习惯的思维观点、思维方式和思维角度出发来审视和理解新内容。

3. 了解民俗

民俗是一个民族的精神生活、物质生活、社会生活、家庭生活等习惯和历史沿革经过长期的积淀而形成的，例如节庆、婚丧、生育、祝福、娱乐、饮食、服饰等，它们往往带有一些特殊的文化内涵和意义。有了文化导入，学习者了解中国的民间习俗，就能比较具体地而不是朦胧地理解新教学内容。

（二）文化导入的内容

文化是个大概念，其内容范围相当广，不过教学中所导入的文化内容还是有一定限度的，大致可分为知识文化、交际文化和习俗文化三类。

1. 知识文化

一般是课文内容所涉及的有关中国各方面的知识文化，如历史、地理、建筑、园林、住房、服饰、装潢、旅游、饮食、绘画、音乐、舞蹈、教育、卫生、文字、哲学等，有一定的广度，但不要求有多少深度，只是普通的常识而已。

2. 交际文化

这是渗透在交际会话中具有某种深意或情感的文化，一般包含在问候、称呼、感谢、盛邀、强劝、婉拒、赞扬、批评、发誓等套话或习惯用语之中。揭示并掌握其中的特殊含义和特殊作用，有助于学习者开展正常的思想交流活动。

3. 习俗文化

主要指人们在节庆、婚姻、生日、生育、开业等事件中的饮食习俗和活动习俗。这对于外国学习者理解课文内容和处理日常生活相当有益和有用。

（三）文化导入的原则

文化导入要恰到好处，内容要适量，真正发挥其对学习理解的作用。为此，下列的一些原则是应该重视和遵循的：①文化导入必须与课文内容密切相关。文化导入的目的是帮助学习者理解课文内容，因而对即将导入的文化内容必须进行筛选，对于那些听起来很精彩而跟课文关系不大的内容要进行取舍，把真正对学习者有帮助的内容凸显出来。②摆正主次位置。文化导入虽然有助于理解课文内容，但它毕竟处在次要的、从属的位置，学习课文内容才是主要的任务。因而对于文化导入的内容和时间都要严格控制。③文化导入应该是有机的，而不是外加的。教学中导入新课的内容和方式是多种多样的，不能因有这个导入环节而非要塞进一些文化内容不可。首先要看有没有必要导入一些文化内容，其次要考虑所导入的内容跟课文是不是有机联系的，切忌信口开河，任意外加。④文化导入的内容比较丰富，不宜过于集中，可以分散进行。有些知识文化，如朝代变更、唐代诗人等，史实和材料较多，可以分散到其他有关课文中进行，不宜过分集中。

（四）文化导入的方法

文化导入不一定都是教师讲述，可以利用录像、图片、参观活动等展示文化内容，营造文化氛围。

二、跨文化意识的培养

外国学习者学习汉语，最感到困惑和棘手的是深藏在语言形式里面的文化内涵和文化意识，因为仅仅从语言形式表层很难揣摩其中所蕴含的深意。常常有这样的情况，很平常的一个句子，中国人说的意思跟外国学习者所理解的意思不完全一样，甚至南辕北辙，这是因为外国学习者是用他们本族人的文化观念和意识来理解中国人说的话，当然无法体会其中的微妙。因此，学习汉语跟学习其他外语一样，除了掌握语言形式，还需要学习和了解中国人的思想、理念以及思维习惯，也就是所谓的跨文化意识的培养。

（一）跨文化意识的内容和培养的意义

跨文化意识大多体现在交际文化之中，例如：

1. 问候和打招呼

相同的是彼此见面问好，不同的是中国人喜欢用"吃"（如"吃了吗？"）来打招呼，还经常用问家庭、问身体、问工作、问学习等来代替问候，甚至用明知故问（如"上班去？"）的方式表示关心。这里没有邀人吃饭或打听个人隐私的意思。

2. 打听

打听行情、打听营业或办公时间、打听路径等，是大家共同的习惯；中国人还喜欢打听对方的工资、年龄、婚姻、子女等情况，这些正是外国人所不愿公开的隐私，却是中国人的一种热情和关切的表现。外国学习者如果没有这种意识，会觉得尴尬和窘迫。

3. 答谢

回答他人的致谢，说"不用谢""没关系"，"不要紧"等，这是中外相同的。但中国人还有一些特别的说法：或说"小事一桩，不值一提""这是举手之劳，何足挂齿"，表示"很容易办的事，不用谢"；或说"你这就见外了"，表示相互关系亲密，感谢反而显得生分、疏远；或说，这是我应该做的气表示"做这件事是自己职责范围内的事，不必谢我"，等等。这都是答谢的一些方式，无非显示自己的谦逊而已。外国学习者没有这种意识，因此常常纳闷："这是重要的事，为什么说是小事呢？""为什么我感谢你反而是见外了呢？""为什么我的事是你应该做的呢？"百思不得其解。

4.请客送礼

请客送礼，人之常情，中外概莫能外。但中国人要特别

表示一番，请客时明明是一桌子好酒好菜，总是说"菜不好，请多包涵""没啥菜，不好意思"；送礼时明明是很贵重的礼物，总是说"一点点小意思""东西不好，拿不出手"。外国学习者对此常感到困惑："这么多的菜，这么好的菜，为什么还嫌差而少呢？""既然礼品质量差，怎么能送人呢？"用他们本族人的意识是无法理解和体会中国人的谦逊习惯的。

5.借口暗示

用脸部表情、眼神、手势或语言来暗示或提醒他人，这种特殊的表达方式也是人们所共有的，而中国人已把暗示方式融进话语。访客时，主人觉得时间太晚，会说："就在这儿吃饭吧！"暗示谈话到此结束。外国学习者如果信以为真留下来吃饭，那就闹笑话了。

6.拒绝

用"不同意""不行"等话语明确表示拒绝，这也是中外相同的。然而中国人有时碍于情面，不明确表态，只说"可以研究研究""再考虑考虑"吞吞吐吐、模棱两可，其实这是搪塞、敷衍的话，可以说是"拒绝"的代名词。

7.批评

西方人喜欢直截了当地指出别人的缺点，中国人虽然有时也用这种方式，但往往觉得过于严重。为了照顾他人的脸面，常常先肯定他人的优点和成绩，然后用"但是"转到缺点上去；或者干脆用"希望"的形式委婉地暗示对方的缺点。这也会让缺乏中国文化意识的外国学习者犯糊涂：此人谈的究竟是优点还是缺点？

（二）跨文化意识培养的方法

培养跨文化意识必须课堂与课外相结合、知识与应用相结合。

1.课堂与课外相结合

课堂教学是跨文化意识培养的主要渠道。每堂课的文化导入、课文所介绍

的或所包含的文化内容、练习中所涉及的文化意识等，都在有意识地对外国学习者进行熏陶，改变他们头脑中固有的文化知识结构，培养和强化他们的跨文化意识。但课堂教学受教材和时间的限制，其触须不可能伸及每个文化角落，许多跨文化意识的内容需要在课外的活动中补足。参观、访问、旅游、交中国朋友、看电影、看戏剧、购物、乘公交车、做客等活动的言谈和交际之中都包含丰富的中国人的文化意识和文化理念，外国学习者身处其间，耳濡目染、潜移默化，自能领会其中的奥妙。这虽然是一种目的性不强的偶然学习，但其丰富性和深刻性不亚于课堂的有意学习。两者有机结合，就能相得益彰。

2. 知识与应用相结合

外国学习者的跨文化意识通过课堂教学感知和学习较多的文化知识而得以培养和发展。除此之外，教师还可提供书面的、声像的材料让外国学习者通过自学来增加和强化中国的文化意识内容。不过，这都是知识性内容，对于提高外国学习者的阅读理解和听力理解水平有一定帮助，而在运用跨文化意识来进行交际方面还需要有一个锻炼和实践的过程。跨文化意识不像语法规则那样可以经过训练转变成系列性的产生公式，从而推导出众多的句子，它是依附于语句的、无形的潜意识，只有在应用话语的过程中才能得以体现。因为外国学习者在学习跨文化知识时是连同情境和语句一起进行编码、贮存的，所以在调动和应用这类语句时，同时激活了有关的情境和文化意识，将它们提取并渗入一定的话语之中，就能自然地应用这类跨文化意识来表达和交流自己的思想感情。

第五节　课堂教学与课外实践

课堂教学与课外实践是对外汉语教学的两大支柱。没有课堂教学，让外国学习者完全像小孩习得语言那样在自然的语言环境中由词到词组到句子，自己慢慢琢磨和积累，收效甚微。没有课外实践，让外国学习者封闭在课堂中去感知和模仿语言，只习惯和适应教师的语音语调，不接触甚至脱离外界语言环境，那么外国学习者在听说方面与社会的接轨能力很差。因此，对外汉语教师既要精心设计和实施课堂教学，也要全力安排和组织好课外实践。

一、课内和课外的关系

课外实践活动实际上是课堂教学活动的延伸,是课堂教学的有机组成部分。它起着课堂教学无法起到的作用。如果把课外实践看作一种应景措施或者一种调节活动,那就小看或低估了它的价值。因此,课堂教学和课外实践的关系应该是:

(一)小环境与大环境的关系

语言环境是学好语言的关键。小孩之所以能习得语言,是因为他们生活在某种语言环境之中;成人之所以能习得外语,也是因为有一定的语言环境熏陶。当然,在国内的语言环境中和在目的语环境中学习外语的效果是不可同日而语的。对外汉语教学是在汉语环境中的汉语文化的教学,自应充分发挥其培养语感、实施交际的作用。虽然学校的课堂教学本身就是一种语言环境,教师还可模拟、创造一定的情境,但相对于课外实践来说仍然是一种有限的小的语言环境。课外实践的天地异常广阔,又具体入微。外国学习者既可在这样的大语言环境中接触各种社会活动,跟各种人物打交道,又能深入体会交际语言中的精微,从而积累更多活的语言。

(二)有意学习与无意学习的关系

课堂教学是一种有意学习,它有目的、有计划地根据教学任务和设计的方案一步步地实施和落实,学习者花的时间较少,学习的内容比较集中,且都能从感性材料上升为理论知识,最后成为规律性的东西贮存进长时记忆中。课外实践是一种无意学习(即偶然学习),它只有笼统的指导思想,没有明确的学习项目或内容。学习者花的时间较多,学的东西比较杂,且大多为感性的经验性语言材料,缺少规律的指导,但是它的丰富性和生动性远非课堂教学所能比拟。因而,无意学习的东西一旦为有意学习的语言知识所同化,或者依附于有意学习中所学到的语言规律,则学习者的阅读理解能力和听说水平就会随之而不断提高。

二、课外实践与课堂教学的配合和方法

课外实践与课堂教学的配合有两种:

（一）直接性配合

课外实践的活动和内容按照课堂教学的内容来组织和安排。这种课外实践可以是相同场景的应用，即把原先课堂中学到的某种场景下出现的语言知识，置于相同或类似的场景下应用。这是知识的水平迁移。由于学用一致、学用结合，这部分知识通过应用和再现，有的永久贮存于长时记忆中，有的迅速转化成熟练的技能。这种课外实践也可以是不同场景的应用，即把课堂中学到的语言知识，置于不同场景下应用。这是知识的纵向迁移。它比水平迁移前进或者说深入了一步，使语言知识离开原先的场景而进行活用，这可以说是真正掌握语言知识和语言技能的表现。

（二）间接性配合

它并不按照课堂教学的内容来组织和安排活动，而是把以前学到的语言知识综合起来在交际中应用。这是更高级的课外实践和纵向迁移，也是对外汉语教学所追求的最终目标。人们学习课文内容，能记忆的只是某些语言形式和情节，追溯和回忆时，不可能是原词原句原话（除非背诵）的再现，而客观世界是那么丰富多彩，社交活动是那么五花八门，势必要求学习者把以前学到的知识（词语和句式），通过相应的匹配从记忆库中提取出来，加以综合应用。

课外实践的内容和方法多种多样，下列一些类别可供参考和选用：①饮食类：喝咖啡、饮茶、请客吃饭、点菜、买单等；②购物类：买衣服、买自行车、买水果等；③乘车类：乘出租车、乘公交车等；④访问类：做客、拜访、探病人等；⑤参观类：展览会、博物馆、商业街、乡村等；⑥闲谈类：天气、朋友、家庭、工作等；⑦道贺类：生日、结婚、开业、新春等；⑧旅游类：登山、划船、乘缆车、逛街等；⑨竞赛类：游泳、球赛、田径等；⑩文艺类：电影、舞蹈、音乐、话剧、京剧等。

课堂教学是对外汉语教学的主要形式，为了贯彻"以学习者为中心，以教师为指导"的教学原则，保证课堂教学的顺利进行的准备，不仅要对学习者先前学习过的知识有所了解和接受能力有所把握，还要对学习材料进行一番研究、增强教材的可懂度，最后形成教案。

教案的撰写除了要拟定教学目的、要求和教学的重点与难点等，还要根据学习材料的具体内容安排好教学环节和教学步骤，并组织好教学内容的导入、展开、转换和结束，考虑文化导入与跨文化意识的培养，处理好课堂教学与课外实践的配合等等，以便充分发挥课堂教学的作用。

第四章 对外汉语教学中的类推法

第一节 对外汉语习得中类推的必然性和重要性

一、第二语言习得中类推存在的必然性

（一）由语言的特点决定

1.语言系统自身的特点为类推的实现提供了可能

（1）语言系统具有无限性

每种语言都是句子的集合。含有有限个元素的集合叫作有限集合；含有无限个元素的集合叫作无限集合。自然语言集合是一个含有大量元素的无限集合，元素间的组合数目难以统计。

（2）语言系统具有离散性

从物理学角度看，人们说话时，声学参数如音高、音强等在时间上是连续不断的。但从心理学角度看，句子可以分割为一个个不连续的成分，这些成分在时间的纵向链条上还可以反复出现。正是因为句子具有离散性，我们才可以用字母或者文字来记录它们。每种自然语言都可以使用数目有限的字母构成数目无限的字母序列，也可以使用数目有限的音位构成数目无限的音位序列。

（3）语言系统具有层次性

无论长短，句子总是由一些可以分割的单位组成。单位和单位之间呈现的是两种关系：线性关系（各单位依次排成序列）和层次关系（大的单位→较小的单位→更小的单位→……）。

正是由于上述特点的存在，语言具有了生成性、多产性和规律性的特点。其中，规律性既是交际的需要，也是交际工具必须具有的特征。在语言发展的漫长过程中，规律性趋势和抵抗这种趋势的反作用之间的矛盾虽然如影随形，

但其主流态势依然是有规律和有条理的。而在规律化和条理化的进程中，类推起着举足轻重的作用。

要实现语言类推，必须要先有个"模型"，这个模型就是"类"，类是推的依据和出发点。在语言系统中存在着从语素到句子的许许多多的模型范畴（类）。英语中性、数、格、体、态等语法范畴就是这样的模型范畴（类）。

现代汉语近10年来新产生的大多数词语都有一个现成的框架背景，这框架就像是造词模型（简称"词语模"）一样，能批量生产新词语，并使其所生产的新词语形成词频。

人们在认知上通过隐喻的方式找出不同的事物之间的相似性后，必然会把用于某一事物的名称类推到与该事物具有相似性的其他有命名需要的事物身上，这就是类推在新词语流传过程所起的作用。

新词新语的形成是语言类推的结果。语言的结构模型就像一个个潜在的磁场，以类推的方式把那些暂时游移却具有内在关联的语言现象聚集在了一起。类推在新词语产生和流传中的这些作用，体现了语言的经济性原则，是词义丰富发展的需要，也能减轻语言学习中认知、储存、记忆的负担。

2. 由学习者对母语的利用和依赖决定

学习本族语和学习外语区别很大。首先，学习外语的人已经掌握了本族语的基本词汇和句法规则；其次，他们能阅读本族语并能理解陈述的命题。因此，这些学习者是带着已经固定在自己的思维系统和语言系统中的本族语来学习外语的。认知心理学认为，学习者特别是成年学习者，在学习任何一种第二语言之前，头脑中已存在了许多图式（即认知结构），他们的学习过程并不是在白纸上作画。母语不是一件外衣，学习者在踏进外语教室之前可以将其脱下，弃之门外。

学习者利用母语进行汉语学习主要有如下方面。①利用母语注音；②利用母语释词；③利用母语理解、掌握汉语的语法形式、结构等；④把母语作为理解的中介：在理解汉语时，先将汉语转化为母语，而不是直接理解；⑤把母语作为表达的中介：在用汉语表达前，先用母语构思和准备，再"翻译"成汉语。

学习者对母语的利用和依赖具有阶段性。初级阶段的学习者往往较多地、多角度地借用母语。到了中级阶段，对母语的利用程度大为降低，主要体现在解释词语、对比语法、语义、语用规则等方面。高级阶段的学习者已经可以用汉语直接进行一般性归纳和思维了。

此外，以类推为主要发生形式的语言项目学习中的迁移内容，也来自学习者的自主选择。有研究表明，母语向目的语的迁移具有选择性，这种选择基于学习者对母语典型性的心理认知，在其不自觉的情况下发生和进行。克拉申的典型理论假说认为："学习者对母语结构有一种直觉，这种直觉告诉他们一些结构具有潜在的可迁移性，而另一些则不可迁移，这种直觉影响他们实际迁移的形式。""二语学习者不迁移非典型的母语形式和语义，因为他们相信'语言的合理性''力求保持习得二语的透明性'—这是母语迁移的原则。"克拉申等的研究显示，学习者对哪些母语特征可以迁移、哪些不可以迁移有着一个衡量的尺度，直觉告诉他们一个范畴中的非典型成员或有标记特征的往往不可迁移。

学习者对于母语的利用和依赖，也使类推成了必然。

（二）由学习者的特点决定

1. 由学习者的思维方式决定

思维是指以比较、分析、综合等途径来认识世界的方式。事物存在的"有序"性实际上就是事物内在的规律性。人类的思维是人脑对客观事物的本质属性及其内在规律的反映，也就是说，思维就是人类探索和揭示事物内在规律性时的心理活动。

思维具有间接性。了解事物的本质属性和规律，思维必须借助一定的中间媒体和相应的知识经验。思维间接性的存在，使人类摆脱了对一事一物认识的局限性，帮助人类的认知能力突破了时空的限制。

思维具有概括性。思维对事物的本质反映总是全面的、整体的。具体表现在两个方面：思维总是把某个事物或者某类事物的所有的共同的本质特征全部抽取出来加以综合地反映；思维也反映事物之间内在的联系和规律。

一切科学的概念、定义、定理、规则都是思维概括的结果，是人脑对客观事物的概括的反映。通过某一媒介物，人类可以掌握那些未经亲身体验的事物，还可以推测事物发展的进程、结果等。

认知心理学研究表明，在人们的思维活动中，类推因为受前提制约的程度较小，应用简洁、高效、实用，在科学发展、技术发明、文学艺术等领域显示出了其卓越的创造性功能。

语言与思维不可分离，思维是语言的基础，语言是思维的载体。因为类推具有如上所述的优点和功能，人类在构建语言系统时就积极地吸纳了类推这一思维模式。这种情况在第二语言系统构建中同样存在。在汉语学习中，成年学习者利用自己的归纳推理能力，发挥类推的正面作用，往往能取得事半功倍、举一反三、一通百通、百通一通的效果，迅速提高自己的汉语水平，并能够获得较大的成就感。

以对外汉语教学中反义属性词的教学为例，学习者在掌握了一定数量的单音节反义词后，就会开始创造，如由"发短信"创造出"发长信"、由"高级汉语"创造出"低级汉语"、由"他很低能"创造出"他很高能"等。

错误类推、过度类推、无效类推，同样是学习者积极的语言实践，只要能得到及时纠正，学习者就会建立新的类推模式，继续进行尝试。习得第二语言的过程是不断进行假设并检验的过程。在这个过程中，学习者通过不断地假设、求证，以及大量预测、类推、检验，对该项目使用规则、条件等的印象会更加深刻。这种主动的思考，也是变被动学习为主动学习，将枯燥的语言学习转化为主动创造的过程。在这个基础上，学习者会渐渐形成对目的语的全面认识，使中介语不断接近目的语。因此，教学中类推性原则的把握和体现非常重要。

2. 由第二语言学习者的特点决定

第二语言的学习通常具备 3 个特点：①学习者往往以成年人为主；②学习行为主要出现在课堂教学环境中；③学习时间有限。

以上这些特点使得成年第二语言学习者对可类推、可扩展的语法规则具有更为明显的心理期待。在有限的时间里、用有限的规则说出更多的句子，是成年二语学习者普遍的学习需求。根据学习者的这种心理期待和学习需求，第二语言语法教学的根本任务就是在最短的时间内帮助学习者掌握语法规则、运用语法规则，形成第二语言交际能力。

具体到对外汉语教学，其教学对象主要具有以下特点。①学习者至少掌握一种语言结构。这一种或几种语言结构的存在会对汉语习得造成不同程度的影响，主要体现在 3 个方面：正负迁移、中介语系统、汉语使用偏误。②学习者多为成年人。这些成年汉语学习者具有较为成熟的母语语言能力、认知能力、逻辑思维能力、理解辨别能力、分析处理能力，这些能力能够保证学习者在汉语学习过程中迁移、类比、类推等学习能力的实现。③过度警觉。在汉语学习中，过多的规则和限定使学习者的心理始终处于警觉状态，学习者总是努力运用他们自认为"最安全"的语言形式来避免"出错""犯规"。这些"最安全"的语言模式很可能被学习者用来"过度类推"，形成偏误。

汉语学习者的这些特点，使类推在教学中的作用凸显了出来，主要表现为如下方面：①教学中类推原则的体现可以激发学习者归纳、类推的学习能力。②类推原则的运用可以帮助学习者运用有限的规则进行大量的语言实践。③类推教学法有益于学习者学习信心的培养。汉字系统不同于拼音文字系统，一字一音，一字一形，需要孤立记忆的项目很多，容易导致学习者出现畏难、焦虑情绪。运用类推法进行汉字教学，学习者将在教师引导下，自觉探索汉字规律并有效地利用这些规律进行进阶学习，这种方法可以在很大程度上缓解学生的焦躁情绪，增加学习兴趣。④积极有效的类推可以提高学习效率。日本学生从汉字字型猜测语义；英语为母语的学生利用汉语语法和英语语法在语序、主要句型上的相近较快地习得部分语法项目；韩国学生利用汉韩语系辅音和部分单元音的对应关系掌握汉语发音……这些都是类推效率性的体现。

二、第二语言习得中类推作用的重要性

（一）类推是二语学习者积极语言学能的体现

语言学能是指学习第二语言所需要的特殊认知素质。根据美国学者卡罗尔的观点，语言学能主要包括 4 种能力，其中之一就是归纳能力，即从不熟悉的新的语言素材中归纳句型和其他语言规则的能力。这种语言学能使学习者在已掌握的目的语规则的基础上能动地、创造性地形成超出已有规则的假设，当遇到现实的交际需要时，学习者就有可能按此假设生成此前没有学过、从未听到

过的话。这些话中有对有错，正确的推论可以保证语言交际正常、高水平地进行，错误的推论就构成了由过度类推而带来的偏误。

（二）类推是二语学习者有效学习策略的体现

"学习策略是语言学习者为了有效地掌握语言规则系统，发展语言技能和语言交际能力，解决学习过程中所遇到的问题而采取的各种计划、步骤、方法、技巧和调节措施。"推理就是"学习者通过原有的知识（包括第一语言知识）以及新获得的语言知识，进行概括、推理或演绎推理以及分析、归纳等思维活动，以内化规则"。

语言习得是边学边用、边听边说的过程，学习者不可能先学会、掌握了全部语法规则再去说话运用，因此，在汉语习得的初期阶段，学习者往往体现出以下学习特点：①大量类推。学习者会以学到的一个最简单、最典型的汉语规则为类推原型，创造出很多词、短语和句子。这种类推往往是不自知的，一部分是母语规则的转化使用，一部分是汉语规则的盲目使用。②以词代句。学习初期，学习者还不能使用复杂的语法结构，为了尽可能完成交际，传递自己的意思，很多学习者以词代句，形成了大量不连贯的表达。

无论类推是否过度，学生的类推过程，都是一种应用，也可能是一种创造。因此，学习者的汉语学习过程从某种意义上说也是一个创造新的语言各级系统的过程。在这一过程中，学习者首先假设性地使用自己已掌握的语言形式，在语言实践中进行验证。如果发现偏误，就进行修正。这种修正是另一次假设，也要进行验证……学习者的每一次假设、类推、验证，都是其采取的积极的学习策略，在不断的假设—验证—修正的良性循环中，渐渐趋向于正确的汉语表达。举例来说，在课堂教学中，教师讲授一个语法项目涉及的可能只是一种使用条件，而在具体运用中，学习者却有可能创造性地发挥和发展出了其他使用条件。

（三）类推是教授者重要的教授方法

在第二语言习得中，反复的记忆和强化被视为提高语言能力的有效手段之一。建构主义者进一步认为，主动地建构"意义"，并在此基础上形成对"意义图示"的记忆才能长期储存。建构主义者主张，学习不是一个被动吸收、反复练习和强化记忆的过程，学生也不是外部刺激的被动接受者和被灌输的对象。

学习应该是一个以学生已有的知识和经验为基础，通过个体与环境的相互作用主动建构"意义"的过程。"意义"是指事物的性质、规律，以及事物间的内在联系，"建构意义"就是对当前学习内容所反映的事物的性质、规律，以及事物间的内在联系达到较深刻的理解，将这些"性质""规律""联系"长期存储就形成了当前所学内容的图式。

建构主义者主张"通过问题解决来学习"。学习应该通过学习者的高水平的思维活动来实现，而不是简单地沿着记忆的流程进行。知识的建构是通过新、旧知识经验的相互作用而完成的，在"问题解决"这种高水平的思维活动中，学习者要不断地围绕当前的问题解决获取有关的信息，同时又要不断地激活原有的知识经验，来解释当前的有关现象，形成新的假设和推论，并通过一定的方式对此做出检验。在这种活动中，新、旧知识经验的相互作用得以充分展开，为知识的建构提供了理想的途径。

这种以学习者为中心的教学理念应用于对外汉语教学的课堂组织和教学内容的传授则具体体现为：①深入分析教学对象的特点和需求；②充分调动教学对象的语言学习潜能。

类推是学习者语言学能的体现，是对外汉语教学中积极的学习策略，作为教师，当然要把握这一良好的教学生长点，培养、拓展、鼓励学生努力完成对所学知识的积极建构。类推成为汉语教学的重要教学方法是以发挥学习者语言学能的积极作用为前提的。

第二节　类推法在对外汉语教学中的教学原则

认知心理学认为，人从外部世界获取信息时，海量的信息不可能同时被接受。在信息输入神经系统之前，大脑一定会过滤或衰减掉一部分信息，只选择其中一部分进行更进一步的加工。神经容量超载会产生两种结果：拒载和泛化。拒载是由于神经系统因过量活动而处于封闭状态，学习者往往表现出昏昏欲睡、无精打采的精神状态；泛化是神经系统因为混淆了不同的知识而处于混乱状态，学习者表现出来的常常是无法辨别、无法掌握。要保证教学的"质"，首先要注重教学的"量"。

一、重视基本项目教学

（一）注重基本概念、基本项目的教学

布鲁纳认为，所掌握的内容越基本、越概括，则对新情况、新问题的适应性就越广，也就越能产生广泛的迁移。在教学中，他强调要掌握每门学科的基本结构（即基本原理、基本概念等），因为领会基本的原理和概念是通向适当的训练迁移的大道。正因为基本知识（如基本概念、基本原理）、技能和行为规范具有广泛的适应性，其迁移价值较大，让学生掌握每门学科的基本知识和基本原理，就可以使得学科更容易理解，也就可以得到广泛的迁移。同理，在进行汉语教学时，应该鼓励学生对核心的、基本的概念进行抽象或概括，在反复的类推使用中使其成为稳定的、能发挥交际作用的类推原型。

我国学者卢福波在《语法教学的基本原则与操作方法》一文中提出了汉语语法教学的八项基本原则，其中之一就是实用原则。卢福波认为，语法教学应该教授最具教学价值的语法，这些语法包括：①最基本、最常用的一规范的、典型的、普遍的；②最容易发生偏误的；③语法项用法上具体的适用条件和限制条件。

我国学者赵金铭认为教学时要从整词入手，再从词中选取出现频率最高、构词能力最强的字，分析其义项、构词及用法，引导学生进行联系构词，形成"整词—析字—析连扩展"教法。"这是一个有实验依据、有理论支撑的可行的做法"。

需要注意的是，学生获得了基本概念和原理，并不能保证这些概念和原理在可能运用的时候都能应用。原因主要包括如下方面：

1. 教学大多是有限的、有控制的类推设计

学习者在课堂练习和作业中，通过教师和教材设计的有限定和控制的练习内容，往往容易形成"掌握假象"。一旦接触到设计以外的语言材料或者出现了真实的交际需要，则容易出现过度类推或者类推不当。

2. 练习的设计脱离语言生活，实用性不高，实践中运用机会少

围绕基本概念和原理，教授者语言材料的选择非常重要。语言项目应该尽量出现在实用性强、实践性强的语言环境中，帮助学习者在模拟真实的语言环

境中掌握这些语言项目。教师还要依据学习者思维发展的水平，提供较多的演示或典型例证去丰富他们的具体经验，不断提高学习者对词汇、语法等的理解水平，避免脱离语言实际、事实材料空谈词汇、语法。空洞的、无生命力的概念或原理，不容易引起学习者的共鸣和学习愿望，不仅难以理解，而且也会影响到类推的广度与效果。学习者只有牢固地掌握基本知识、基本原理，才能形成基本技能，获得解决问题的能力，触类旁通，达到良好的类推效果。

3. 教师对语言项目没有限定解释

以动词"结婚""吃醋"等词为例，如果教师仅向学习者说明词义而不说明此类离合动词的特点和用法，学生就会根据母语用法或者所理解的一般汉语动词的用法造出如下句子。例如：

＊迈克结婚玛丽。

＊他吃醋小王。

教师可先阐述离合动词的总体特点，再对这两个词的具体用法加以说明。适于给出公式的最好给出公式。例如：

A 和 B 结婚

A 吃 B 的醋

还要对第 2 个公式进行进一步的解释说明。

A 吃 B 的醋

（A 是因为嫉妒而生气的人）

（二）重视学习项目的类推空间

重视学习项目的类推空间有两层含义。

1. 学习项目应该根植汉语语言使用实践，其呈现也应依托语言实际

建构主义迁移观认为，所谓学习迁移实际上就是认知结构在新条件下的重新建构。这种建构性的学习旨在使学习者形成对知识的深刻理解。由于对知识意义的理解主要反映在对知识的应用上，因此，知识的"意义情境"主要指知识的"使用情境"。在日常语言交际中，人们对于语言的理解常常要依靠语言的使用情境，即语境来完成，要使学习者对所学语言知识理解深刻，呈现这些语言知识的时候就要努力把其置于真实的、复杂的语境中，通过应用来达到深

层理解,进而使学习适应不同的语言情境,在语言实践中能进行更加广泛的类推。

2. 学习项目应该在汉语实践中有反复类推使用、不断强化类推原型稳定性的机会

　　教材呈现的语言项目应该以实用性为第一原则,在这样的教学指导方针下,教师应该根据具体的教学对象、教学对象的学习目的和需求等,对教材呈现的语言项目进行有目的和有针对性的取舍及调整。这些语言项目应该在学习者的语言实践中有反复类推使用的机会。只有这样,这些项目的学习才有意义;才能在语言实践中通过不断地反复类推使用增加其可利用性;才能树立学习者的学习信心并增加其学习兴趣。

　　传统的汉语教学将基础语音教学集中在初级阶段的半年时间内完成。语音教学程序按照由易到难的教学顺序编排,最难的语音项目安排在最后阶段。在教学中,这些"难音"的训练往往最为薄弱,主要因为:语音训练缺乏趣味性,学习者难以保持对语音学习自始至终的热情;教学时间不充足,教师往往减缩这一部分的练习。这些没有经过大量模仿、练习的"难音",连同学习者语音学习中其余的发音问题、发音缺陷,一并构成了学习者汉语发音中难以攻克的"中介音"和"化石音",到了中高级阶段,阅读、文化、写作等学习任务日渐繁重,学习者对正音既无暇顾及,也因为没有正确的指导而不知如何"顾及",这些"中介音"和"化石音"渐渐稳定下来,在日常交际中一次次地得到错误"强化",有的甚至伴随学习者学习、使用汉语的始终。

　　解决这一问题,有两点建议:①语音讲授不必面面俱到,学习者学习无障碍的内容可以少讲甚至忽略,尽量让难点音的教学提前进行。难点音出现的频率高,得到纠正的机会就多,就更容易成为准确、稳定的语音类推原型。②正音课教学贯穿汉语学习始终。无论是初级、中级还是高级阶段的汉语学习者,对自己汉语普通话的语音面貌都有很高的心理期待,在教学中也有很强的需求。正音课教学可以根据不同阶段学习者的语音特点和需求,制定初、中、高阶段不同的正音教学计划和安排。这种做法的最大意义是将学习者的语音发展始终置于教师的掌握和控制之中,遇到问题能及时解决和纠正,避免了错误语音在日常交际中的不断"复制"。学习者的汉语学习过程,应该是一个完备的,包

含语音、语法、词汇、语用等多个方面的学习过程，这个学习过程不仅应该给学习者提供大量可供类推的语法、词汇类推模型，也应该使学习者掌握尽可能多的、各种搭配的汉语音节的发音类推模型。

（三）重视新旧知识的内在联系

教学中教师要有意识地引导学生利用已经掌握的基础知识和原理，尽可能地强调新旧知识之间的共同点，凸显其内在联系。

大脑对语言的记忆，像一张网络。网络上的一个一个结节代表概念或事件，网络上的一条一条线则表示有意义的联系。我们教学就像往学生的头脑中编织这张巨大而复杂的网络，每一堂课都要往学生记忆网络上增添几个结节。好的设计是紧紧抓住由结节延伸出来的各条线，让结节处在各条线（即有意义的联系）的中心，而不是孤零零的一个结，这就容易编码了……也就是在这些结节之间建立意义上的联系，通过提问、练习、举例等教学手段揭示和强化这些意义和联系，让新知和旧知、已知和未知关联起来，学生凭着教师所提供的种种线索进行编码，就能有效地把它们储存进记忆库。

这一点在对外汉语的各个教学阶段中都有体现。在初级阶段的语音学习中，学习者如果能够意识到汉语某个发音只是和母语相似相近而非雷同时，就会有意识地注意该音的发音，进而趋向于准确。如果学习者直接套用母语或者之前学习的某种语言中相近的发音，就可能带来混淆。在中、高级阶段的近义词辨析中，如果学习者能够从词性、用法、出现语境、语气等多个方面，利用多种线索对一组近义词进行辨析，就能够较为准确地掌握此组词语的用法。

二、重视教学过程的细化处理

（一）教学尽量细化到小类的选择和讲解

对外汉语教学的实际需要和学习者提出的或出现的种种问题迫使汉语本体研究要进一步深化。语法教学时如果类属、规则、意义等关系太抽象概括，学习者的类比和推衍就容易出现问题。例如：汉语动词可接处所宾语的问题。汉语可以说"吃食堂"，但学习者类推成"吃面馆/坐食堂/学教室"就都错了。卢福波对上述非常规"动+处所宾语"也做过尝试性认知解释，进而提出：语法教学应尽量细化到小类的选择限制及意合关系，从而有效地杜绝学习者的类推、类比偏误。

（二）摒弃无用的限制条件

语言习得研究者发现，无论是第一语言还是第二语言的时、体习得都呈现出一种普遍倾向，即无论孩子还是成人都能本能地区别状态和过程及瞬时和持续的语义，这种区别似乎是人脑的先天能力，这种能力具体表现为时体习得有顺序性。研究也发现，汉语作为第二语言体标记的习得也在某种程度上反映出这种普遍倾向：第一，数据显示出汉语作为第二语言习得者对情状类型有本能的区别能力；第二，学生对不同类型情状的完成体的习得顺序也是"终结"和"强调结果"先于"活动"和"状态情状"。这类研究至少表明，在诸如静态与动态、状态与活动、瞬时与持续等语义方面，不同民族、不同国家的人有着共同的认知基础，因此，才会在时体标记上表现出基本一致的顺序。

列举了两个例子说明了这些看法。

一例是关于"VV"式动词重叠的。对外汉语教材和语法书中有时会见到这样的描述：一般是动作行为动词可以重叠，非动作行为动词不能重叠，如不能说"是是""有有"。根据经验，从未发现学生出现这样的错误。既然如此，我们就应该考虑这样的语法描述到底有什么意义。事实上，只要通过恰当的教学方法让学生体会到"VV"重叠式所表达的语法意义，哪怕是比较模糊的，一般不会出现"是是""有有"一类的问题，而只会出现下面例子反映的问题。

例如：

*我送送你一下儿。

*他知道那件事，可以给我们讲了讲。

一例是关于动结式的可能形式的。"语法理论研究中为了阐释或论证某些规则，可以展示一些实际语言中不存在的实例。如要说明动结式的可能形式（如：说得清楚／说不清楚）的认知基础是说话人主观上要达到某一目标，因此结果补语只能是正向意义的，不能说'说得糊涂／说不糊涂'。但在对外汉语语法教学中，当教师指出动结式的可能式所表达的语法意义时，如果学生理解了'是否具有出现某种情况的可能性'，并通过一些实例帮助学生理解，其认知能力应该能够使他得出补语成分一般是正向意义的这样一个认识，不需要教师特别指出这个条件。"

在对美汉语教学中，对于中英文里共有的语法现象，如典型的"主—动—宾"句式（即施—动—受）句式，只需略为点一点就行了，不必多讲。有些语法现象，汉语和英语不完全一样，但学生并不难掌握，如定语的位置，在汉语里定语都放在中心语前面，在英语里定语则有前有后，这种差异教师只需强调一下"汉语里的定语一律放在中心语之前"就行了，也不必花很多时间去讲解。再如，数的表达法、日期和地址的表达法等，中英文并不相同，但只要老师稍加指点，学生不难掌握，不怎么会出错。

（三）清晰讲解"例外"

对于某一项目的普遍性应用，教授者应该充分发挥类推的正面作用，帮助学生通过大量反复的练习进行巩固。对于该项目的"例外"，应该讲解清晰，运用对比等手段，给学习者留下深刻的印象。

例如：

教学目的：表达自己的看法

教学内容：在＋人＋看来（学生已知）

依＋人＋看（新内容，新知）

教学环节：

第1步：引导学生造句—用已知句型表达看法

在我看来，这件事是你的错。

在你看来，这件事是他的错。

在他看来，这件事是我的错。

第2步：引导学生发现规律

在"在＋人＋看来"句型中，第一、第二、第三人称都可以出现。

第3步：给出大量例句，引导学生发现新句型"依＋人＋看"的特点。

依我看，这件事是你的错。

依我看，运动是最重要的。

依我看，这件事可能要吹。

依我们看，这是个两全其美的办法。

依你看，这件事怎么办好呢？

依你看，这是谁的问题？

依你们看，什么时候出发好呢？

依你们看，什么是两全其美的办法？

大部分学生能够从例句中发现"依 + 人 + 看"使用的限定条件。即：一般不用于第三人称；用于第二人称的时候，多为询问别人的意见、看法等。

第 4 步：进一步对比"在 + 人 + 看来"和"依 + 人 + 看"两个句型的同异点，突出对"依 + 人 + 看"限定条件的讲解、辨析。

在具体语言环境中，"在 + 人 + 看来"和"依 + 人 + 看"这两个句型用法的使用情况和条件要复杂得多，教师还需要在之后的进阶学习中，根据学习者的程度和需要，不断地发现并清晰讲解其他"例外"。

三、重视教学程序的编排

（一）注重宏观教学和微观教学的双重阶段性

教学程序主要包括两个方面：一是宏观方面，即整体安排，教学中应将基本的知识、技能和态度作为教学的主干结构，并依此进行教学；二是微观方面，即每个单元、每一节课教学程序的安排。在具体的教学过程中，教师要根据教材的难点、重点，以及本班学生的智力特点、知识程序，考虑 3 个方面的问题：①把具有最大类推价值的基本知识、基本技能的学习放在首位；②尽量突出概括性高、派生性强的主干内容；③教学程序循序渐进的原则。

（二）注重教学过程的重复递升

短期记忆的容量非常有限，长期记忆的容量却几乎是无限的。长期记忆存有学习者记住的以往的全部经历。这些语言信息和非语言信息既包括学习者母语文化中的社会行为规范，也包括其他第二语言的行为规则。学习者所懂语言的语法结构、发音规则等也都储存在长期记忆中。此外，还有学习者所熟悉的主题、经常打交道的各类讲话人，以及经常遇到的交际场合。所有这些，学习者在识别话语的字面意义时都可以利用，理解第二层次上的间接意义时也能利用。正是长期记忆中储存的信息使听话人不仅能够正确理解讲话人的意图，而且能够做出切题的、得体的回答。在语言学习中，短时记忆的信息如果不能及时传送到长时记忆，就可能出现遗忘。对于学习者而言，必须寻找和创造一切机会对短时记忆中的语言信息进行加工。对于类推原型及其限定条件，应进行反复的强化与巩固。经过应用过程中的多次刺激，原型才能被有效地记忆。大脑中的信息网络是由多种线索构成的，语言学习中的线索既有目的语线索也有母语线索。从提取的角度来看，这样的良性刺激可以使提取速度大大加快，提取线索的准确度大为提高，而线索越多提取就越方便。

因此，在教学过程中注重"重复递升"，把短期记忆中的语言项目不断地"输送"到长期记忆当中，是一项非常重要的工作。"重复"是指一个语法项目应该在不同的教学阶段进行重复。"递升"是指教师在进行该语法项目的重复教学时，不应一成不变，而应采用多种形式，在复杂度、难度上不断递增。

四、重视学习者汉语类推学习体系的建立和类推能力的培养

（一）体系的建立

类推就是根据两个（两类）对象之间某些方面的相同或相似推出它们在其他方面也可能相同或相似的一种思维方法。类推是一种简单而又具有极大灵活性和创造性的思维方式。汉语教学中的类推可以从各个方面、各个角度展开。

①从语言结构角度：教师可以帮助学习者从语音、语义、格式等角度展开类推。②从多种途径角度：可以是直接类推，也可以是间接类推。③从语言单位角度：可以从词、短语、句子、篇章、语体、语调等多个方面展开类推。④从形式范围角度：可以是一对一、一定范围内的封闭式类推；也可以是 A 到 B、B 到 C、C 到 D 的延伸式类推；还可以是由本体向多个方向的辐射式类推。

（二）类推能力的培养

越来越多的研究者对学习者的主观能动性，尤其是主动迁移的意识予以关注。主动迁移意识实际上是学习者认知的自我调节的一种表现。有效的学习者能够通过强烈的内部动机来调节自己的语言学习活动，具体表现在：主动识别先前的语言学习与目前任务的相关性；识别恰当的语言使用性和语言类推性；

主动提取可利用的资源等。这些都是语言类推得以产生的必要条件。实际上，语言类推之所以难以产生，一方面与学习者本人的自我调节能力水平较低有着一定关系，另一方面可能与教学中忽视培养学生的自我调节能力有关。

五、尽量避免因为教法、讲解不当造成的学生类推过度、类推不当

分科教学中需要注意的突出问题包括如下方面。

（一）语音教学：注意教法的阶段性

以下举例说明。

1. 单元音韵母教学中容易出现的讲解不当

汉语有 10 个单元音韵母，其中 a、o、e、i、u、ü、ê 7 个是舌面元音韵母，另外 3 个是舌尖元音韵母—i（前）、—i（后）、er，也称特殊元音韵母。

在汉语单韵母中，圆唇和不圆唇是构成音位对立的条件。同是舌面前高元音，圆唇为 ü，不圆唇为 i；同是舌面后半高元音，圆唇为 o，不圆唇为 e。因此，在学习比较难的音如 ti 的时候，教师常常引导学生从简单的 i 音入手，通过唇形的圆展变化发出 ü。在语音学习之初，这种"以音代音"的类推学习方法是正确有效的，但是当学生已经掌握了 ü 音的发音位置、音质特点后，教师再强调 i 和 ü 之间的联系就容易使学习者出现"找音"的习惯：在发 ü 音之前，习惯性地把 i 作为出发点，从而出现一些发音偏误。如发"雨"听起来像"一雨"，单音节变成了双音节。o 和 e 也存在同样的问题。类推教法的科学性和阶段性应是教师同时注重的方面。

2. 上声教学中容易出现的讲解不当

留学生在汉语上声的学习中都有同样的问题：上升段过长，而使上声听起来接近阳平。原因之一是在教学中，一些教师告诉学生"3 声是先降后升"，学生按照这样的模式类推发音而成。事实上，在汉语普通话中，上声发成"先降后升"的情况是很少见的，绝大多数情况下，上声发成"半上"，其语音特征体现为"低""降"。如果我们能够以这两者为主要特征进行上声教学，就可以避免学习者出现上述问题，逐步建立起正确的上声发音模式。

3. 音节声韵母配合关系教学中容易出现的讲解不当

汉语学习者常常认为，拼音就是把每个音拼起来。如发汉字"住"的音，美国学生常常先发一个 zhi，再发 u。这种简单拼合的认知习惯导致部分汉语学习者的语音呈现出结合松散的发音特点，听起来不自然，甚至不准确。如上例，学习者往往在发声母音的时候，带出其呼读音的单元音部分（—i 后），把一个音节变成了两个音节。

其实，发音时汉语声母和韵母之间有着不同的配合关系，声母发音时往往已经为韵母的发音做好了准备。以"住"为例，圆唇动作从声母 zh 就已经开始了，而不是到了 u 才开始有圆唇动作。教师在教授拼音时应该告诉学习者汉语声韵相拼时的这一特点，再通过具体示范让学生直接感受。举例来说，教师可以通过声母 t 和不同韵母结合时发音情况的变化让学习者理解这一特点，并将此规则类推至自己的语音实践中。

例如：

ta te ti tu

在这 4 种情况下，t 的发音无论是唇形还是舌位都有了变化。

4. 儿化韵教学中容易出现的讲解不当

儿化韵在汉语中具有独特的作用，不可忽视。对于汉语学习者来说，儿化韵对表意影响不大，但却影响发音的自然度。在汉语中，儿化韵的字只有"儿、耳、尔、二"等有限的几个，但发音却很困难。汉语中的另一类卷舌韵母—儿化韵母却很多。除了儿化韵自身以外，其他所有的韵母都能转化为儿化韵母。这种转化是由原来的韵母与儿化韵结合而来。但是，转化的过程并不是简单地相加，而是有缺失、有变化的。具体来说包括如下方面：

（1）音节末尾是 a、o、e、ê、u（包括 ao、iao 中的 o[u]）的，儿化时直接卷舌。这类韵母共有 13 个。

a—ar：刀把儿 板擦儿 冰碴儿 搭茬儿 树杈儿 掉渣儿

ia—iar：脚丫儿 豆芽儿 小匣儿 书架儿 哥俩儿 皮夹儿

ua—uar：年画儿 牙刷儿 香瓜儿 小褂儿 鲜花儿 笑话儿

o—or：一拨儿 围脖儿 山坡儿 媒婆儿 锯末儿 念佛儿

uo—uor：酒窝儿　发火儿　干活儿　课桌儿　小说儿　拉锁儿

e—er：饭盒儿　方格儿　蛋壳儿　逗乐儿　小车儿　存折儿

ie—ier：台阶儿　半截儿　小鞋儿　一撇儿　小碟儿　树叶儿

tie—tier：丑角儿　木搬儿　口诀儿　小靴儿　头穴儿　闰月儿

u—ur：小兔儿　眼珠儿　面糊儿　小卒儿　枣核儿　外屋儿

ao—aor：豆包儿　皮袍儿　灯泡儿　小猫儿　笔帽儿　口哨儿

iao—iaor：小表儿　麦苗儿　小鸟儿　豆角儿　作料儿

ou—our：小丑儿　土豆儿　小偷儿　纽扣儿　提手儿　小狗儿

iou—iour：皮球儿　衣袖儿　小妞儿　小刘儿

（2）韵尾是 i、n 的（除 in、ün 外），儿化时丢掉韵尾，主要元音卷舌。这类韵母共有 10 个。

ai—air：锅盖儿　小菜儿　鞋带儿　球拍儿　小孩儿　鸡崽儿

uai—uair：乖乖儿　一块儿　糖块儿　碗筷儿　老帅儿　使坏儿

ei—eir：摸黑儿　刀背儿　晚辈儿　姊妹儿　眼泪儿　挨起儿

uei—ueir：零碎儿　耳坠儿　一会儿　跑腿儿　壶嘴儿　墨水儿

an—anr：上班儿　花瓣儿　床单儿　竹竿儿　门槛儿　汗衫儿

ian—ianr：笔尖儿　花边儿　相片儿　背面儿　窗帘儿　心眼儿

üan—üanr：茶馆儿　小船儿　一串儿　拐弯儿　贪玩儿　撒欢儿

üan—üanr：烟卷儿　手绢儿　圆圈儿　花园儿　椭圆儿　小院儿

en—enr：书本儿　脑门儿　花盆儿　双份儿　树根儿　杏仁儿

uen—uenr：打滚儿　没准儿　打盹儿　冰棍儿　三轮儿　开春儿

（3）韵母是 in、ün 的，儿化时丢掉韵尾 n，直接加上 er。

in-inr：皮筋儿　鼓劲儿　背心儿　口信儿　树林儿　脚印儿

ün—ünr：短裙儿　围裙儿　合群儿

（4）韵母是 i、ü 的，儿化时直接加 er。

i—ir：饭粒儿　玩意儿　眼皮儿　门鼻儿　小鸡儿　小米儿

u—ür：金鱼儿　有趣儿　马驹儿　蛐蛐儿　小曲儿　毛驴儿

（5）韵母是—i（前）、—i（后）的，韵母变作 er。

—i（前）—er：瓜子儿 写字儿 单词儿 鱼刺儿 肉丝儿

—i（后）—er：小事儿 羹匙儿 果汁儿 小侄儿 鱼食儿

（6）韵尾是 ng 的（ing、iong 除外），儿化时丢掉韵尾，韵腹鼻化并卷舌。这类韵母共有 6 个。

ang—angr：偏方儿 鞋帮儿 偏旁儿 帮忙儿 茶缸儿 赶趟儿

iang—iangr：木箱儿 小巷儿 豆秧儿 小羊儿 鼻梁儿 老将儿

uang—uangr：蛋黄儿 小筐儿 借光儿 木桩儿 天窗儿 成双儿

eng—engr：凉棚儿 小凳儿 顺风儿 门缝儿 挡横儿 头绳儿

ong—ongr：小虫儿 没空儿 门洞儿 小桶儿 胡同儿 酒盅儿

ueng—uengr：小瓮儿

（7）韵母是 ing、iong 的，儿化时丢掉韵尾 ng，并直接加上鼻化的 er。

ing—ingr：出名儿 花瓶儿 小病儿 门镜儿 打鸣儿 电铃儿

iong—iongr：小熊儿 哭穷儿 蚕蛹儿

上述变化总体来说体现在 4 个方面：①原：原韵母不变，直接加卷舌动作；②失：原韵母韵尾失落，主要元音加卷舌；③换：更换主要元音，并加卷舌动作；④加：在原韵母后面加央元音和卷舌动作。但是，汉语拼音方案却规定，无论儿化后的韵母如何发音，都在原来的韵母后面附加一个表示该音节已经儿化，这种写法和读法上的不一致，造成了学习者认读和发音上的双重困难。在教学中，教师应该简要解释儿化韵母写法和读法上的不一致现象，避免学习者出现只是将舌简单上翘而形成的不自然发音，少讲原理，注重听辨与模仿。与其他语音项目的教学相比，儿化韵母的发音应该作为学习者汉语语音学习的长远目标，初级阶段点到即止就可以了。

5. 对拼音书写规则的不充分解释

在汉语拼音方案中，一些内容很容易引起汉语学习者的错误理解，并进而成为错误的类推原型，运用于语言实践中。其中，影响较大的是一些书写和发音形式不一致的韵母。

（二）词汇教学：不以汉字教学取代词汇教学

从本族人的语感出发，也得出了同样的结论。运用社会学中已成熟的调查统计分析法，为属于社会心理范畴的"公众词感"提供科学测量，结果表明："汉字在'字'和'短语'之间还有'词'这一级单位。汉语公众心目中的'词'大多是中型汉语词典所收的词，比较接近'具体语境中的音步'，与属于语音语法接面层级上的'韵律词'几乎完全一致。"

对外汉语教学实践也证明，汉字的学习不能代替词汇的学习。

损失 / 亏损　建设 / 设施　许多 / 允许　目标 / 标准

继续 / 持续　准备 / 准则　一切 / 关切　原则 / 否则

斜线前是学生已经习得的词，学生能够认读。斜线后面的是生词，但包含了习得过的汉字。但无论该字的位置是否发生了改变，学生却不认识了。这说明，学生在习得的时候是以"整词"为单位输入的，他们对汉字的认识建立在词这个"语境"里。当旧知中的字移位进入别的词的"语境"时，他们并不能马上做出反应，将对该字的认识带入新词，有时甚至连这个熟悉的汉字也不认识了。

（三）语法教学：不混淆词汇教学和语法教学的界限

汉语词类的多功能性非常突出，有重"意"不重"形"的特点，具有很多隐性的语法关系，表意非常灵活。在对外汉语语法教学中要想充分发挥类推的正面积极作用，就要做到：分清语法教学和词汇教学的界限。唯有如此，教授者才不会被表意灵活的词汇的讲解牵扯大量精力，从而可以专心关注语法的可类推性。也唯有如此，才能体现汉语语法的系统性和内在的类推性质，提高学习者运用语法类推的有效性。

作为一种规则，语法具备如下属性：可以扩展；可以类推；不适用于单一个体，具有共性和普遍性。我国学者孙德金在《语法不教什么—对外汉语语法教学的两个原则问题》一文中指出：属于词汇范畴的不教，强调了语法教学和词汇教学的分野；属于共知范畴的不教，强调在语法教学中要充分利用第二语言学习者的认知能力。孙德金在文中举例："'汉语中数词和名词中间要有一个量词'这条语法规则是对'一本书''一支笔''两件衣服'，'三张纸'等众多实例的抽象和概括，因此，它不单适用于某一'数量名'组合，而是适用于所有'名'的数量表达。它表现的是'数''量''名'三者之间的语法关系。这样的规则是语法规则。"孙德金认为，语法要管的是下面的问题：

*我有两书。（缺失量词）

*我喝了两个杯牛奶。（多用量词）

语法不管下面的问题：

*我买了一个笔。

*我认识那位人。

区分词汇教学和语法教学是由语言学习过程的特点决定的。语音、词汇、语法是语言教学的三大要素。词汇作为语言的表意单位，在量上是开放的，表达实际意义的实词，随着时代的发展及新事物的出现而不断增多。而作为语言系统稳定的内核，语法的开放度很低，语法规则大部分是稳定的。"作为语言的学习者，他所要掌握的'语法'，不是一个个有单独的理性意义、各种色彩的表意单位，而是有限的、稳定的、概括的、抽象的一条一条的规则，词汇和语法在语言学习过程中的作用不同。"

区分词汇教学和语法教学同时也是由汉语课堂教学的特点决定的。第二语言学习者的学习时间有限，教学的组织应该做到教学资源的最大优化。在汉语中，除了实词，大部分的词在语义和语用上都有特点。但是，不能因为这些词意义和用法特殊，就成为语法教学的内容。孙德金认为："类似的词语，可以通过实际的语言材料（词语所处的语境）和辅助的词典等工具书让学习者自行掌握。"孙德金举例说："比如'看'这个词意义和用法比较多，'看书'的'看'显然不需要教，但'说说看'的'看'就是语法教学的内容，因为这里的'看'起的是语法作用，'VV看'这个语法形式表达的是'尝试'这样一种抽象的语法意义。掌握了这种形式，学生也就获得了表达'尝试'意义时的一种可选形式。因此，概括说来，限定语法教学的范围一定意义上是由第二语言课堂教学的特点所决定的。"

第三节 类推法在对外汉语教学中的学法原则

一、重视类推规则性和灵活性的结合

（一）重视基本项目的学习

基本项目的应用范围广，可类推性强，适合学习者发挥自身的类推学习能力，在课堂上学习掌握，在实践中类推使用。这些基本项目主要包括：①规范的、常用的语言项目；②容易发生偏误的语言项目；③语法及词汇等的具体适用条件；④语法及词汇等的具体限制条件。

（二）重视"义项观"的建立

学习者由词汇引起的错误类推主要由这样一些因素作用形成：①单义、多义属性词不同义项之间的复杂对应；②多义词不同词性的义项。

学习者需要树立多义词意识，建立"义项观"。在汉语词汇学习中既要记住词形，也要分清义项。在学习中，应该按照义项成组地学习多义词，树立词汇学习的"义项观"，这对学习者熟悉汉语词汇系统的系统性，进而掌握汉语词汇系统的构成和分布特点非常有帮助。

（三）重视学习过程的自我指导

对于学习者来说，类推学习过程的自我指导主要包括如下方面。

1. 始终明确：类推不具有绝对性

学习者既要认识到利用类推学习汉语的可行和便利，也要认识到类推在任何语言的学习中都不具有绝对性。在汉语学习中，学习者应自觉对学习采用的策略和方法进行"监控"，当意识到自己出现了类推理解、类推运用的时候，首先想一想这样的类推是否具有理据性，也可以通过向教材、语法书、教师求证等途径验证自己的类推结果。求证，不仅可以一定程度地避免过度类推，也可以成为一个对学习内容深度加工的过程，让记忆更为准确和深刻。

2.可用即用：最大限度地发挥类推学习的正面作用

鼓励学习者通过积极类推、主动发现汉语词汇语法等的内在规律，具有如下的优点：①可以降低学习者因无法掌握规律而形成的学习焦虑；②该汉语项目的掌握是学习者内在类推学习能力和汉语内在类推性质共同作用的结果，加工深刻，记忆深刻。学习者在教师的引导和鼓励下完成课堂的类推学习，就能比较容易地建立起这一词汇类推模型，利于课后复习和巩固。

（四）重视练习的质和量

教师应该提供、学习者应该抓住质优量大的练习机会。这是因为：①没有足够的练习，学习项目不能得到实践和巩固；②学习者容易出现的种种问题也不能暴露或者暴露得不够充分。

汉语课堂教学应该是一个模拟真实场景的练习场所，在这个环境中，教师可以有策略地对学生出现的语言交际问题进行提示，提醒学习者注意并改正。而学习者也应该扬"长"而不避"短"，努力参与练习，甚至努力"扬短"。汉语学习过程中的很多过度类推还处在隐蔽的状态下，学习者的"扬短"，不仅可以使教师认识到学习者的个性问题并解决它，也可以帮助我们更多更准确地认识过度类推的易发项目并努力预防。

二、重视元认知能力、概括能力、理解能力的培养

（一）重视元认知能力的培养

美国教育心理学家加涅认为："认知策略是内部组织化的技能，其功能是调节和控制概念与规则的应用。"美国心理学家约翰·弗拉维尔认为元认知是对认知过程和认知策略的认识。具有元认知能力的学习者能够自动学习、控制和监控自己的认知过程。在学习及其迁移中元认知表现为对有关自己已有知识的思考和有关如何调控自己学习过程的思考。具有较好的元认知技能的学习者，在面临一种新的学习情境时，能够主动寻求当前情境与已有学习经验的共同要素或联系，对当前的知识与已有的知识形成良好的建构，并运用已有的经验对当前的情境进行分析概括，寻求解决问题的策略。掌握必要的认知策略和元认知策略，是提高类推发生可能性和有效性的便利途径。

授之以鱼，不如授之以渔。许多研究证明，认知策略及元认知策略具有广泛的迁移性。教师在教学中有意识地教学生一些认知策略和元认知策略将有助于学生学会如何学习，从而促进学习的迁移。结合实际学科的教学来教授有关的认知策略和元认知策略，不仅可以促进对所学内容的掌握，而且可以改善学生的学习能力，使学生学会学习、学会思维，养成和提高类推的主动意识。在教学中，一方面教师要善于把学习的方法教给学生，如理解知识的最好途径、复习或巩固知识的方法等；另一方面，也要让学生不断总结自己的学习经验。

与母语相比，第二语言习得更依赖于元认知能力。在语言学习中，如果学习者仅是通过背诵、操练等机械的方式来掌握语言点，学到的语言点就是孤立的，很难灵活地运用于语言交际中。如果学习者能够调动有助于类推正面作用发挥的母语知识，能够利用生动的图形、图表、故事对所学知识进行主动整合，就有可能充分、透彻地理解新的语言材料的意义，并建构起知识间各种可能的联系。

以下以初级阶段听力课程的汉语词汇学习为例，说明学习者可以通过构建有意义的语境，对所学词语进行巩固复习。这一有意义的语境，实际上给了学习者一个内在的类推线索，通过这个类推线索，学习者完成了对词汇的深加工、深记忆。

通过一个阶段的学习，学习者已经掌握了如下词语。

①爷爷、奶奶、爸爸、妈妈、姐姐、哥哥、弟弟、妹妹；

②狗、猫；

③汽车站、火车站、地铁；

④图书馆、超市、邮局、银行、天安门广场；

⑤早上、晚上、起床、睡觉；

⑥天气、晴天；

⑦运动场、打太极拳、打乒乓球、打羽毛球、打网球；

⑧生日；

⑨饭馆、吃饭、米饭、面条、鱼、鸡、菜、面包、鸡蛋；

⑩看书、看电视、看报纸。

学习者首先可以将上述 42 个词和短语根据意义和搭配分为 10 组，建立起第一个意义搭配类推模型。在复习时，可以分别根据这10组词语的共性，进行类推联想。

学习者也可以采用"语境记忆法"，将这42个词和短语编成如下自述型的小文章。

我的一天

我爱我的家。我家有9口人：爷爷、奶奶、爸爸、妈妈、姐姐、哥哥、弟弟、妹妹，还有我。我家还有1只小狗和1只小猫。

我家的左边是汽车站，右边是图书馆，前边是超市，后边是火车站。欢迎来我家玩儿！

我每天早上6点起床。起床以后，我去运动场。我有时候打太极拳、打乒乓球，有时候打羽毛球、打网球。7点，我吃早饭。早上我喜欢吃面包和鸡蛋。今天天气很好，是晴天。上午，我想去邮局和银行。下午，我去天安门广场，我坐地铁去。晚上，我想和朋友一起去饭馆儿吃饭，今天是他的生日。我们都喜欢米饭、面条、鱼、鸡，还有菜。我们不喜欢喝酒。我10点睡觉。睡觉之前，我喜欢看书、看电视、看报纸。

上述模拟语境给了学习者一个潜在的内部线索，可以帮助学习者依据时间、内容等多种要素进行由情境到词汇的类推复习。

（二）重视概括能力的培养

前文谈到，原有的知识越具有概括性，正向迁移的可能性就越大，因此，在教材的选择和组织上，应把每门学科的基本概念及原理放在教材的中心地位，作为教材的重点，以突出教材的内部规律。具体到对外汉语教学，因为教材编写思想的不同，对于基本概念和原理的处理方式和深度也就有所不同。教师应该具备处理教材的能力，帮助学习者辨别教材中的重点内容及每一课的重点项目。教材的处理能力应该是教师教学能力的有机组成部分。之所以突出基本概念、原理的选择、组织和安排，是因为它们将直接影响到学习者对类推性强的语言项目的感知和把握。

突出基本项目和原理的学习还有助于培养学习者的概括能力。如果学习者具有独立分析、概括问题的能力，能觉察到语言点之间的内在联系，善于把握新旧知识的共同特点，就有利于类推正面作用在汉语学习中的发挥。概括能力强的学习者，其迁移过程呈现压缩和跳跃状，迁移速度快；概括能力弱的学习者，其迁移过程按部就班，不够流畅，迁移速度慢。反映在语言学习上，就是对已经学过的语言项目进行类推拓展时，或者将已有语言经验类推运用于新项目的理解和学习时，会产生不同的学习速度。在概括能力的培养上，学习者要注意如下方面：①认识到概括的重要性；②要通过配合教授者教学、努力探索语言规律，养成概括的习惯；③要努力增加自主探索、求证语言规则的次数；④努力将已知类推至新知，学会解决新问题。

（三）重视理解能力的培养

迁移与学生理解能力的高低密切相关。如果学生对所学知识的基本内容、基本原理能够充分理解，迁移就容易产生。靠死记硬背获得的知识，不仅不利于学习成绩的提高，也阻碍迁移的出现。

理解还要和熟练结合起来，才能取得迁移的最佳效果。教师要给学生提供各种练习机会，帮助学生充分理解和熟练掌握语言知识。如在课堂中设立问题情境，让学生自己思考，并从中找出答案。

三、重视练习

有研究表明，先前学习的内容，必须经过充分练习，才能易于迁移，否则先后两项任务因有共同成分而容易导致混淆。

充分练习可以使许多基本语言技能自动化，学习者不必有意识地注意。这样，学习者大量的时间和精力就可以投入到更为复杂的语言项目和技能的学习中去了。

充分练习可以帮助学习者对语言项目进行更为深入的思考，进行更有深度的加工，从而强化类推原型的稳定性。学习者只有在对该项目熟练运用以后，才可能有更多的精力和时间去思考该项目和新项目或者之前所学其他项目的异同，从而忽视表面的相近，努力发现实质的不同。此外，类推原型稳定性越高，学习者提取就越方便，在语言交际中的价值就越高。

目前的听力教学往往局限于课堂内的教学和练习，课后作业因不易操作和控制而被教授者和学习者所忽视。而听力往往又是各级汉语学习者的薄弱环节，且和口语能力密切相关，充分的练习是非常有必要的。

在初级听力的教学中，可以进行这样的尝试。零起点学习者第一学期的学习时间平均为 4 个月，在教学中将听力课程也设置为 4 个进阶训练环节。在每一个环节中，学习者都要完成相应的课后作业。

（一）第 1 阶段（学习的第 1 个月）：原句听写

这些句子在课堂上详细讲授过，作业中不做大的变动。教师将录音带和作业纸发给学习者，要求其根据录音做听写填空练习。有关日常生活内容和概念的词语、涉及语言结构的重点的结构词是本阶段听写的重点。

（二）第 2 阶段（学习的第 2 个月）：小短文的全文听写

短文由教师自主编写，组成短文的句子均在课堂上讲授过，内容包含前一阶段所学的重点词汇和学习者词汇的薄弱部分。

（三）第 3 阶段（学习的第 3 个月）：精听和泛听

课后作业从量到难度上都有大的变化。作业包括精听和泛听。泛听部分没有听写和填空，学习者只需回答若干问题。精听部分，学习者则要完成听写或者填空任务。精听和泛听的材料为童话、幽默故事等，经过教师改编，词汇、语法难度适合学习者此阶段的学习水平。这个阶段课后作业与前两个阶段最明显的不同是增加了自学部分。精听和泛听材料中出现了一定量的陌生词。教师在作业纸上给出这些词汇，要求学习者在听前查字典，了解词语意义。课堂讲授是由教师完成的对词汇的深加工，此阶段的作业则要求学习者自行完成对陌生词的深加工。

（四）第 4 阶段（学习的第 4 个月）：精听短文、听后回答问题

这个阶段继续保留第 3 阶段学习者自查自学一定量陌生词的做法。学习者完成了精听填空作业后，要回答问题。这个阶段的精听内容主要以中国的民风民俗、文化知识为主。在回答问题部分，教师除了针对短文提出问题外，还根据短文主题，请学习者尽可能多地介绍自己国家的相关情况。一次听力作业，实际上完成了听、说、读、写多项任务，学习者在做作业的过程中学到了他们

感兴趣的中国文化知识，强化了多方面的语言能力，完成作业的积极性很高。

需要注意的是，在批阅完作业后，教师应将完整的、正确的作业答案发给学习者，在其听错的部分做出明显标记，敦促学习者课后反复聆听。纠错也是对词汇的深加工，从中可以发现学习者听力中的"顽疾"并逐步加以纠正。

第四节　类推法在对外汉语教学中的教材原则

认知结构迁移理论认为，为迁移而教，实际上是在塑造学生良好的认知结构，而学生的认知结构是从教材的知识结构转化而来的。要确保学生良好认知结构的形成就要从教材内容的选择和教材的呈现方式两个方面入手，理想的对外汉语教材应该具备这样一些特点：学习项目具体详尽；解释和界定并举；能缩短学生由母语向汉语转化的过程；有利于培养学习者主动学习的兴趣。

在教材的编写上则应该体现如下原则。

一、重视基本性概念

布鲁纳认为，所掌握的内容越基本、越概括，则对新情况、新问题的适应性就越广，也就越能产生广泛的迁移。在汉语教学中，那些基础的结构和表达具有广泛的适应性，用于类推的价值最大。学习者尽可能多、尽可能稳定地掌握这些基础结构和表达法就能走向适度类推的学习之路。教材应该体现对基本性概念的重视，强化教学内容的规律性；应该突出基本概念和原理的学习，将其放在教材的中心。这些汉语学习项目和原理应该具备如下特点：

（一）具有较高的概括性

1.规范的

对外汉语教材的内容组织要规范和精密。在例句的选用和陈列上，课文主体与课后练习之间，单元与单元之间，单元内的语音、词汇、语法之间，跨单元的语音、词汇、语法之间等，都能够突出举一反三、触类旁通的类推特点。

2.典型的

这些典型性的语言项目应该满足基本的交际需要。

例如：①封闭性词语。包括基础性结构类功能词、基础性范畴类功能词、必需语气词、必需单音副词、数词、代词。②开放性词语（日常生活中最必需的概念词）。包括名词、形容词、量词、动词。

动词应该是教学的重点，这是因为动词是句子组织的核心，动词的词义变动最大，动词的功能最强。

（二）具有较强的包容性

①概括性强。能满足构筑基本句法的需要，包括语法需要、表达需要、词语搭配需要。②适用范围广。能满足语言功能和交际话题。③同义词、反义词、同语境词（在相同语言环境中可互换使用的适用词语）。

（三）具有强有力的解释效应

①最容易发生偏误的。②语言项目的适用条件和限制条件。

二、重视内在可类推性

（一）注意教材的整体结构及各种知识间的联系以促进类推的发生

学习内容之间的关系是类推发生的重要条件，为了有效类推的发生，学习者必须具备从整个学习体系的关系模式中看待当前的某一个语言学习项目的能力。因此，教材除了突出重点内容之外，还要加强概念、原理、章节之间的联系。这是因为如果教材注重整体结构和知识间的联系，教师和学习者就可以：①根据教材的内在关联性，了解语言学习的全貌和语境；②较快地挖掘概念、原理、内容之间的关系，指出异同点，防止过度类推、类推不当的出现；③较快辨认各种语言现象及需要解决的问题的特点；④尽可能多地建立起已知材料与新材料的联系，促进新旧知识的结合。

这样，一方面可以避免传统教学中重细枝末节，轻整体知识的教学倾向；另一方面可以有效避免或者减少学习者学到的语言知识不成体系，以及不能融会贯通、灵活运用的问题。

对外汉语教学往往分课教学同时进行，教材的编写也应该体现出相互协调、相互配合的原则。对于核心教学项目，应该从听、说、读、写多个课型出发，以多种形式反复出现，帮助学生形成稳定性高、可利用性强的类推原型。这样的教材编写模式可以避免重复劳动，避免浪费教学时间和教学资源。

（二）注意前后内容的关联，使教材具有内在的可类推性

教材的选编，要从整体上考虑循序渐进的原则，内容上应前后呼应，并有适当的交叉和重叠。教材的若干单元应该做到如下几个交叉：①先后两个单元要有适当交叉和重叠，使先前学习成为后继学习的准备，后继学习变成先前学习的自然延伸。②教材整体上要有适当的交叉和重叠。重要的汉语学习项目应该在学习者的教材中，在其遗忘的临界点上反复出现，不断强化记忆、强化使用，使其成为稳定的类推原型和模式。

（三）注意有意识地引入类推项目以辅助教学

教学内容的组织要注重各要素之间具有科学的、合理的逻辑联系，使已有的知识能够很好地同化新知识。对于缺乏内在关联的学习内容，教材可以引入帮助理解的类推项目，即背景知识等的介绍，也可以帮助学习者建立新旧知识之间的联系，使新知识与原有知识建立联系而获得意义，从而对学习内容产生理解性类推。

奥苏伯尔通过设计"组织者"（也称"先行组织者"）来改变被试的认知结构变量，提高原有认知结构的可利用性、可辨别性和稳定性，促进新的学习和保持。所谓"组织者"就是在有意义的学习中，在呈现正式的学习材料之前，先用浅显、易懂的语言介绍的一些引导性材料。这些能充当新旧知识"认知桥梁"的材料，称之为"组织者"。因为它呈现在新学习材料之前，又被称为"先行组织者"。设计"组织者"的目的，是为新的学习任务提供观念上的固定点，增加新旧知识之间的可利用性和可辨别性，以促进类推性的学习。也就是说，通过呈现"组织者"，给学习者已知的东西与需要知道的东西之间架设一道知识之桥，使之更有效地学习新材料。

第五章 文化视角下对外汉语语音教学

第一节　对外汉语语音教学的重要性及其难点

一、对外汉语语音教学的重要性

对外汉语语音教学的主要目的就是让对外汉语学习者掌握汉语语音的系统知识和汉语普通话正确、流利的发音，为语言交际打下基础。然而，就实际的情况来看，对外汉语语音教学的效果并不是很理想，很多外国学生的汉语语音都不是很标准。造成这种情况的原因是多方面的，其中，不重视语音教学是一个重要的原因。有不少对外汉语教师和学习汉语的外国学生都觉得语音标准不标准没有太大关系，只要能听懂、能表达就可以了；也有一些对外汉语教师觉得学生在学习之后的社会交际中会自行纠正发音问题，就不用占用太多的教学时间来教语音了；还有一些对外汉语教师觉得汉语语音本身比较难，在有限的时间内是难以让学生学会的，因而还不如听其自然。实际上，语音教学是非常重要的教学，要想提高对外汉语教学的水平，就必须认识到语音教学的重要性，并花费一定的精力和时间在这上面。

以下我们主要从三个方面来说明对外汉语语音教学的重要性。

（一）语音教学是培养汉语口语交际能力的基础

语言学理论告诉人们，语言是音义结合的符号系统，而语音是语言的物质外壳，而且是更为形象的物质外壳。当人们用不同的语音语调说出一个词的时候，其所体现的情感效果很有可能不同。与文字相比，语音可谓是语言的灵魂，它在人类的语言交际中能够更为生动、更为形象地表达意义和传达情感。因此，语音教学在语言学习过程中的作用是不言而喻的。

在对外汉语教学中，外国学生要学习汉语，也必须从语音学习开始，语音学习虽然比较难，但是是最要紧的。"因为语言的本身、语言的质地就是发音。"

在汉语的学习过程中，语音学习可以说是非常基础性的一项学习活动。汉语语音掌握得好坏，对汉语语法和词汇的学习有着非常大的影响。赵元任先生认为"发音不对，文法就不对，词汇就不对"。例如，汉语里有送气与不送气这一典型的现象，如果不区分就很容易造成误会，如把"肚子饱了"说成"兔子跑了"，这两句话的意思完全不同，但其中的"肚"和"兔"、"饱"和"跑"都仅仅是不送气和送气的区别。

很多学习汉语的外国学生都有这样的体会：发音不好，在实际的口语交际中，不仅会影响表达，而且会影响理解，最终使整个交际受到严重影响。首先，自己的发音不好，进行口头表达时比较吃力，也很难让他人将自己的意思听懂；其次，自己发音不好，也很难对他人发出的音进行辨别，这又会影响自己的听话能力，听不懂他人所说的话的意思。因此，打好语音基础对于口语交际来说相当重要，必须重视对外汉语教学中语音教学的重要性。

（二）语音教学是培养书面交际能力的重要支撑

在西方汉语教学的历史上，曾培养出了一批能阅读、翻译古汉语的汉学家，他们的书面交际能力强，但口头表达能力很差。从交际能力的角度看，他们的语言交际能力是不全面的，有缺陷的。真正学习好汉语的人应当是书面交际能力和口语交际能力都很强的人。因此，当前的对外汉语教学普遍改变重文轻语的倾向，要求全面培养听、说、读、写能力，全面培养汉语交际能力。

培养书面交际能力，也需要认真学习语音。因此，语音教学对于外国学习者书面汉语交际能力的培养也很重要。

在语言的记录中，文字主要通过视觉感知形式来标记语言，但是，它是音形义相结合的符号，与语音也是密切相连、不可分割的。我们在阅读过程中也很容易体会到，如果不知道文字的读音，那么阅读也难以顺利地进行下去。个别文字的读音不知道还好，但是多数文字的读音不知道时，必然是影响阅读的。也就是说，阅读必须伴随着一定的声音形象。心理学理论认为，个人独自思考时是在进行内部言语活动。"内部言语不发出声音，但言语运动器官实际上仍在活动，它向大脑发送动觉刺激，执行着和出声说话时相同的信号功能。""内部言语是在外部言语的基础上形成的。"

总之，即使在汉语的学习过程中侧重于培养阅读能力，也要知道所学语言的语音。当然，口语表达和独自思考、朗读和默读是不一样的。心理上有语音形象，理论上知道发音部位和发音方法，跟实际发音是有距离的。语言从内部形式转化为外部形式有一个过程。这就需要专门的语音训练。在对外汉语语音教学中，为了让学习者真正学会发音，教师会专门设计语音训练活动。

（三）语音学习必须从一开始就严格要求

语言是一种习惯，学习外语就是要养成一种特殊的良好的习惯，如一开始就学好正确的发音。加拿大语言教学理论家麦基就曾针对语言教学中的发音指出，在学生练习口头表达前，使他形成该语言的准确发音是非常重要的。这点最好在一开始就做到，因为学生每说一个词都会加深他的发音习惯。一旦他形成了错误的发音，那么之后纠正起来也是相当困难的。即使能纠正，也是相当浪费时间的。但是如果他能在一开始就将音发准确，那么就很容易在之后形成良好的发音习惯。对此，我国学者赵元任先生也有过相关的论述。他说："只要开始两三个礼拜就应该把所有的困难都给战胜。因为两三个礼拜要是不给它弄清楚啦，以后你再学到文法、再增加词汇的时候啊，你就把这些错的音就老用了，所以不能不在最初的时候把这个习惯弄好。"

显然，在语言教学中，养成正确发音的好习惯非常重要，而且要注意在一开始就养成。如果不这么做，那么错误的发音习惯会在交际中不断重复而得到巩固，到后来想改也难以改掉了。外国人学习汉语是同样的道理，必须在他们学习汉语的初始阶段，就严格要求。从这一点来看，对外汉语语音教学至关重要。

二、对外汉语语音教学的难点分析

对外汉语语音教学整体上来看就属于一种难度较大的教学。这里的难主要是由声母、韵母、声调教学中的几个难点体现出的。以下对这些难点进行相应的分析。

（一）声母教学中的难点

1. 关于清浊与送气不送气的问题

英语中并不是说没有送气音，清辅音有时送气，发作 $[p^h]$、$[t^h]$、$[k^h]$，但与不送气音是同一音位的条件变体，不具有区别意义的功能，而且与汉语的送气音相比，气流是非常弱的。再加上两种字母相同，因而以英语为母语的汉语学习者很容易在发汉语的不送气清音时，将其发成浊音，在发送气清音时，将其发成不送气清音的问题。

在对外汉语语音教学中，面对清浊与送气不送气的问题，教师应先教学生对所学汉语拼音字母与英文字母的读音进行正确的区分，说明汉语中有送气与不送气的对立，但没有清浊对立这一事实；然后通过列举较为典型的例子让学生对清音与浊音、送气音与不送气音的差别进行较深的体会；最后指导学生多进行正确的发音练习，发好送气音与不送气音，尤其是在发送气音时，注意加大气流，并控制声带的振动。

2. 关于声母 h［x］和 f［f］的问题

在汉语中，h［x］是舌根擦音，发音时，舌根要抬起与软腭发生摩擦；而在英语中，h［h］是喉擦音，发音时，气流在口腔里不受任何阻碍。以英语为母语的学生经常用英语的［h］代替汉语的［x］，听起来声音很靠后，好像是在嗓子里发音，其实并不正确。因此，教以英语为母语的学生发 h［x］这个音时，要让他们适当地夸张舌根与软腭之间的摩擦。由于日语中的 h 也同样是一个喉擦音，因而以日语为母语的学生在学习汉语中的 h［x］时也经常出现这个问题，教师可用同样的方法对他们的发音进行纠正。

此外，以日语为母语的学生也很容易用日语的［Φ］来代替汉语的 f［f］。因为，日语中的［Φ］是双唇擦音，发音时双唇撮拢吹气；汉语中的 f［f］是唇齿擦音，发音时上齿轻碰下嘴唇形成狭缝而摩擦发音，两者比较相似。对外汉语教师在教学生发这个音时，应当注意强化学生发音时上齿接触下唇的动作。

（二）韵母教学中的难点

1. 单元音韵母教学难点

在单元音韵母教学中，以下一些单元音是教学难点。

（1）a

汉语中的 a 有三个音位变体，分别是前 a［a］，央 a［A］和后 a［a］。发音时，这三个音的开口度依次由小变大，舌位由前到后。由于在英语中只有一个长元音［a：］与汉语的后 a 发音十分相似。因此，以英语为母语的学生习惯于用英语中的［a：］来代替汉语中三个不同的 a，结果经常出现误读情况。

（2）o

汉语中的 o［o］对于以英语为母语的学生来说也是难以辨别的，他们经常会将其发成英语中的［ɔ］。实际上，汉语的 o［o］比英语的［ɔ］开口度要小一些，舌位略前。此外，汉语的。只能跟 b、p、m、f 四个辅音相拼，而且实际发音中，o 和辅音之间有一个半元音［w］存在，即汉语的 bo、po、mo、fo 应为［pwo］、［pʰwo］、［mwo］、［fwo］。因此，对外汉语教师在教汉语的。这个音时，可以连同前边的辅音一起教，让学生先发 bu、pu、mu、fu，在发音过程中把嘴张开一点，就可以发出 bo、po、mo、fo。

（3）e

以英语为母语的学生也经常容易用英语的或ㄞ代替汉语的［ə：］或［ə］。在汉语中，单元音是一个后半高不圆唇元音。在汉语中，单元音 e［ɤ］是一个后半高不圆唇元音。在英语中，单元音［ə：］或［ɐ］是央中不圆唇元音，发音时，比汉语中的 e［ɤ］舌位偏前些。因此，对外汉语教师在教 e［ɤ］这个音时，要注意纠正，可以用 o 来引导，让学生先发 o，舌位保持不变，然后唇由圆变扁。

2. 复元音韵母教学难点

汉语中存在不少的二合、三合复元音韵母，它们的发音与单元音韵母的发音是不同的。具体表现为，复元音韵母的舌位动程变化是滑动的，也就是说从一个元音逐渐滑到另一个元音，气流不会中断，中间没有明显的界限。外国学生在学习复元音韵母时，很容易出现动程不足的问题，即舌位没有真正地从一个元音滑向另一个元音，舌位动程很短。发出的音给人感觉是将复韵母单韵母化了。其中，前响韵母 ou 和后响韵母 uo 中的两个元音本身就十分接近，所以学生经常会把 ou 发得像［o］或［ɔ］，把 uo 发得像［u］。iou、uei、uen 三个韵母前有其他辅音时，用简式 iu、ui、uno 外国学生就很容易将这三个韵母发作［iu］、［ui］、［un］，丢掉了主要元音，发音时，听起来好像张不开嘴。这个问题在三声四声里最明显。

面对复元音韵母的发音不准情况，对外汉语教师一定要多组织学生进行反复练习，要不断强调复元音韵母的构成及其发音起讫情况，并经常指导学生在韵腹发音的准确性上下功夫。

3. 带鼻音韵母的教学难点

在汉语中，带鼻音韵母主要有两类：一是带［—n］的前鼻音韵母，二是带［—ŋ］引的后鼻音韵母。这两类韵母基本上两两相对。外国学生总是很难将相对立的前后鼻音发准确，要么把所有的鼻韵母都发为后鼻音，如把"林"发"玲"；要么把后鼻音韵母发成前鼻音韵母，如把"星"发成"心"。当韵腹越小时，他们出错的情况就更多。很多留学生都难以掌握 en 和 eng，in 和 ing 这两组前后鼻音。

因此，在教带鼻音的韵母时，对外汉语教师应首先教学生区别［—n］和［—ŋ］，并带领他们先发好这两个前后鼻音，使他们在思想中形成前后鼻音对立的观念，然后再两两相对地学习带鼻音韵母的发音。为了加强效果，教师在示范时可适当夸张或拖长两个鼻韵尾。

（三）声调教学中的难点

世界上的很多语言是没有声调的，只有汉藏语系的语言有声调。汉语中的声调不仅能够区别意义，而且能够给汉语增加音乐性。不过，对于学习汉语的外国学生来说，声调是非常难学的一个点。有不少学生说出的汉语都被认为是洋腔洋调，这主要是因为声调不对。

汉语普通话中有四个声调：第一声（阴平）、第二声（阳平）、第三声（上声）和第四声（去声）。外国学生在学习发四个声调时出现的最大的问题就是声调趋平：除了阴平相对容易一些外，阳平往往起点太高，升不上去，上声往往不会拐弯，而去声往往降不下来。针对这种情况，对外汉语教师在声调的教学中可以调整教学顺序，即先教第一声和第四声，然后用第四声带第二声，最后学习第三声。第一声是一个高平调，可以起定调的作用，对于这一声调很多国家的学生都比较容易掌握。第四声降不到位的原因往往是起调过低，因此先掌握了第一声后再学第四声，就相对容易降到位。当掌握了第四声后，可以用第四声带第二声，具体是指用一些第四声加第二声的词或词组进行练习，解决起调过高而上不去的问题。需要注意，在练习中选择的音节的声母、韵母应尽量简单一些，避免分散学生的注意力。至于第三声，学生一下子难以学会，可以先让他们学半三声（半三声的调值是 211 或 212），其较低平，相对容易发些，也在实际语流中较多出现。当学会半三声后，再让学生在强调的时候拉长一下，就很容易学会全三声。

声调的掌握是很重要的，对外汉语教师一定要在学生初学的阶段就强调声调是汉语音节的一部分，每个音节都有一个声调，每个词都有固定的声调，声调变了，词也就变了。此外，在语流教学中也要不断强调每个词的声调问题，避免洋腔洋调的出现。

第二节　外国学生汉语语音偏误与对外汉语教学的原则

一、外国学习者的语音偏误

在认知心理学兴起后，人们对外语获得的过程有了全新的认识。在诸多认识的基础上，"偏误分析"（简称 EA）的研究思路和方法被提出。英国语言学家科德是 EA 的最主要倡导者。他认为："学生所犯偏误的性质和程度，虽然不能直接用来衡量他的语言知识水平，但却可能是有关他的知识质量的最主要的资料来源。我们研究了学生的偏误以后，就能把知他在学习过程中这一阶段的知识质量，从而知道他还须学些什么。我们把学生的偏误加以语言学的描写和分类，就能对他在学习中引起疑难问题的那些语言特点有所了解。"可见，偏误分析对于对外汉语教学有着较大的帮助。

在外语教学界，偏误和失误是不同的两个概念。如果在现实的话语中出现了跟语音能力具有相关性的偏差，并且能予以确认的话，就可以被定性为偏误；而如果在现实的话语中出现一些跟语音能力不具有相关性的偏差，属于一种行为性的偏差，可被定性为失误。在对外汉语语音教学过程中，教师如果能够对外国学生常犯的一些语音偏误多掌握一些，就能够更有针对性地进行教学。以下主要对常见的一些外国学习者的语音偏误进行一定的阐述。

（一）音段偏误

在所有语言音系中，音段音位是最基本、最重要的一个部分。因此，如果在音段音位形式上出现偏误，也很容易被发现。音段分为元音和辅音，因此音段偏误分析往往也从这两个方面来进行。

1. 元音偏误

在外国学习者的元音偏误方面，虽然存在着舌位前后、舌位高低和唇形圆展的问题，但是从区别性特征所显示的语感方面来看，"紧／松""圆唇／展唇"是两个容易出现偏误的方面。

汉语普通话作为一种标准语，其元音系统显示出一种偏紧的特征。一些学者专门讨论过"紧和松"。他们指出，与松元音相比，紧元音发音时偏离声道的中性位置。他们还对多位语音学家的研究成果进行综合分析，指出紧元音还存着这样一些特点：发紧元音时声带也较紧、声门下压升高、音量也较大，在一些语言中紧元音的持续时间也较长。由此可以看出，元音的"紧／松"比较难以捉摸。但不可否认，元音"紧／松"方面的偏误会对语音面貌产生重大影响。

我们可以发现，日语和韩国语的元音系统明显比汉语普通话要松得多，就是英语的元音在总体上也比汉语普通话要松，因此，很多外国学习者在学习汉语元音时就很容易出现过松的偏误。就具体的元音音位来看，后半高不圆唇元音 e[ɣ] 最易发生过松的偏误，甚至发成央中元音 [ə]。其次，高元音 i[i]、u[u]、ü[y] 也容易出现偏松的倾向。对外汉语教师在纠正外国学习者的这类偏误时，应特点注意以下两点：第一，在重视具体的元音音位的舌位的同时，更要关注整个发音态势，必要时可利用音高、音强和音长的协同发音来使元音偏紧；第二，在示范发音时，教师要注意调整自己的发音状态，这主要是针对那些带有方言口音的教师。因为汉语诸方言的元音系统也偏松，因而教师如果带有方言口音，也往往不能发准紧元音。

关于元音的"圆唇／展唇"问题也是外国学习者常出现的元音偏误。在汉语中，前元音 [i]、[e]、[ɛ]、[a] 和后元音 [ɑ]、[ɔ]、[o]、[u] 被称作"正则元音"。在这些元音中，除了 [a] 有些特殊，其余的元音都是"前"与"不圆唇"相配，"后"与"圆唇"相配。从音理上看，这样的舌位和唇形配置是比较自然的，也是世界上各种音系中带有普遍性的现象。舌位越高，"圆／展"的对立越明显，舌位略低，"圆／展"的对立也显得弱一些。正因为如此，汉语中的前高圆唇元音 ü[y]，后半高不圆唇元音 e[ɣ] 也成为发音的难点。它们的难度不仅仅在于"圆／展"的程度，还在于舌位跟唇形的综合效应。因此，对外汉语汉语教师在进行它们的教学时，一定要多加注意。

2.辅音偏误

关于辅音的分析，经常是从发音部位和发音方法两方面进行的。因此，对于外国学习者汉语辅音的偏误也从发音部位和发音方法两方面来讨论。

在发音部位方面，外国学习者容易出现舌尖后音、舌面音和唇齿音的偏差，其他的双唇音、舌尖前音、舌尖中音和舌根音的部位性偏误则较少见，因为这些辅音的发音部位在世界各种语言的音系中是具有不同程度的普遍性的。

在发音方法方面，"送气不送气"的区别是最大的发音难点，其次是"清／浊"的区别、浊擦音和边音的问题。①"送气／不送气"的区别。关于"送气／不送气"的问题，前文声母教学难点中已经有所涉及，这里不再详细论说。需要注意，教学中所谓的"送气就是发音时呼出的气流较强"的说法，会导致外国学习者不适当地加大呼出气流，形成偏误，甚至影响语流的流畅性。所以说，有一些送气辅音的偏误的形成是教学方面的问题。②"清／浊"偏误。不恰当和过度的"浊化"是"清／浊"偏误的主要表现。外国学习者所发生的浊化偏误，主要是出于负迁移的影响。西方语言中的"清／浊"对立在音系中的地位跟汉语中"送气／不送气"对立在音系中的地位类似，如拉丁字母 p：b、t：d、k：g 与标音之间的关系主要显示"清／浊"对立，而在汉语拼音中则显示"送气／不送气"的对立，于是，外国学习者很容易过度"浊化"。

（二）声调偏误

声调属于汉语音系的一个显著特点。大部分外国学习者的母语中都没有声调，加之声调的运用还有相当复杂的调整规则，因而他们很容易在声调上出现偏误。这主要表现在以下两个方面。

1.单字调的偏误

对于外国学习者而言，声调偏误首先表现在调域狭窄，而且声调的上阈明显偏低，这在第一声、第二声和第四声中都有显示。导致这种偏误的原因有二：一是在他们的母语中没有这方面的内容，在他们看来，汉语的声调有些"夸张、矫饰",像"唱歌"似的;二是协同发音导致。普通话音段音位普遍具有"紧"的特征,这一特征会使人在发音时,声带紧张度提高,声门下压升高和音量增大。因此,普通话声调的调域较高。而外国学习者的声调调域也会偏低。

在四个声调中,外国学习者在第二声和第三声上最容易发生偏误。首先因为这两个声调在调型上有共同点,即有"升"段。他们在发第二声时,前端常常会出现一个平调段,严重的还显示为微微下降,在听感上让人分不清到底是第二声还是第三声;在发第三声时,偏误则表现为"降"段很短而"升"段很长、彳艮明显。第四声的偏误主要表现为起调不够高,也有少数人起调够高,却不能形成全降调型,降至 3 度即告终止。

2. 连读变调的偏误

外国学习者在声调连读时所发生的偏误主要表现为两种。

第一,声调连接过程中相互之间不呼应、不相接。例如,"大大",第一个"大"去声降到底后戛然而止,重新高起调念第二个"大",这在普通话水平测试中常被称作"字顿"现象,也就是说在念两个字,而不是念词。这种情况在说"大楼"时则好很多。这说明他们在降升相连或升降相连时,不觉得太困难。

第二,为了衔接,外国学习者常会放弃单字调的特征。例如,第四声+第一声这样的词中,第四声被拉平从而变成第一声了,第一声+第二声这样的词中的第一声常会被往下拽变成半拉第四声了。

面对连读变调的偏误,教师在对外汉语语音教学中应当注意采取灵活有效的教学方法。例如,吴宗济先生提出的"二字连续的基本模型",即四种声调相接形成 16 个模型,其中 2+3 跟 3+3 的表现是一致的。然而普通话中二字相连还有一种情况,即后接轻声音节,共四种情况。最终形成 20 个二字组连调模型。为了使这种教学方法更具有操作性,朱川先生把这 20 个二字组模型分成 3 大类 6 小类,形成这种方法的教学训练顺序,见表 5-1。

表 5-1 二字连调模型教学顺序

序号	类型	连调组模型	说明

续表

1	A		1+1、1+4、4+4、4+1	困难不大，除了 4+4
2		B₁	1+3、3+1、4+2、2+4	前后字调型对比最为突出
3	B	B₂	1+2、2+1、4+3、3+4	
4		B₃	2+2、3+2、2+3、3+3	两个容易搞混的单字调相连
5	C		1+轻、2+轻、3+轻、4+轻	

（三）联合音变偏误

联合音变也叫"语流音变"，是指语流中由于音与音之间在连接组合过程中发生相互影响而发生的变化。很多音变现象是具有普遍性的，也就是说，各种语言都会采用同样的方式来协调发音动作。例如，前后鼻韵母的区别由韵腹的舌位形成时，韵尾很容易受到后续音节的首音的影响而发生同化。其实，这样的同化现象在英语中也是很突出的，甚至拼写上也都有所显示。不过，一些音变规律是特定语言所特有的，就会在外语获得过程成为难点。外国学习者学习汉语时，容易出现的联合音变偏误主要表现在以下几个方面：

1. 变调的现象

在汉语声调中，第三声连读是外国学习者最大的困难。一般来说，他们还是能了解第三声＋第三声时，前面的第三声变成跟第二声相同的调值35，但是几个第三声音节连读时，就会不知所措。他们不了解这跟节奏单元相关。对于这种情况，最好就是多练习，练习材料可逐渐加长，速度可逐渐加快。

2. 轻声

从根本上来说，轻声是一种弱化音变。声调的弱化会使原先的调位失去，发生声调扩展的影响。音段音位也发生弱化音变。例如，塞音声母可以由"送气清塞音—不送气清塞音—浊塞音—脱落"次第提高弱化水平；韵母可以由"复元音—单元音—趋央—脱落"渐次提高弱化水平。最终轻声音节的弱化水平由说话人根据语境、交际任务和语态语势来决定，不过声韵调的弱化水平需要协调。

3. 儿化

"儿化"是汉语中的一个独特之处。它也存在着音变现象。音变的主要目标是为了在口腔中留出卷舌动作的空间，其中就会发生脱落、增音、鼻化等音变现象。在外国学习者的发音中，儿化的种种偏误是比较常见的：有依然分成两个独立音节，没有融合为一个儿化韵音节的；有缺少鼻化色彩的；还有卷舌动作不舒展或不完整的；还有韵腹的舌位发生了改变的；等等。

4. 语气词"啊"的音变现象

在汉语中，"她啊""我啊"中的"啊"应发成 ya，这对于外国学习者来说不容易掌握，会出现偏误。这里并不涉及很复杂的心理加工问题，只要在语言知识的指导下加以训练就能收到良好的效果。

（四）停连偏误

当汉语学习进入语句后，其所面对的任务就不限于语音领域了，还会涉及词汇、语法、语用等的解码、编码任务。外国学习者尤其是以英语为母语的学习者对汉字缺乏"童子功"，因而反应能力受到极大的限制。因此，他们在阅读时往往会面临非常繁重的切分任务。例如，在学过生词"天真"后，出现句子"今天真的很热"，他们会将"天真"作为句子中的一个重要刺激项目，以致难以理解句子。所以，外国学习者停顿位置的偏误首先表现在词内部。他们常常或是停得不是地方，或是停得不得法。例如，停顿偏误：

现▽在开始

他做▽饭做得好不好

休息时▽候他常▽常听音乐

在语句中，除了在词内不能有无条件的停顿，还有一些结构节点也是不能停顿的，否则就会形成破句。虽然在语句中许多停顿是选择性的，但是其中也还是有一定的规律的。不过，很多规律在当前并没有完全被揭示出来。对外汉语教师在教学中应非常注意领读和跟读的训练，而且在反复朗读的过程中尽可能改变停顿的位置，以便让学生熟悉那些可以停顿的位置，并培养良好的汉语节奏感。

二、对外汉语语音教学应遵循的原则

语音教学面对的外部环境是比较复杂的，因此，要想获得更好的对外汉语语音教学效果，就必须遵循一定的原则。归纳而言，这些原则主要有以下一些。

（一）语音输入和输出相结合原则

语音能力具有输入和输出两重性，这两种特性及其共轭关系在语音加工和语音获得过程中都起着重要的作用。因此，在外语教学的语音培养目标方面就应注意充分结合语音输入和输出两个方面，以便形成完整的语音能力。

从现行的对外汉语教学系统的语音训练看，学生在教学中专门进行语音训练的时间很短。即使有专门的音素教学阶段，也只是匆匆地进行发音训练。实际上，如果在学习者的心理没有能切实建立准确的语音表象，发音训练只能是实时的机械模仿，就无法在长时记忆系统中保持语音表象。此外，不系统认真地学习汉语音系，进行相关训练，那么学习者对各音位的认识只能是盲人摸象，不可能理解音位之间的对立关系和结构关系，因此也无法建立音位模型和音系模型。

与其他语言项目的输入不同，语音输入是作为言语技能的听力中的一个重要能力因素。因此，语音输入的滞后或不足会对学习者的汉语听力产生直接的影响，并进一步影响口语输出一说。而现在很多对外汉语教学在进入听力训练阶段后才进行语音输入的训练。其实，这是很不好的。殊不知学习是一个循序渐进的过程，认知发展也需要环环相扣，在语音阶段忽视语音输入的训练，很容易无端地提高学习成本，降低学习效率。

在对外汉语语音教学中遵循语音输入与语音输出相结合的原则，并不是说必须设立一个聆听的训练阶段，而是要求任何一个教学内容在训练输出之前都应当有一个输入的指导和训练。例如，很多对外汉语教师在教授学生声母的时候，都是以发音部位为线索进行的，即 b、p、m、f 一组，z、c、s 一组，d、t、n、l 一组，其余类推，但是在发音方法方面的语音表象就没有能充分显示，实际上 b 和 p、z 和 c、d 和 t 之间的关系是一致的，如果在语音输入的时候呈现这样的关系，使学生在认识这样的关系的基础上建立心理的语音表象，再按照心理语音表象来实现语音输出，也就是发音，就会收到更好的效果。

坚持语音输入与语音输出相结合原则，对外汉语教师就应当在进行教学设计时，把语音输入作为一个与语音输出一样重要的明确的教学任务来对待，而不是只将其看作服务于语音输出这个终极目标的一个中间环节。既然是一个明确的教学任务，就应当设计明确的目标陈述、教学程序、训练方法和评价手段。这虽然会增加一定的教学成本，延长一定的语音教学时间，但益处绝对是难以想象的。

（二）音素教学和语流教学相结合原则

长期以来，关于对外汉语的语音教学，总是存在两种不同的教学思路，一个是音素教学，一个是语流教学。音素教学是"在语言教学中从单个的音素教学开始，单音学好之后再逐渐过渡到音节、词、短语、短句，再到会话练习"。语流教学强调在语流中学习语音，即不从单音开始教，而是从句子入手，通过话语和会话让学生逐步掌握音素。这两种教学思路或者说是教学方法各有自身的优点和缺点。

音素教学会安排汉语声韵调系统的有计划的集中训练，这能够让学生比较扎实地打好音素的发音基础，根据汉语音位系统的特点将音位加以排列，使语音学习更有系统性和规律性，从而更快地掌握发音。但准确地发好每一个单音并不一定在语流中也能正确发音，语音教学的目的并不仅仅是声韵调本身，而是能将音节连成准确、自然、流畅的语流。此外，音素教学也容易出现单调枯燥的现象，影响学生学习的积极性。语流教学不设相对集中的语音阶段，主要是让学生在会话练习中将语音、词汇、语法等结合起来，在长期的练习中逐步掌握语音。这种方式的见效快，也容易激发学生的学习兴趣。但是，缺少了语音的单项训练，往往就很容易将语音教学架空，使其得不到真正的落实。

因此，将音素教学与语流教学结合起来，就成了对外汉语语音教学发展的一种必然呼声。事实上，它们二者的结合确实具有较高的可行性，因为它们在教学内容和教学路子上都是互补的。在具体的教学中，遵循音素教学与语流教学相结合原则，可以在教学中以交际为出发点，在有意义的交际语流中，让学生首先初步掌握声韵调的相关知识，然后通过分解练习集中操练包含于语流中的音素，尤其是进行难音难调的训练，打好基本功。最后，再回到词、句子和语流中进行练习，在巩固音素的同时也让语流更为自然。这样的训练不仅能够避免反复单调的语音操练，打好语音基础，而且能够让学生从一开始就注重语流的变化，在语流中真正掌握汉语的语音系统，提高自身的语流表达能力。

（三）技能训练为主、知识讲解为辅的原则

在语言教学中，语音能力是一种在学习类型和教学方法上与其他学习内容存在较大区别的学习内容。首先其动作技能的含量非常高，学习者要获得语音能力就需要经过模仿和辨别、建立语音表象、操练、建立音位和音系模型、练习、形成熟练操作这样一个过程。在这样一个过程中，技能训练的比重无疑是很大的，不过，如果始终是技能训练，显然会出现教学的机械、枯燥现象。因此，必要的知识讲解也是不能缺少的。在语音技能训练中，知识讲解的比重虽小，但是起着积极的作用。尤其在学习一个新的内容的早期，知识讲解会对操作步骤提供一些线索。此外，专家的讲解和指导也会在很大程度上帮助学习者开发发音器官的运动潜能。由此看来，语音教学应当坚持技能训练为主、知识讲解为辅的原则。所谓"精讲多练"正是这一原则的充分体现。

对外汉语教师也可借鉴斯特雷文斯设立的语音训练的三层级来贯彻这一原则。他提出语音训练的第一层级是模仿层级，在这一层级，教师要鼓励学生多模仿，而不应浪费太多的时间来进行解释；第二个层级是"言语训练"层级，教师可组织学生进行处理特殊发音问题的专门练习；第三个层级是"实用语音学"层级，教师直接运用语音学和音系学加以解释。可见，斯特雷文斯认为语音训练的第三个层级以知识讲解为主就好。

（四）趣味性原则

在当前的对外汉语教学中，普遍存在的一个问题就是缺乏趣味性。尤其在语音教学过程中，如果不结合语流教学原则，而只进行声、韵、调的单项练习，学生很容易出现单调、乏味之感，对学习提不起兴趣。兴趣对学生来说很重要。在汉语语音教学中，正确发挥学生的个人兴趣，有利于其更快地掌握汉语语音知识，否则就会妨碍学生的学习。

从当前的实际情况来看，语音教学要想遵循趣味性原则，就要十分注意所教内容的实用性，即所教内容对学生来说到底有没有用，能不能提高汉语交际

水平。当学生不太清楚所学的内容有没有用时，教师要做一定的思想工作，让学生明白当前学习的东西与最终目的之间的关系，也就是所学内容的意义与价值所在。学生真正明白了所学内容的意义，就会自觉地为所学内容付出较大的精力，本来枯燥的内容也会变得有趣起来。

当然，增强语音教学的趣味性，教师自身应注意多个方面。例如，拓展自己的知识面，熟悉学生个性特点，精心设计练习，讲究授课的方式方法等。

（五）循序渐进原则

循序渐进原则就是指在对外汉语语音教学过程中，注意按照由易到难的顺序进行教学。具体来说，在安排具体音素的教学顺序时，可先学习容易的音，待学生掌握了容易的音之后，再用容易的音带出难发的音，而不是按照《汉语拼音方案》的次序进行学习。例如，在很多语言中都存在声母 s 这个音，z、c 的发音部位又和 s 相同，所以这三个音不难学。而舌尖后音 zh、ch、sh 相对难学一些。因此，教学时可以调整一下顺序，不按照 zh、ch、sh、r、z、c、s 这样的顺序来，而是先教 s、z、c，再教 sh、zh、ch。这样就很好地体现了由易到难、由易带难，循序渐进的教学原则。此外，在进行声韵调结合的教学时，也要注意分散难点，新学的声母先与简单一点的韵母相拼，逐步过渡到与复杂一点的韵母相拼；难发的声调先与容易发的音素结合，逐步过渡到与难发的音素结合。

（六）因材施教原则

在对外汉语语音教学中遵循因材施教原则，就是要让对外汉语教师注意结合学习者的语音学能、动机和态度、性格和认知风格、年龄、国别等进行有差异的个性化教学。

在语言学习中，学习者的语音学能对其最终的学习成果往往会产生深刻的影响，因而不能忽视它。有的学习者的汉语交际能力很强，但其语音中的母语口音很重，教师不应当对此不管不顾，而是要针对他的问题，采取一些特殊的方法，矫正其口音。

学习者的动机和态度是影响其语音学习成就的又一个极为重要的因素。汉语语音的学习往往需要进行大量的机械练习，而且需要持续很长一段时间。此外，语音学习内容中有着许多不易觉察的细节，需要细心体察才能感悟。这就需要学习者有良好的动机和态度。面对那些没有积极的动机以及由此而形成的积极态度的学习者，教师要注意在教学中利用一定的方式尽可能唤醒他们的积极动机，帮助他们形成积极的语音学习态度。

学习者的性格和认知风格也在一定程度上影响着学习者的语音学习。一个外向型性格的学习者，由于能积极参与目的语交际活动，其语音表现会显得流畅而生动，而发音的准确性可能低一些，因为他容易满足于可接受的水平；一个内向型性格的学习者，不善于各种交际活动，因而口语表达可能不太流畅，但由于具有较高的内省能力，因此发音的准确性可能比较高。一个对本民族文化认同感特别强的人，会对纯粹的外语语音风格采取对抗或者回避的态度，一个随和变通的学习者，容易接受各种"异己"的语音，能够轻松认同目的语音系。对此，语音教师要特别善解人意，对不同的学习者因势利导，扬长避短，尽可能争取得到最佳的教学效果。

学习者的年龄有时也是影响语音学习的一个因素。一般来说，年龄小学习语音更容易些，年龄大学习语音会难一些。但是，这并不是绝对的。教师在进行汉语语音教学时，只要稍稍区别对待一下就好。

国别差异对学习者汉语语音的影响主要表现为学习者所获得的语音表现中所带有的口音有所不同。对此，教师一定要有耐心，要花费一定精力，开展不同音系之间的对比分析和语音偏误分析方面的研究，从而针对不同国别的学习者进行相应的教学指导。

第三节　对外汉语语音教学的方法与技巧分析

相对于对外汉语教学中的其他教学内容来说，语音教学相对单调枯燥，因此，为了避免这种情况和提高学习者的语音学习效率，有必要采用一些行之有效的教学方法和技巧。以下就对对外汉语语音教学的一些方法与技巧进行一定的分析。

一、演示方法与技巧

对外汉语语音教学中所采用的演示法主要是指教师借助图表、板书、实物、手势、体态等手段演示发音部位、发音方法，以展示和指导发音。

（一）图表演示

在音素教学中，教师可借助一些图表来演示汉语中的一些发音。具体来说，讲解声母和韵母时，可展示声母表、韵母表；讲解拼音系统的拼合和书写规则时，使用声韵拼合表；对于某些难发的音，则可用发音器官图来直观地指导发音，如用发音示意图来辨析舌尖后音 zh、ch、sh 与舌尖前音 z、c、s。

在声调教学中，教师可利用四声升降图来演示声调的高低变化；也可以用声调五度标记图来直观地演示四声的调值。

（二）板书演示

教师事先设计好板书，根据教学的情况逐个展示，边教学边展示板书，也是一种很好的演示方法。例如，教师可把要讲的声母依次竖写在黑板上，然后将韵母依次横写在黑板上，待逐个教完声母和韵母后，在横竖交汇处写上相应的音节进行拼读教学。这样教师能够随时按照每节内容的需要来安排演示顺序，比较灵活，不用受已有的图表中声母、韵母顺序的限制。

（三）口形演示

教师在语音教学中利用口形示范发音是一种最为直观的演示方法。教师做口形示范时可先用自己手指指一下眼睛，示意学生看，然后指一下自己的嘴，让学生看开口度的大小、圆唇与不圆唇的差别、嘴唇的收拢或前突等。为了达到自我矫正的目的，教师也可建议学生用镜子来观察自己的口形，并与教师的口形进行比较。

（四）手势演示

一些音在发音时，口腔内舌头、牙齿、软硬腭等部分的相对位置及动作变化很难让学生直观地看到，因此，为了达到直观演示的目的，教师可用手形来模拟发音器官。例如，演示 z、c、s 和 zh、ch、sh、r 两组舌尖音的发音部位时，教师可用左手手掌向下四指微屈来代表硬腭和上齿，用右手手掌向上，代表舌头，进行演示。具体来说，右手指伸直，顶住左手的指尖，表示 z、c、s 发音时舌尖的接触位置是上齿背；右手指微屈，顶住左手第二关节处，表示 zh、ch、sh

发音时舌尖上翘，接触上齿龈。总之，全部舌齿音的发音部位和发音方法几乎都可以通过左手与右手之间的配合将其演示出来。这种方法直观形象，简单易行。

（五）实物、体态演示

对于有些音，教师可以通过实物或体态来帮助学生校正和调整发音部位和方法。例如，针对送气音与不送气音的区别，教师在进行发音示范时，可将一张小纸片放在嘴前，让学生观察纸片振动的幅度，以此让他们对送气量的大小有所体会和掌握。

在教卷舌音时，如果学生已经捕捉到卷舌音的声音形象，但又模仿不了，发不出卷舌音，可用咬指法，强制舌尖上翘。具体是指将食指放进口中，用食指顶住舌尖背面，然后用牙轻轻咬住食指的第一关节处，开始发音。教师可用咬指法多做几次发音示范，再让学生反复模仿。有些外国汉语学习者分不清 n 和 l，常在发 l 时不能全部关闭鼻腔，使一些气流漏进了鼻腔，容易发成 n。针对这种情况，教师可以让学生捏住鼻子发音，检查自己的软腭上升是否到位。这种方法之所以有效，主要是因为发鼻音 n 时，气流全部由鼻腔流出，如果捏住鼻子将发不出音，而发边音 l 时，气流完全由口腔流出，所以，鼻子是否被捏住，没有任何影响，发出的音都是完全一样的。

体态演示的方法在语音教学中其实是比较普遍的。除了在教一些元音、辅音时使用外，还可以教一些声调时使用，如用手指划动表示四声的升降变化或一边发音一边用头的摆动显示声调的变化模式等。

二、对比法

在对外汉语语音教学中，对比法也是使用得非常频繁的一种方法。对比法主要是通过对比两个音或两组音之间的差异，对所要学习的语音进行掌握的方法。这里所说的对比可以是不同的两个语音系统中相似的音的对比，也可以是汉语中的两个相似的音的比较。

（一）汉语语音与外语语音的对比

这主要是指比对汉语的语音系统和学生母语的语音系统，在对比基础上找出二者的异与同，然后利用学生的正迁移和负迁移，有效地促进他们对语音的学习和掌握。

例如，将汉语的清辅音与英语的浊辅音进行对比，使学生感受发音时声带振动与不振动的差别；将汉语的 zh 组声母和 j 组声母与英语的 [dn][tʃ][ʃ] 进行对比，使学生体会发音部位的细微差别；将汉语 u 与日语的 [w] 对比，使学生体会发音时圆唇与不圆唇的差别等。

（二）汉语内部语音的对比

在汉语语音系统中，有一些发音部位非常接近但却是完全不同的音。教这些音时可用对比法。例如，在学习声母时，可注意对比送气音与不送气音；对比 zh 组、Z 组、j 组三组声母；对比 f 和 h；对比 n、l、r 三个音。在学习韵母时，可注意对比 n、u、o 等圆唇音与 i、e 等不圆唇音；对比单元音韵母与复元音韵母；对比前后鼻音；对比前后鼻音等。

在声调的学习中，也可以灵活地运用对比方法。可以把四个声调的音节放在一起进行对比，帮助学生掌握其差别，也可以对比不同的变调音节，帮助学生记忆汉语变调的某些规律。例如：

第一 di（yī）

一个（yí）ge

一起（yì）qi

采用对比方法时，除了将近似的音两两对举练习外，还可以将易混音放入音节，进而放入词汇中进行练习。例如，练习 f 和 h 时，可给出成组的词汇，做转换练习：

轰鸣—蜂鸣 飞机—灰鸡 会话—废话

梅花—没法 仿佛—恍惚 花肥—发回

需要注意，这种词汇对比练习一是要慢，要强调每个音的准确度；二是要结合学生的语音水平，最好在语流教学开始后进行。

三、夸张法

为了加深印象，帮助学生更容易地发出某音，教师在展示和指导发音时，可用适当的方法进行适当的夸张，以突出汉语某些音的发音特点。事实证明，在语音教学的初级阶段，利用夸张法突显音与音、调与调之间的差别，能够在很大程度上帮助学生理解和模仿汉语的发音。一般来说，可对发音口形、响度、音长、音高对比等进行适当的夸张。

在教单元音韵母，如发 a、i、u、n 等音时，可以让学生适当地夸大嘴的开口度、圆唇度或突出嘴唇的收拢或前突，以便更形象地显示各个音素间的差异。

在教复元音韵母时，可以让学生将韵腹部分的响度增加一些，以使学生正确感知音程的变化，感知各个音素在构成复合韵母时的作用；或者可以让学生在整体延长发音的情况下，将韵腹的音发得更长一些，以使韵腹与韵头、韵尾有更明显的区别。

在教前后鼻音的发音时，可以让学生有意地延长鼻音韵尾的发音时间，或者可以让学生在发前鼻音时，将嘴角用力向两边扯，将舌头伸长到上下牙之间，发后鼻音时，将嘴张大一些，以突出前后鼻音舌位的不同。

在教声调时，尤其是将几种声调组合时，为了加强印象，可以让学生有意强调高低对比变化或延长发音时间，也可以让学生采用唱调的形式练习声调。这都是采用了夸张的方法。

此外，教师也可配合夸张的板书设计来达到视听两方面的共同作用。例如，结合发音口型将 a、o、e 写大一点，使学生对复合韵母中各元音开口度的不同有更为直观的理解。

夸张法总的来说是一种既简单又容易操作的教学方法，在语音教学中使用频率也较高。需要注意的是，夸张要适度、适时，要让学生明白夸张是为了示范和加深学生的理解，让学生学会发汉语的难音。当学生掌握了基本音，在进行巩固练习时，特别是进入语流教学时，一定要恢复自然发音，如果依然夸张而行，则很容易形成不良的发音习惯。

四、带音法

所谓带音法，就是指用一个已经学会的音素或学习者母语中存在的音素带出另一个发音部位和发音方法相关的新音素，或者以一个容易发的音带出另一个发音部位与之相近的较难发的音。汉语里常常有两个发音部位相近、发音方法相似的音，因而用带音法可以较为顺利地引导学生发出难发的音来。

例如，用带音法教 e，可以先发 o 这个音，然后将。的音程拖长，同时嘴角慢慢向两边咧开，使唇形由圆变扁，就将 e 发出来了。用带音法教前高圆唇元音 ü，可以用 i 来带，i 是一个不圆唇的元音，但与 ü 的发音部位完全相同，对于绝大多数留学生来说，发 i 都比较容易，因此，用 i 带 ü 容易成功。

此外，在很多语音系统中都存在 s 这个辅音，因此，外国学生在学习汉语中相同发音部位的 z、c 和相似发音部位的 zh、ch、sh、r 时，可以用 s 来带出。发 z、c 时，可让学生在发 s 时用力将舌头从上齿下沿弹开，形成一次成阻和除阻过程，从而发出塞擦音 z；在发出 z 的基础上加大吐气量，发出送气的 c。发 zh、ch、sh、r 时，可让学生在 s 的基础上，将舌尖接触点调整至上齿龈，发出 sh；然后同样用 sh 带出 zh 和 ch；最后在发 sh 时，加上声带颤动发出 r。

在声调的学习中，带音法同样是适用的。例如，用一声带四声，或用英语中的降调带四声；用四声带二声；用半三声带全三声。

五、分辨法

分辨法也是语音训练环节中常用的一种方法。它是指通过听觉、视觉对语音的正误进行辨别，或对相近的音素、音节、声调进行辨别，以提高学生语音分辨能力的方法。分辨法具体有辨听、辨认、辨读等方式。

采用这种方法时，教师可以展示一些容易听错、读错、看错的音素、音节或声调，让学生加以辨别。具体可以采用教师念学生指辨、填空或选择的形式，也可以采用由发音较好的学生念，其他学生指认的形式。

在采用分辨法时，为了提高教学的趣味性，改善课堂气氛，增强学生的参与热情，上述练习也可以采用游戏的形式，如事先准备卡片进行辨音竞赛。具体做法是将学生分组，每组分发若干写好音的卡片，然后，教师念音，学生迅速辨别并举起相应的卡片。然后各组计分，最后分数最高的给予奖励。

六、纠正发音的方法与技巧

在语音教学中，纠正学生发音中存在的问题或错误习惯也是非常重要的一项任务。在最初的语音集中教学阶段，对每一个新音素或音节的学习过程实际上就是无数次纠正原有母语发音习惯或错误习惯，建立正确的、良好的目的语发音习惯的过程。在此过程中，教师一定要有耐心，要把它当作一件并不简单的工作来做。在帮助学生纠正发音时，教师不仅要具备较强的听音、辨音能力和扎实的语音理论知识，还应当综合运用上面提到的演示法、对比法、夸张法、带音法等方法和技巧。唯有如此，教师在语音教学中才能及时发现学生存在的发音问题，并准确地认识到产生问题的原因是什么，继而给出有效的纠正方法。以下就是两个常用的纠音方法。

固定法。这是指教师在指导学生发音时，先将某一个音素的突出的发音部位固定下来，让学生进行仔细的观察与模仿。在模仿过程中，学生也应当在教师的指导下将口型舌位固定在正确的位置上，然后再发音。例如，发 j 这个音时，教师可指导学生先将嘴角尽量向两边咧开，再微微分开上下齿，舌尖抵住下齿背，这个动作先固定下来，然后试着发音，如果不太满意发音，再根据情况调整各发音器官的位置，直到发出正确的音。

录音法。这是指教师让学生在课堂教学之外将自己的发音练习录制下来，然后在单独辅导过程中与学生一起听，听的时候对学生没有发准确的音进行纠正。一般来说，在回放录制的发音练习时，教师和学生都很容易从录音中听出没有发对的音。将这些音记录下来，教师进行一一指导与纠正，学生再反复练习几次，就可以掌握了。

在纠正发音的过程中，以下几点也应得到高度重视。

第一，严格要求。在语音教学中，当学生出现语音错误时，要严抓不放，即一旦发现错误，一定要纠正到学生发出正确的语音为止。

第二，抓住难点进行纠正。教师应注意抓住学生的普遍难点和个别学生的特殊难点，对症下药，较为集中地纠正。

第三，尽量先让学生自己纠正。学生在发音过程中出现问题时，教师可先提醒学生，可用图表、板书、手势、体态等启发学生，让学生自己先纠正，不能纠正时，教师再予以纠正。

第四，注重模仿和重复。在学生发错音，自己不能纠正时，教师要用正确的方法进行示范，然后让学生模仿。当学生发对音后，教师应当让学生重复发几次，以加深印象，彻底纠正错误发音习惯。

第六章 文化视角下对外汉语语法教学

第一节 对外汉语语法教学的重要性和必要性

一、怀疑、淡化对外汉语语法教学地位的观点

关于在课堂教学中有无必要进行语法教学的文坛，国内外语言教学领域存在不同看法。有的人强调语法教学的必要性和重要性，而有的人则怀疑这种必要性，或主张淡化语法教学。对于后者，有以下三种情况：

第一，英国语言学家S•皮特•科德对语法教学的必要性表示怀疑。他曾在《应用语言学导论》一书中说，"讲授语法规则是不是有利于说出合乎语法的话语，这确实是语言教学心理学的一个争论问题"，按心理学的要求来说，教语法是应当的，而从语言学角度来说则"不一定"。

第二，有人主张用幼儿习得母语的办法来学习第二语言。20 世纪 80 年代中期，我国翻译出版了由美国语言学家罗勃特 •W• 布莱尔编著的《外语教学新方法》。这本书收集了 15 位作者的 21 篇文章，系统介绍了十几种语言的教学方法和理论。其中有的文章就主张用幼儿习得母语的方法来学习第二语言。例如，克拉申就在《语言教学中的理论与实践》一文中指出，成人可以通过"习得"，即下意识的、日常的、暗含的学习，以及有意识的语言学习来进行第二语言的学习。"我们经过几年研究得出的结论是：习得是首要的，远远比我们想象的要重要。而学习实际上是辅助性的"。幼儿习得母语是不需要专门学习语法规则的，更不需要有人专门对他讲授语法。成人用幼儿习得母语的办法来学习第二语言，也就没有必要在课堂教学中进行语法教学了。因此，克拉申又进一步指出："课堂是供习得用的，学习在别处进行。课堂的功能是为学生提供可懂输入，课堂上从来不讲语法。"

第三，在对外汉语教学界，也有人主张淡化语法教学。随着教学原则和教学方法的变化，语法教学在对外汉语教学的中心位置逐渐淡出。对外汉语教学法引入国外功能意念概念和交际概念，寻求结构与功能的有机结合，其中心原则就是交际性原则。语法教学不可能还像以结构为纲那样系统，本身就已在"淡化"。也有的人认为，在汉语教学入门阶段，没有必要讲那些容易的语法点，而难的语法点在语言学界都没有取得共识，在对外汉语教学界更讲不清楚。因此，多讲还不如少讲。而且语法本身就比较枯燥、乏味，很多教师不感兴趣，了解甚少。另外，近年要求淡化中学语法教学的呼声也很高，有的专家甚至认为"教语文大讲语法是错误的"。这种主张也对对外汉语的语法教学产生了影响。

对于以上观点，当然不能简单地否定或肯定，毕竟语言教学有理论问题，更是一个实践问题，需要得到实践的验证。从理论上说，到目前为止，人们对于人是如何习得母语和学会第二语言的，还研究得不够多。但是，对语法教学的重要性、必要性的肯定态度仍然是占主流地位的。

二、强调对外汉语语法教学地位的观点

语言学界还是有很多观点认为对外汉语语法教学是非常有必要的，并从下列几个方面说明语法教学的重要地位。

第一，从社会语言学的角度看，掌握所学语言的语法规则，是培养语言交际能力的基础。语言交际能力包括语言能力、社会语言学能力、话语能力、交际策略。这四方面的能力，语言能力是基础。这里所说的语言能力，包括语音、正字法、词汇、语法、语义知识和听、说、读、写技巧等。而语音、语法、词汇是基础的基础。所以我国学者赵元任说"学习外国语的内容分成发音、语法跟词汇三个主要的部分"，并认为语法是影响全体的东西。

通俗地讲，要习得第二语言并能用以进行社会交际，起码要掌握所学语言的语音系统，正确地发音；掌握所学语言的语法规则，能听懂和理解别人所说的话，并能够创造出可以被接受的句子；掌握一定数量的词汇；在特定的交际环境中知道如何正确、得体地运用语言材料；具有使用第二语言进行交际所具备的社会文化背景知识。简言之，掌握语法规则是获得第二语言交际能力的基本条件之一。

第二，从语言学的角度看，语言是受规则支配的符号系统。这规则就包括语法。语法对语言有制约作用。语言是由词组成的线性序列，这些序列不是任意组合的，而是按规则组合的。由词组成的句子有很多，而且变化很多，尽管如此，"本语言社团成员听起来并不困难，这是因为凡是句子就有语法，也即是有为本语言社团所共同接受的规则"。因此，有的学者指出，"语言就是单位和规则。这些单位和规则是社会的现实，一个人必须学习它，掌握它"。

从语言本身的性质来说，人类掌握语言，就必须掌握规则，即掌握语法知识。再从语言规则和句子的关系来看，规则是有限的，而句子是无限的。因此，学习语言不可能一句一句地学，而是要掌握语法规则，然后运用这些规则去生成或创造出无限的句子。德国语言学家洪堡特曾说："语言绝不是产品，而是一种创造活动。"这是语言本身的特点。从人掌握语言的过程来看，掌握并运用规则去创造所需要的无限多的句子，用以进行社会交际，这是最经济的也是唯一可行的办法。S·皮特·科德也说："我们无论如何也不可能在我们的头脑里保存一个包括某一语言所有句子的清单。"无论成人学习第二语言还是幼儿习得母语，都要掌握所学语言的规则系统并使其内在化。

第三，从心理学或心理语言学的角度看，与幼儿习得母语不同，成人学习第二语言更需要语言理论知识的指导。目前，人们对母语习得和第二语言学习的内在规律还不是很透彻，相关的研究理论也多为一些假设。既然是假设，不同的学派就有不同的主张。比如，有关幼儿习得母语的假设就有先天能力论、环境论、认知基础论等。关于外语学习的理论也是多种多样，有听说习惯形成论、认知符号学习论、自觉实践学习论等。这些观点表述各有不同，但其共同点在于都没有把母语习得和外语学习等同起来。

根据目前研究的情况来看，普遍认为母语习得和第二语言学习有着不同的特点。第一，性质不同。据S·皮特·科德在其《应用语言学导论》中介绍，有人认为第二语言学习和母语习得是两种不同的过程，因为学习第二语言的人和幼儿是两种不同的人。与幼儿相比，学习第二语言的人的生理状况和心理状况已经发生了某些质的变化，这种变化在一定程度上使其无法继续使用在幼儿时期使用的方法学习第二语言。所有生理发育正常的儿童，一般到了4～5岁，不经任何正式训练都能顺利地掌握母语。如果在此期间没有习得语言，要想在以后某一阶段习得就会困难得多，因此第二语言学习也就相对困难了。这些现象说明，从学习语言的角度看，幼儿和成年人在生理和心理方面有很大的差异，因此要采用不同的学习语言的方式方法。还有人认为，第二语言教学不是教语言本身，而是教某种新的语言表现形式。也就是说，学习第二语言的人已经习得了语言，他已经知道如何使用语言进行社会交际，学习第二语言是学习一种新的方式来做他已经会做的事。这显然异于幼儿习得母语的性质。第二，动机、环境、方式不同。幼儿习得母语，一般谈不上有什么动机。学习第二语言的人则有一定的动机，总是根据以后跟所学语言的社团成员进行交往的需要而确定自己的学习内容和目标。幼儿是在自然的环境中习得母语的，可以不经过任何正式的训练。第二语言学习则不同，除双语社会中的双语现象外，一般要经过专门学习。幼儿习得语言是与智力发展同步的。而学习第二语言的人，其智力发展一般已经成熟，其第二语言的学习不是跟智力同步发展的，通常是智力远远超出第二语言水平段。而且学习第二语言的人，其文化修养相差很大，有青少年，有大学生，甚至有专家、教授。这些人学习第二语言，其方式不可能跟幼儿习得母语一样。

幼儿习得语言有明显的阶段性和次序性。据心理语言学研究，幼儿语言发展的阶段性表现为：约从第5周开始有反射性发声；半岁左右能发与语言相似的声音；9个月左右出现咿呀语；1至1岁半能说出有意义的单词，然后出现单词句；1岁半至2岁出现所谓的电报句，然后出现完整的句子，再由简单句到复杂句，等等。句子的理解和词的使用和理解，也是分阶段逐步发展的。幼儿习得语言不仅有阶段性，而且有次序性。拿句法发展为例，整个次序是：单词句→电报句→简单句→复杂句→复合句。

关于成人学习第二语言有无阶段性和次序性的问题，学界也没有定论，但即使有，"其阶段性和次序性跟幼儿也不一样"。拿阶段性来说，有人认为成人学习第二语言有一个从不完善到完善的过程。在这个过程之中存在一种介乎母语和目的语之间的中介语。但关于这个中介语的状况、规律等，也还在研究之中。假设这种理论是成立的，这跟幼儿习语所表现出来的阶段性也不会相同。

再拿次序性来说，假设成人学习第二语言也有难易次序，但也不会像幼儿一样从单词句开始，然后再逐步过渡到复杂句和复合句。成人不是从头开始习得语言，而是在智力相当发达、已经知道如何使用语言的基础上试图改变或扩充原有的技能和知识。通俗一点儿说，就是要学会用所学语言的词语和句法规则来表达原来已经会用母语表达的内容。

第四，从学习理论的角度看，意义学习的效果比机械学习好。心理学家曾就意义学习和机械学习的效果进行过许多对比实验。结果表明，意义学习在掌握材料的全面性、精确性和巩固性以及速度等方面都比机械学习好。在各种语言教学法流派中，就是否要以理解为前提进行外语学习的分歧是很明显的。比如听说教学法，"从会话入手，以句型操练为主，在课堂教学里排斥本族语，不讲语法规则。听说教学法强调模仿、强记、大量练习，以达到过度学习的地步。"认知教学法的倡导者认为："第二语言是一种知识的整体，外语教学主要是通过对它的各种语音、语法和词汇形式的学习和分析，从而对这些形式获得有意识地控制的过程。"可见，认知法强调对语言结构的学习、分析和控制，强调把理解作为第二语言学习的前提。听说教学法和认知教学法都在使用，不能说哪个效果更好，很多实验结果的数据也只能作为参考。因为第二语言教学的因素非常复杂，在其中起作用的并影响教学效果的不仅仅是教学法这一种因素。但是，如果把意义学习的理论和方法作为一种因素来考虑，它显然是有利于第二语言学习的。

基于以上认识，在对外汉语教学中应该重视语法教学，这是一个原则问题。当然，这也并不是主张在第二语言教学中大讲特讲语法知识，而是要根据第二语言学习的规律和特点进行语法教学。另外，要注意，第二语言教学的目的是培养语言交际能力，对语法规则的教学也就是为了培养学生的语言交际能力。掌握语法规则是手段不是目的。

第二节　外国学生汉语语法偏误与对外汉语教学的原则

"偏误"是以目的语为标准表现出来的错误，这种现象属于第二语言教学中学习者语言系统中的一个组成部分，是学习者积极地对语言体系进行判断、对语言材料进行归纳并试图使之规范的创造语言过程。所以，在语法教学中，教师应针对外国学生者学习汉语出现的语法偏误现象，充分利用负面证据的激活作用，按规律、成系统地解决学习中的偏误问题。在此过程中，也要注意结合对外汉语语法教学原则进行分析。

一、外国学生学习汉语的语法偏误分析

偏误往往反映了学生中介语系统或某些负迁移现象。因此，有针对性地向外国学生讲解学习汉语语法偏误的有关规则，可以了解学生的中介语系统或某些负迁移的规律，从而让学生知道在某种特定情境下说什么，该怎么说。偏误分析应遵循以下几个步骤。第一步，准确地层层分类，即对经筛选确立下来的每个偏误项目的所有实例进行再分类。第二步，描写，即抽象概括所分出来的类在意义上和结构上的共同点。第三步，正误对比，即找出该语义内容在汉语里的正确结构规则。偏误分析能够解决对比分析无力解释的一些偏误现象，它始终贯穿于对外汉语教学语法中。

二、对外汉语语法教学原则

对外汉语语法教学应坚持实践性、实用、简化、对比、偏误分析，以及句法、语义、语用相结合的原则。

（一）实践性原则

学习一种语言，其目的就是为了使用它、实践它。因此，任何一种外语教学都要以培养交际能力为首要原则。实践性原则，具体到对外汉语语法教学，就是为了让学生习得语法规则，并使得学生懂得运用语法规则去表情达意，完成一定的交际任务。因此，对外汉语语法教学不能简单停留在语法规则的教学层面，不单单是教句子的语法，还要教句子的意义和用法。在课堂教学中，不应单纯向学生展示某个语法项目，而应该在展示语法项目的基础上进行语义分析，说明语用条件，为学生创设相应的真实的交际语境。所编选的例句，应该与学生的日常生活、学习、交际密切相关，让学生即学即用。正如前文一再强调的，语法教学服务于交际，教师不应只是向学生展示语法理论知识，重要的是教学生在交际如何正确使用语法规则。很显然，如果不遵循实践性原则，对外汉语

语法教学的方向就会发生偏差，也就偏离了对外汉语教学的根本目标。

（二）实用原则

实用原则和实践性原则大同小异，但前者主要体现在对教学内容的选择上。对于第二语言学习者来说，最容易发生偏误的部分，也就最具有教学价值，这些内容也就应该被选入教学计划中。基本性和常用性的内容，使用上的适用条件和限制条件，很具有针对性，因此也是语法教学注意选择的。一般来说，越是能体现汉语语法特点的内容，留学生也就越不容易掌握。例如，实词的重点难点是动词的搭配问题，虚词的重点难点虚词的意义、用法问题，离合词的重点难点固定词组的问题。语序、多项主语、多项状语、各类补语的用法、特殊句型、多重复句的语义关系等问题都是学生的难点，也就是语法教学的重点。

（三）简化原则

汉语语法知识内容比较复杂、抽象，因此在教学中要注意将其做一些必要的处理，使之简洁、浅明、感性。同时，也要尽量使教学语言浅显、具体，少用术语概念。对于一些研究得比较深、较难的语法问题，教师应该要想方设法使用那些使学生能够理解、接受、通俗的语言讲出来，并要采用恰当的方法让学生懂得运用。当然，要做到这些也并不容易。对此，教师应该深入研究汉语语言本体，对汉语的研究要经历反复咀嚼和内化的过程，然后才能科学地浅化和简化所教的语法知识内容，才能条理化、公式化、图示化地展示语法项目，才能层级化、合理化地取舍语法内容，才能简省化、具象化地处理学术概念和定义。为切中对外汉语语法教学的要害，准确把握汉语语法的特点和学生的学习难点，教师必须要深入研究汉语语法知识。

（四）对比原则

对比原则，就是将相关语法项目（词类、结构、句型、功能、关系等）进行比较。

不同的语言，对客观经验的编码方式也多有不同。语言的使用者，长期受母语的影响，在学习第二语言时，也总会自觉或不自觉用母语所提供的不同范畴去区别和辨认经验。因此，外语学习者常忽略或无法注意到第一语言的人经常注意的那些差异。这些差异代表了不同的认识经验、思维方式，即语言间的不同点，实际上也是第二语言学习者的真正难点。因此，对外汉语语法教学应该遵循对比原则。

在对外汉语语法教学中，母语与汉语相近现象、汉语与母语某相对形式、汉语正确形式与错误形式等一般都是需要进行对比的知识点。教师应该根据学生的中介语系统情况和负迁移规律，预测学生可能出现的问题，通过对比、比较的方法把问题讲明白，减少、纠正学生的错误。

需要指出的是，在对外汉语语法教学中，对比的教学方法只是在必要的情况下进行一点几点拨式的对比，以使学生尽快领会，但不可作为主要教学方法使用。

（五）偏误分析原则

"偏误"是学习者在使用第二语言时不自觉地对目的语的偏离，一般是成系统的、有规律的。因此，在对外汉语语法教学中，教师应积极探索学生偏误的规律，充分利用负面证据的激活作用，有效纠正学生错误。针对偏误讲解汉语使用的有关规则，让学生懂得"不应该怎样说"或者"怎样说不合适"。对比分析无力解释的一些偏误现象，通过偏误分析可以得到有效解决，因此偏误分析原则应该贯穿对外汉语教学语法始终。

（六）句法、语义、语用相结合的原则

句法、语义、语用构成了一个句子的三个平面。严格意义上讲，一个完全实现了交际的句子，它必定包含了一定的交际意图，说话人为实现这个意图，句子内容词项之间必然会包含着某种语义关系，并需要通过特定的句法结构表现出来。因此，句法、语义、语用在一个实现了交际的句子的语法分析中都是很有价值的，但又都是不自足的。要对某个句子的语法进行充分的描写和解释，把问题研究深、研究透，不单要就一个平面进行分析，还要将三个平面结合起来进行分析，进行透视。

在过去很长一段时间里，对外汉语的语法教学只注重语法知识的讲授，对句子的分析多是静态的，偏重句型的操练，而与句法相关的其他问题则没有受到重视。例如，在交际中如何使用汉语，如何通过汉语的语言形式去理解交际中的一些特定意义等。因此，也就经常出现这样的奇怪现象，学生造出的句子

完全合乎语法规则，但实际上并不符合汉语的语言表达习惯，或者不符合逻辑，或者不符合中国社会的文化心理，甚至不符合说话人的身份，与时间、地点、情境是不协调的。例如：

把水喝在口中。

老师，这杯茶很热，冷一冷再喝吧。

那只鸡很胖。

他唱歌很好和他跳舞也很好。

老人（的病）不太好了。

老师很尊敬他的学生。

爷爷长得跟爸爸一样。

这些句子的句法结构都没什么毛病，但在用语习惯、逻辑、文化心理、身份等方面是不相符的。这些情况也反映了语法教学中只注重句法结构的展示、分析，忽视学生对语义、语用知识的理解和掌握。学生不了解语义、语用知识，在交际中就不能达到交际目的，从而也就显然影响了学生交际技能的发展。因此，在对外汉语语法教学中，很有必要将句法、语义、语用三方面结合起来进行教学。

以下专门说说语义分析、语用分析。

语义分析在不同的阶段，对不同水平的学生，其教学内容有所不同。在初级阶段，主要是词句的基本意义。在中高级阶段，主要分析的是词句的色彩意义。汉语的实词既有词汇义，又有语法义。其中，语法义是作为词类而言的。对实词在语义分析的基础上划分小类，更容易让学生理解、掌握。以数词为例，在初级阶段，学生主要学习如何使用整数、分数、小数、倍数以及概数等来表达数目，用序数来表达次序等数词的基本用法。中高级阶段学习的则是数词的活用，如表示"多"的数词的虚指用法："三番五次""三思而行""四面八方""五谷丰登""六亲不认""七窍生烟""八面玲珑""九死一生"等。通过语义分析将这些数词归类，可以使学生更快理解其意义和用法。其他如量词、形容词等的学习也是如此。

对句子的语义分析主要是揭示句子成分之间的种种语义关系以及不同的语义指向、语义制约等。例如，"奶奶当选了居委会主任"，学生没有理解透彻"当选"

这一个词，造出了"他的奶奶被大家当选成了居委会主任"这样的句子。此时，教师就向学生仔细分析句子语义：大家"选"，他的奶奶"当"居委会主任，所以是"当选"。还有，名词在句中有一定的语义规定性、指向性，或者是施事，或者是受事，或者表示处所、时间、结果、目的等。句子的状语也有语义指向问题，如"这几个景点她都游览过了""这几个景点她们都游览过了"，状语"都"在第一句里的语义指向是受事"这几个景点"，在第二句里的语义指向则是施事"她们"。

语用指的是在什么情况下，如何使用语言进行有效的交际。语用分析涉及语法规则之外的东西，如交际语境、表达心理、话题与评论、言外之意、交际礼仪等。句法结构也许很容易被学生理解、掌握，但语义和语用受到语境的影响、制约，更是学生要理解、掌握的。很显然，现实交际都处于一定的语境中进行，词语、句子甚至语段的形式和意义都是由语境决定的。因此，要让学生理解并恰当使用某一个词语、句子，必须要一定的语境作为支持。只有处在一定的语境中，才能了解交际对象和交际动机，明白说话人的真实意图。中国人的认知结构中早已建立了汉语话语与相关语境的联系，而对于留学生来说，这种联系还没有或正在建立。因此，对外汉语语法教学的任务之一就是在留学生头脑中建立汉语话语与语境之间的联系。

语用分析还包括指出某些形式的言外之意。语气助词"了"就有一个信息提示的语用功能。"都30岁的人了"发出了"30岁了"的信息，但表达的意向有多种，表示"到了结婚的年龄而没有结婚""一事无成""不懂礼貌，言行不当"等，具体意向由语境决定。

在中高级阶段，语用分析还用于辨析同义结构在不同场合及其表达的不同含义。同义结构存在语义差异，也涉及语境、交际对象对话题的共知程度、社交背景等语用问题。例如，问"哪里去"这个话题，当问话人不带任何感情色彩时，就说："你往哪里去？"如果问话人辈分、地位较高而且表示不满、生气时，则会不耐烦或声色俱厉地问："你又要到哪里去？"如果表示一种关心时，则会轻柔地问："你往哪里去呀？"由此可见，人们在交际中的表达是否正确、得体，不仅取决于词语的基本意义，还取决于说话人交际的目的、场合和心理。

总之，语用分析可以帮助学生在交际中选择语言达到得体恰当，并符合中国人表达习惯。

第三节　对外汉语语法教学的方法与技巧分析

一、对外汉语语法教学的方法

（一）基本方法

对外汉语语法教学的基本方法有演绎法、归纳法、类比法、引导性发现法。

1. 演绎法

演绎法由一般性的原理（或叫前提），推出特殊性的结论。演绎法的基本形式是三段论。在语法教学中，演绎法的具体应用就是先讲解语法知识、语法规则，然后再举相应的例子，最后让学生按照规则进行实际的操练和应用。这是一个从一般到具体的过程。演绎法适用于比较复杂的语法规则，并且对于成年人较常使用。例如，教"把"字句时，先告诉学生"把"字句的谓语动词后一般要有其他成分，然后让学生做一些完句联系、改错练习，以强化学生对这一条规则的认识。

又如，使用演绎法讲存现句。第一步先讲授存现句的定义：表示某处存在着某人或物，以及某人或物消失于某处的句子。

第二步举例子：

a. 箱子里有几个苹果。

b. 屋顶上有一个羽毛球。

a. 菜地里长出一棵白菜。

b. 洞口跑出来一只老鼠。

a. 天上飞过一架飞机。

b. 笼子里逃走了一只兔子。

第三步说明：A 组句子表示存在，B 组句子表示出现，C 组句子表示消失，这样的句子就叫存现句。

2. 归纳法

归纳法与演绎法相反，它从特殊性的前提，推出一般性的结论的推理。在语法教学中，归纳法的具体应用就是先举出一些学生熟悉的例子，然后再对例子进行总结，得出语法规则，向学生展示。直接法和听说法一般使用这种方法。例如，汉语虚词"就""才"等的意义和用法，可以先通过课文让学生多接触，等学生有了一定语感或感悟后，再进行总结提炼。又如，用归纳法讲"是"字句的肯定形式、否定形式时，第一步先举例子：

a. 这是大米。

b. 我是工人。

c. 小姐是韩国人。

d. 她不是我妹妹。

e. 昨天不是星期六。

f. 这不是他的外套。

第二步，从上面六个句子总结出："是"字句的肯定形式是"甲是乙"，否定形式是"甲不是乙"。

3. 类比法

类比法即由一类事物所共有的某种属性，可以推测与其类似的事物也应具有这种属性的推理方法。通过类比法的应用，语法规则可以归结为若干句型，句型又可以具体化为一些范句。先让学生接触、熟悉范句，然后根据范句进行模仿练习。因此类比法也叫句型法，如常见的句型替换练习。例如，在讲动宾式的离合词的结构特点时，可以使用类比法，将动宾词组与动宾式的离合词进行类比。先向学生讲授动宾词组的构成方法"V+O"，并举例："走路""看电视""吃饭""喝水""骑车""打电话"。向学生讲清楚这些词后面都不能再有宾语，因为它们本身就是一个动宾词组。动宾式的离合词构成方法也是 V+O 式，所以，动宾式的离合词后面一般也不能再带宾语（个别动宾式离合词除外）。此外，动宾式的离合词分可"离"和不可"离"的情况，如"烧饼""跑鞋""跳棋""有机""保价""编年""超级"是不可"离"的；"吃饭""吃斋"是可"离"的。

4. 引导性的发现法

引导性的发现法通过提问学生，引导其进行分析、归纳、类推，自发地发现、总结相关语法规则。引导性的发现法在语法教学中比较常见。例如，"是……的"句的用法有很多，其中的一种用法是"着重指出动作发生的时间、地点、方式、目的等内容"。利用引导性的发现法讲解这种用法时可分两步完成。第一步，老师设置一个简单的完成时的句子，然后一步步提问，请学生回答。

教师板书：汤姆同学来中国了。（汤姆来自美国）

教师提问：请加上时间。

学生回答：汤姆同学今天来中国了。

教师：汤姆同学是什么时候来中国如？（"是""的"重读）学生：今天。

教师：请说完整的句子。

学生：汤姆同学是今天来中国的。

（教师板书这个句子）

教师：汤姆同学是从哪儿来中国的？

学生：汤姆同学是从美国来中国的。

（教师板书这个句子）

教师：汤姆同学是坐船来中国的吗？

学生：不是，汤姆同学是坐飞机来中国的。

（教师板书这个句子）

教师：汤姆同学是为了工作来中国的吗？

学生：不是，汤姆同学是为了学汉语来中国的。

（教师板书这个句子）

第二步，引导学生寻找语法规则。

教师：好，现在我们一起看你们刚才说的句子。

汤姆同学来中国了。

a. 汤姆同学是今天来中国的。

b. 汤姆同学是从美国来中国的。

c. 汤姆同学是坐飞机来中国的。

d. 汤姆同学是为了学汉语来中国的。

请大家找出这几个句子中传达出的那些不同的信息。

学生：今天、从美国、坐飞机、为了学汉语。

教师：（把学生说的几个词在黑板上标记出来）请你们想一

想，这几个词语说的内容跟"汤姆同学来中国了"这件事有什么关系，"今天"传达出了"汤姆来中国"的什么相关信息？

学生：时间。

教师：对，动作发生的时间。"从美国"又传达出了"汤姆来中国"的什么相关信息？

学生：地方。

教师：对，动作发生的地点。"坐飞机"又传达出了"汤姆来中国"的什么相关信息？

学生：交通工具。

教师：对，动作发生的方式。为了"学汉语"又传达出了"汤姆来中国"的什么相关信息？

学生：来干什么的，为什么来中国。

教师：对，这也就是动作发生的目的。

现在你们可以说一说用"是的"句型有什么作用吗？

（板书，在4个句子后分别写上"时间""地点""方式""目的"）学生：可以说明动作发生的时间、地点、方式、目的等情况。

教师：好！我们再来比较下面的句子：

a. 汤姆今天来中国了。

b. 汤姆是今天来中国的。

请你们想一想，用"了"的句子着重说明什么？用"是……的"的句型着重说明什么？

学生：用"了"的句子说明"来中国"这个动作已经发生了，用"是……的"的句子着重说明动作发生的时间是"今天"，不是别的时间。

教师：说得很好！所以说，用"是……的"句型是为了强调说明一个已经发生的动作的时间、地点、方式、目的等具体内容。大家发现了这条语法规则,下面请大家看图造句,用上"是的"这个句型。

(学生开始练习)

以上介绍了四种对外汉语语法教学的基本方法,在语法教学中选择哪些方法,要具体情况具体对待。

(二)课堂语法教学中的讲练策略

对外汉语课堂语法教学有很多讲练策略,主要有精讲多练,讲练结合;浅化语法规则,进行简化表述;机械性练习与有意义的练习相结合;模拟交际练习。

1. 精讲多练,讲练结合

语法的讲解要简短,尽量避免学生产生枯燥、乏味、无聊的感觉。对语法的讲解应该是抓关键要点地讲,讲对学生最直接有用的东西,同时又要富有启发性。每一次简短的讲解后,应让学生做大量的相关练习。要从不同侧面、不同角度、不同层次设计练习,让学生把所学的东西在设计的语境中进行实际操练,多次反复练习,以达到会用的目的。练习的设计还要有针对性,能体现所讲的法则、规律。教师及时结合学生练习中的偏误分析,使学生真正掌握语言知识,真正获得语言的应用能力。

2. 浅化语法规则,进行简化表述

在给学生做语法现象解释或使用条件说明时,最好是一条一条,简明扼要地展示出来。可以用文字描述,也可以用图表或线性序列,或者用高度概括的公式或图示显示出来。例如,对程度补语的文字表述:主语＋动词＋宾语＋重复的动词＝"得"＋程度补语;对"着"的公式表述:V_1+ 着 ＋（O_1）$+V_2+$（O_2）,(躺着看小说)。

另外,在解释语法规则时,尽量少使用语法术语,必要时利用一点学生的母语。

3. 机械性练习与有意义的练习相结合

机械性练习的答案完全由教师控制,不大需要学生理解,其目的在于使学生较熟练地掌握某种语法结构。机械性练习项目如重复、替换、模仿、扩展等。例如,练习动作持续了多长时间的表达方式:

教师　　　　　　　　学生

学游泳　　　　　　　我学了两个月的游泳了。

打乒乓球　　　　　　弟弟打了三个小时的乒乓球了。

与机械性练习不同，有意义的练习虽仍由教师控制学生的答案，但需要学生理解教师所说的，理解结构的意义，否则不能正确回答。例如，练习倍数的说法：

教师　　　　　　　　　　　　　　学生

瓜子 10 元 / 斤，花生 5 元 / 斤　　　瓜子的价钱是花生的两倍。

哥哥 12 岁，弟弟 3 岁　　　　　　哥哥是弟弟的 4 倍。

机械性练习与有意义的练习在目的方面有所不同，也各有优势，因此在语法教学中注意两者的有机结合，有助于学生更好地掌握汉语语法规则。

4. 模拟交际性练习

在模拟交际性练习里，教师想方设法创造环境，只控制学生答案的类型，学生可以根据具体情况提供新的具体的信息，这方

面是不受控制的。例如，练习"有"字句：

教师　　　　　　　　学生

你们班有多少人？　　　我们班有 40 个人。

你有哥哥吗？　　　　　我有哥哥。

你哥哥有孩子吗？　　　我哥哥有孩子。

你哥哥有几个孩子？　　我哥哥 2 个孩子。

你有铅笔吗？　　　　　我有铅笔。

学生对作为第二语言的汉语学习，主要产生于他使用这种语言的时候，而模拟交际性练习无疑为使用汉语提供了语境和机会。从近年来的发展趋势来看，课堂教学中的模拟交际越来越受到重视。

除上述策略外，课堂语法教学要多安排学生进行不同性质的练习，如理解、模仿、记忆、交际、口头表达训练、阅读训练、笔头表达训练等。造句、填空、改错、翻译、是非选择等属于理解性练习。替换等句型操练，多为机械性练习，也就是模仿性练习。记忆性练习的目的就是使短时记忆发展为长时记忆，为加强记忆，记忆性练习的方式应尽可能多样化。听力训练中的语义理解练习就是

典型的交际性练习。口头表达训练以成段表达能力训练为主，如复述课文、依据一定的题目讲故事等。阅读训练主要是阅读一些经典的短文、片段，培养阅读能力。笔头表达训练以语篇训练为主，不但培养写字的能力，还培养写话和应用文的写作能力。

教师在带学生做练习时，应该注意以下几点：①要明确指令。②至少要给两个例子。③讲练要保持一定的速度，不要因个别差的学生而放慢速度。④机械练习可以齐回答或分组回答，而创造性练习则要请学生单独回答。⑤口头练习不应该一味依靠课本，而要合上书做。⑥叫学生回答时应事先给予必要的提示，并要给一定的思考时间。⑦不要按固定顺序叫学生回答问题。⑧叫学生回答时应事先给予必要的提示，并要给一定的思考时间。⑨不要按固定顺序叫学生回答问题。⑩练习项目要有变化，否则就会令学生感到枯燥、无聊。⑪应使用引导的方式启发学生自己纠错，给指出的错误应该是主要的、具有普遍性的错误，纠错后给予反馈。⑫纠错要注意时机，不要无礼、粗暴地打断学生的话。

二、对外汉语语法教学的技巧

对外汉语语法教学的技巧一般分展示语法点的技巧、解释语法点的技巧、语法点练习的技巧。其中，展示语法点是语法教学的第一步。展示语法点的技巧，可以让学生更容易、更快掌握语法点的用法。解释语法点主要是解释语法点的形式、意义、功能。语法点的练习最终要使学生懂得如何使用所学的语法点。

（一）展示语法点的技巧

展示语法点就是向学生讲授语法点，让学生对讲授的语法点有一个初步的印象，尤其是初步了解语法内容（句型或词语）的形式、意义和功能。展示语法点，通常借助物件、图片、问答、情景、肢体语言进行展示。

1.利用物件、图片等直观手法展示

（1）实物

利用课堂上所存在的或教师事先准备的实物，最终展示语法点。课堂上所存在的实物一般有黑板擦、粉笔、粉笔盒、讲台、书、钢笔、铅笔、尺子等，老师也可以事先准备学生比较感兴趣的实物，如巧克力、苹果、花等。以下以粉笔、凳子、灯实物为例讲解"存现句"。

教师：粉笔盒里有粉笔。（边说边指示给学生看）

教师：粉笔盒里有什么？

学生：粉笔盒里有粉笔。（教师板书这个句子）

教师：走廊里有什么？

学生：走廊里有凳子。（教师板书这个句子）

教师：天花板上有什么？

学生：天花板上有灯。（教师板书这个句子）

教师：好，这就是我们今天要学习的句型，（板书）处所（地点）+有+名词性词语（人、物），现在请大家用这个句型来造句子，可以设想一个情景，可以是教室，也可以是自己的卧室，或者一个商店里的情景。

学生：（造句）

教师也可以用身边的实物讲"在……下面（上面），在……左边（右边），在……外面（里面），在……附近，在……中间，在……头上"等句型结构。

教师使用专门准备的实物展示语法点。比如教"另外"：

第一步，教师出示五支红色粉笔，两支白色粉笔，说："我有七支粉笔，这五支是红色的，另外两支是白色的。"

第二步，出示两个大小相差很大的尺子，说："这儿有两个尺子，这个是长的，另外一个是短的。"说完这两个句子后，教师在把"另外"板书到黑板上，带学生念几次。然后，教师就刚才的例句说进行再次使用，但只说前半部分，让学生说出含有"另外"的部分。教师也可以准备其他日常实物，如蔬菜、水果、甜食、文具、衣物、大众玩具等，帮助学生练习："这儿有两块蛋糕，这个是草莓味的，那个是芒果味的，请用'另外'说出句子，"这儿有两件衣服，这件是红色的，那件是黄色的，请用'另外'说出句子"；"这儿有两个车模型，这个是汽车，那个是卡车，请用'另外'说出句子"……

第三步，教师把所使用过的实物请学生使用，说出不同的含"另外"的句子。

（2）道具

教师通过事先准备好的道具，引出语法点。例如，讲长度、宽度、身高时，用事先准备好的尺子,可以量课桌、椅子、黑板的长宽尺寸,量身边同学的身高等,帮助学生练习长度、宽度、身高的说法。讲时间时,用硬纸板做的钟表,可以随意拨动指针,帮助学生练习时间的说法。学习方位词时,把讲台当作一个空间,用模型玩具车行走移动,展示方位变换。学习点菜时,可以使用放大的菜单等,在展示道具的同时用问答的形式引出并操练语法点。

（3）图片

在直观教学法中,最常用到的道具就是图片。图片材料有海报、明信片、照片,以及地图、商场散发的促销彩页等。当然,教师还可以画简笔画、漫画等来辅助教学。例如,讲授亲属称呼时,教师可以使用家庭照片;讲授不同时段太阳的叫法（朝阳、夕阳、骄阳）时,可以用自然风光照片进行展示;讲授地理位置时,可以使用地图;讲授量词时,也可以使用实物图片进行展示,如"一头牛""一只鸡""一面镜子""一列火车""一架飞机""一栋楼"等;用超市商品促销彩页,展示商品价格的标记法、买东西的说法、商品贵贱的比较法等;用漫画讲述故事,展示成语等。留学生学习汉语的初级阶段,比较实用、有效的方法就是用图片展示生词、新句型并将进行练习。

2. 通过问答等交流形式展示

如果事先已经让学生进行过相关预习,教师在下节课开始时可以直接提问:哪位同学知道我们今天将要学习的语法点,请他说一说。直接提问,即直接进入主题,把将要讲授的语法点引出来。某个学生将语法点说出来,还可请其他学生回答,说出一样的或不一样的表达句式,如果有错误,教师要恰当地指出来,进行纠正,然后写在黑板上备用。直接提问的形式比较自然,也能引起学生的注意、兴趣,引发学生思考。当然,问答形式客观上也起到检查学生预习状况的作用,从而督促学生学习。

通过师生对话也可以将所要学习的语法点引出来。这种技巧也很实用、有效,尤其是在学生预习较好,而语法点又比较简单的情况下,效果良好。师生的一问一答,一般能够使学生紧张起来,从而迫使学生必须集中注意力。为使对话顺利进行,教师最好从学生熟悉的、轻易能够回答的话题入手,最终也就自然而然地引出语法点。

3. 情景引入法

情景引入法和问答的方式特别相似，只不过情景引入法中的"问答"需要设置一定的情景。比如讲"连……都／也＋动（……）"句时，可以"去张家界旅游"为情景进行会话，引出语法点。

第一步：教师跟学生进行情景会话，引出语法点。

教师：元旦节假期大家出去玩了吗？

学生 A：没有。我在图书馆看书。

教师对学生 B：他连假期都不出去玩，肯定能把汉语学好。

学生 B：对。

教师：请重复我的句子。（学生重复时板书）

教师对学生 B：元旦节假期你出去玩了吗？

学生 B：出去玩了。爸爸来看我，我们去了湖南。

教师：你带你爸爸去张家界了吗？

学生 B：没有。

教师：为什么你连张家界都没去？

学生 B：我们连张家界都没去，假期太短，时间不够了。

教师：太遗憾了，下次有机会一定要去啊！

教师对学生 C：你去过张家界吗？

学生 C：去过。我和自己的家人都去过。

教师：哦。连你奶奶都去过吗？

学生 C：是的，连我奶奶都去过。

第二步：教师板书体现语法点的句子。

a. 他连假期都不出去玩。

b. 我们连张家界都没去。

c. 连我奶奶都去过。

第三步：教师总结。

"连"字句常体现的是一种极端情况。"连"后边引出的事物或行为，通常是说话人感到意外，或者按一般常识情理不会如此，但又确实发生、出现了。

例 a 中"假期不出去玩"，例 b 中"没去张家界"，例 c 中"奶奶去过"，都含有"不符合一般常识情理"，"出乎意料"等意味，所以使用"连"字句可以把"意料之外"的内涵反映出来。

第四步：教师提供不同情景，学生练习使用"连"字句。

4.利用肢体语言展示

利用肢体的动作展示语法点比较形象、直观，学生很容易理解、接受。肢体动作可以是教师自己做，也可以让学生做。比如教趋向补语"进来、进去、出来、出去、上去、上来、下去、下来、回去、回来"等，教师利用教室的门、楼梯等物，用趋向补语要求其做动作，然后请一位或两位学生跟着自己做这些动作。做动作结束后，教师指引学生说出趋向补语的句子，带着学生一起说：

老师进来了。

老师出去了。

老师出来了。

老师进去了。

老师上去了。

老师上来了。

老师下去了。

老师回去了。

老师回来了。

在这里教师必须注意"来""去"的方位指向，让学生清楚什么情况下用"来"，什么情况下用"去"。之后，教师再进一步让学生自己看着动作（如蹲下、起来、跑出去、跑进来、摇头、点头、拥抱、摊手、抱拳、弯腰、弓背）说出其他句子。

又如，教师介绍结果补语"打开""关上""合上""拉上""吃饱""摔倒""打碎""喝足""睡好"，可利用教室的窗户、窗帘、学生的书包、文具盒、书本等各种物品，做"打开""关上""合上""拉上"等动作，然后板书，让学生明确结果补语的含义。

（二）解释语法点的技巧

解释语法点，首先是解释语法点的形式，一般包括结构本身及其相关结构形式，如肯定式、否定式、疑问式等。与旧语法点关系密切时，还应指出新旧语法点之间的联系和区别。其次是解释语法点的意义。这种解释要充分利用新旧语法结构之间的语义联系，用对比、分析等方法进行解释。最后是解释语法点的功能，告诉学生所教语法点的功能和使用语境、条件。让学生掌握语法点的功能一般是比较困难的，反映到实际运用中，通常的毛病就是学生"不能恰当地使用语言来表达自己的意思"，或者不合时宜，或者符合中国人的文化心理，或者符合逻辑，甚至符合自己的身份。在特定的情景下，学生用的词汇、句型都不恰当。对此，教师应该要在语法解释方面多下工夫，尽量向学生详细、准确地教授语法点的使用规则、使用条件、使用环境等。比如教学生问年龄时，要让学生明白"几岁""多大""多大年纪（岁数）"所适用的不同对象。

常用的语法解释技巧有直观解释法、化繁为简解释法、对比解释法、情景解释法等。

1. 直观解释法

直观解释法一般用到图片、简笔画，或其他一些道具，甚至可以进行表演。图片是学生学习汉语的初级阶段的重要道具。在初级阶段，学生掌握的词汇量有限，学习的语法点也比较简单，利用图片很容易达到教学目标，只是教师准备图片需要花费较多的时间和精力。例如，解释存现句、比较句等，就很适合利用图片。但是，教师应该注意图片所表达意义的准确性，不能模糊，也不能是容易引起歧义的。

用简单形象的简笔画帮助学生理解语法点。简笔画对绘画水平的要求不高，因此一般教师都可以使用简笔画，只要能表达出相应的意思即可。有的时候，教师随手画也更能引发学生的好奇心，或者对教师的简笔画进行评价，从而起到活跃课堂的作用，学生的注意力也就自然而然地集中到黑板上来。比如讲解趋向补语"动词＋上来／下去／进来／出去……"时，利用简笔画就既简单又直观。讲解比较句时也可以用简笔画比较大小、高低、远近等。

解释语法还可以利用很多道具。例如，讲时间时，最方便最好用的就是钟表。讲讨价还价的、对比价格的语法点时，还可以充分利用商场散发的宣传促销彩页，或者准备一些实物作为道具，使语法点的解释更为形象、具体。

表演主要是通过动作将语法点直观化，通常是教师或教师跟学生一起通过表演帮助学生理解语法点。比如讲方位词时，教师可以利用教室的门做出"出去""进来"的动作，也可以让学生做这些动作，一边做一边说。讲"往前走，往右拐""往上看""往外跑"等也可以做出相应的动作。讲解"到某个地方去"时，可以在不同位置的学生课桌上贴上不同地点的标识，指示学生（一到两名），到某个地方去，然后让学生互相指示，做出动作，说出相应的词汇、句子等，从而达到练习的目的。

直观解释法使课堂气氛十分活跃，容易激发学生的学习兴趣，通常会积极参与其中。但是，直观解释法较适用于初级程度的学生，到中级、高级阶段后，就要做出相应的改变，少用甚至不用。

2. 化繁为简解释法

使用图示、公式、符号解释语法点，可以起到化繁为简的作用。用图示或公式将语法点的形式列出，简明扼要，便于学生记忆和理解。图示或公式可以写在黑板上，也可以制作成图表或卡片。

比如解释"把"字句的基本句型结构，就可以这样写：

名词（施事者）＋把＋名词（受事者）＋动词＋其他

教师着重解释图示中的"其他"是什么，以及"动词前后一些别的成分"，让学生更充分掌握"把"字句的使用条件、语境、情景等。

又如，讲"连"字句，可以把强调部分所适用的词性情况用图示解释给学生，帮助学生记忆、掌握：连词＋名词／动词／数量词语／小句＋都／也＋动词……

使用公式，如在解释比较句中"比"字句的语义关系时，可表示为：

甲＋比＋乙＋形容词甲＋形容词

哥哥比妹妹高—哥哥高（妹妹矮）

又如结果补语的语义结构可表示为：

苹果我吃完了—我吃＋（苹果）完了

他吃饱了—他吃＋他饱了

在解释语法点时，使用一些固定的符号将语法点形式化，简单明确，也便于学生记忆，也可以作为练习时的提示。

用符号解释语法点，简单明了，但前提是学生必须了解并熟悉每个符号所代表的语法内容，因此符号不能着急编创，而应该要有依据性，比如依据英语的语法词汇等。

3. 对比解释法

对比解释法，如新旧对比、内部对比、汉外对比等。

（1）新旧对比

新旧语法点在形式上有联系，在语义上对等，语法形式相近，即可用对比的方法解释语法项目。

例如，讲解可能补语时，就可以这样说明：

苹果吃得完。（苹果能吃完）

苹果吃不完。（苹果不能／没办法吃完）

苹果吃得完吗？（苹果能不能吃完？）

教师使用新旧对比法可以这样解释：可能补语表示可能时加"得"，语义相当于"能"；表示不可能时加"不"，语义相当于"不能""没办法"；表示疑问时多用"得……吗"，语义相当于"能不能"。

（2）内部对比

内部对比即通过汉语内部语法形式的比较，说明相关的语法点的异同，侧重点是"异"。在分析意义、用法相近的词语（特别是虚词）时，使用内部对比一般都能够奏效。例如，当讲"再、又"这一组副词的语法点时，可以进行下列的对比说明。

相同点：都表示频率或重复。

相异点：第一，表示重复或继续时，意义不同。"再"表示"主观、待重复"，如"再说一遍""又"表示"客观、已重复"，如"又吃了一顿"。第二，使用情况不同。"再"可以用于祈使句、假设句，而"又"不可以。例如，可以说"明天我们再讨论这个问题吧！"而不能说"明天我们又讨论这个问题吧！""再"用在能愿动词后；"又"用在能愿动词前。例如，可以说"你能再给一点吗？"而不可以说"你能又给一点吗？"

（3）汉外对比

汉外对比，即将所教学的语法点与学生的母语中相应的语法结构或项目进行比较，有助于学生更好地理解汉语语法点。汉外对比比较的是相同、相似、相异之点，重点是要指出不同之处。这种方法可以较为直接且较快地解决学生的疑难，但也有一定的局限性。一个班级里的学生，其母语不一定相同，由此可能又产生新的问题。这方法对教师的要求更高，要求教师精通与汉语进行对比的外语。因此，使用汉外对比只能是在有限的条件下进行，不适于大规模、高频率运用。当一个班里的学生的母语为英语，而教师又精通英语，可以在教学中适度、适时地运用汉英比较。

4. 情景解释法

班级的情况也可以成为解释语法点的情景，如学生的来自的国家、性别比例等。以讲"……占……的几分之几"为例，就可以利用学校的实际情况：

教师：我们学校有多少个班级？

学生：30 个。

教师：我们学校学习汉语的一共有多少个班级？

学生：3 个。

教师：那么，学习汉语的班级占全校班级的几分之几呢？

学生：学习汉语的班级占全班班级的十分之一。

教师：很好！我们班来自美国的学生有多少个？

学生：5 个。

教师：我们班级有多少个学生？

学生：30 个。

教师：那么美国学生在班里的比例是多少？

学生：美国学生在班里的比例是六分之一。

有了这样的情景，教师无须解释太多，学生自然就在情景中明白了句型的用法。

讲"比较句"时也可以用情景解释法，为起到对比的作用，所选的列举对象应该在某方面相差特别大，而且是容易观察得到的。有了特定的情景，学生可以确切理解句型语义。

　　除上述解释法外，还有翻译、学生解释的技巧。翻译即把要解释的语法点直接翻译成学生的母语。当解释某个语法点的意义比较抽象，而采用直观手法又难以说明时，可以使用翻译的方法。需要指出的是，翻译本身可能带来一些语义、语用方面的歧义或偏差，尽量不用或少用。让学生用汉语解释语法点，主要适用于简单的语法项目。

第七章 文化视角下对外汉语词汇教学

第一节　现代汉语词汇的特点

一、双音节词是主体，单音节词仍占有重要地位

根据对现代汉语 8000 个高频词的统计，双音节词约占 70%，单音节词占 27%，三音节及三音节以上的词只占 3%。但从词语在交际中使用的情况来看，单音节词的使用频率高，分布范围广。

很多单音节词构词能力强，可作为语素构成大量合成词，且位置灵活。如"学"：

学报　学费　学会　学历　学期　学生　学术　学说　学习　学校　博学　大学　放学　化学　讲学　教学　开学　科学　留学　奖学金　科学家　留学生　助学金　教学法

可以说单音节词依然是现代汉语词汇的基础部分，占有重要的地位。

二、复合法构词为主，偏正式最多

从词的内部结构来看，现代汉语词汇分为单纯词和合成词。单纯词由一个语素构成，如"爱、这、把、犹豫、灿烂、蝴蝶、葡萄、马虎、姥姥、咖啡"等。合成词由两个或两个以上语素构成，构词方式主要有以下三种：

重叠式—词根的重叠，如"爸爸、妈妈、星星、刚刚、偏偏"等。

派生（附加）式—主要是词根前加或后加词缀派生，如"老虎、老鼠、阿姨、阿妹"和"木头、馒头、孩子、屋子"等，其中的"老、阿"是前缀，"头、子"是后缀。

复合式—词根与词根组合，如"道理、长途、鼓掌、欢迎、提高"等。

现代汉语的词汇以合成词为主，而合成词中绝大多数为复合式合成词，约占合成词的 97%。这些复合词的构词类型跟短语结构的基本类型大体一致。如联

合式的复合词"道路、爱好、寒冷",联合式的短语"哥哥和弟弟、讨论并通过";偏正式的复合词"毛笔、长途、红茶",偏正式的短语"一张桌子、可爱的孩子、热烈欢迎";动宾式的复合词"命令、吃力、伤心",动宾式的短语"打扫卫生、恢复健康";陈述式的复合词"地震、司机、胆小",陈述式的短语"天气冷、价格贵";补充式的复合词"提高、充满、书本",补充式的短语"看清楚、听一遍、说得很快";等等。

在各种类型的构词方式中,偏正式最活跃,构词能力最强。根据统计,由语素构成的二字词中,名词、动词和形容词合起来占总二字词的95%。其中偏正式比例最高,约为56%,如"电脑、手机、阳光、爱情";其次是联合式,约为22%,如"声音、美丽、呼吸"等;再次是动宾式,约为19%,如"司机、改行、出众"等。

三、词汇与非词汇界限模糊,切词困难

首先,汉语词汇在书写时,词与词之间没有间隔,不像拼音文字的词在书写时,词与词之间界限分明。对外国学生,尤其是母语为拼音文字的学生来说,辨识汉语词语有一定困难。

汉语词汇成分切分困难,根本原因是现代汉语的词汇单位与非词汇单位之间缺乏明晰的界限。这主要表现在以下几个方面:

第一,词与语素界限不清。虽然能否独立运用是区分词和语素最基本的标准,但由于现代汉语词汇来源复杂,汉语中的单纯词与语素有交叠现象,要想明确地分辨出哪个是语素哪个是词,并不那么容易。例如,"白"在"白字"中是语素,在"白纸"中却是词;"民"一般不能独立成词,是语素,但是在"民以食为天、爱民如子"中,"民"又是个词了。

第二,词和短语界限不清。一方面,词与固定短语界限不清。例如,"哭穷、露馅、吹牛"等,有人认为是惯用语,有人认为是词;又如"文教、科技"等缩略语频繁使用后,人们甚至意识不到它们本来的短语面目了。另一方面,词和自由短语之间的界限有时也很模糊。如"鸡蛋、鸭蛋"是词还是短语?有的词典将后者作为词收录,却未收录前者。此外,汉语还有不少像"照相、散步、见面、结婚"这样既像短语又像词的"离合词",更是增加了汉语词界的模糊性。

四、语素造词理据性强，词语表意明确

语素义与词义有直接或间接的联系。用特定语素构造出特定的词是有道理可讲的，是具有理据性的。将词义与语素义关系的几种类型描述如下：

第一，词义是语素义按照构词方式组合起来的意义。如"有趣"就是有趣味，"家务"就是家庭事务。

第二，词义同组成它的两个语素义相同或相近。如"道路"的意思等于"道"或"路"，"美丽"的意思是"美"或"丽"。

第三，语素义表示了词义的某些内容。如"黑板"中的"板"表示它是"平板"的一种，"黑"表示颜色，"黑"和"板"只是提示了事物的某些特征，并没有说明其用途。

第四，词义是语素义的比喻用法。如"风雨"比喻艰难困苦，"手足"比喻弟兄。

第五，词义是语素义的借代用法。如"山水"泛指有山有水的风景。

语素在构词时，约88%的名词、约93%的动词和约87%的形容词保持原来的意义不变。也就是说，汉语复合词的词义大都可以通过构成它的语素的意义以及构词方式来分析和理解。

五、包含共同语素的近义词数量多

现代汉语词汇存在大量意义相同或相近的词语，如"美、美丽、漂亮、好看"。从对常用近义词组的粗略统计看，近义词组内各成员含有同一语素的，约占65%，如"答复—回答、了解—理解、相信—信任、舒服—舒适、天气—气候、忽然—突然、地点—地方—地区、独特—特别—特殊"等。有的近义词组内一部分词条含有相同语素，这部分中的某个词条又与组内其他一些词条含有共同语素，如"凑巧、碰巧、正巧、恰巧、恰恰、恰好、正好"，所占比例约为20%。不包含相同语素的近义词所占比例只有10%左右。相同的语素能体现意义共同的成分，不同的语素便往往导致意义的细微差别。

包含共同语素的近义词，有一些音节上不对等。如"眼—眼睛、春—春天、写—书写、到—到达、因—因为、白—白白、头—脑袋—脑袋瓜"等，这些词语在使用时往往有各自的限制条件。一般来说，单音节配单音节，双音节跟双

音节组合，如"写字、汉字书写"。

六、有叠音词和带叠音形式的词，叠音形式多样

叠音词是由两个相同的音相叠而构成的词，如"猩猩、姥姥、匆匆"等。现代汉语词汇里还存在一些带叠音形式的词，名词、数词、量词、形容词、副词、动词都有。叠音形式有：

AA 式：天天 看看 样样 偷偷 悄悄

AAB 式：毛毛雨 蒙蒙亮 飘飘然

ABB 式：眼巴巴 水汪汪 凉丝丝 静悄悄

AABB 式：漂漂亮亮 花花绿绿 叽叽喳喳 熙熙攘攘

ABAB 式：打扫打扫 漆黑漆黑 雪白雪白 高兴高兴

A 里 AB 式：糊里糊涂 傻里傻气 啰里啰嗦 娇里娇气

除了以上特点外，现代汉语词汇还有一些较为显著的特征：有丰富的成语，而且大多是四个音节的；有丰富、系统的量词和语气词；等等。

第二节　词汇教学的重要性和任务

一、词汇教学的重要性

词汇是学习、掌握一种语言的重要内容。语言交际中，一个人只要运用了合适的词汇，即使音发不准，语法不正确，也能完成一定的交际任务。儿童习得母语开始于单词，此后词汇学习不会间断；而语音、语法学习在成年后进展很小。对二语者来说，词汇是学习的基础和核心，"掌握词汇量越大，用外语进行听说读写的自由度也就越大"。

词汇教学是汉语教学的重要部分。从目前一般的对外汉语教学模式来看，大多数课堂教学往往从词汇教学开始，词汇教学贯穿了整个语言教学的始终。

二、词汇教学的任务

对外汉语词汇教学应该"根据教学大纲的要求，（使学习者）在有关汉语词汇知识的指导下，掌握一定数量的汉语词汇的音、义、形和基本用法，培养

其在语言交际中对词汇的正确理解和表达能力"。

那么怎样才能判断学生是否掌握了某个词语？从接受（听和读）和产出（说和写）两个角度对此进行详细论述，他认为掌握一个词语意味着要了解它的形式（口语的、书面的）、意义（概念、联想）、位置（语法形式、搭配用法）、功能（频率、使用场合）。从输入、输出考虑，词语知识可分为接受性知识和产出性知识。接受性知识是对词的识别和理解，产出性知识则是在理解的基础上对词的使用。

二语词汇习得研究表明，"'认识一个词'并不是要么全知道，要么一点儿也不知道（这种现象在心理学上叫'全'或'无'），而是有不同层次的，从完全缺乏该词的知识到掌握该词的详细知识、来源以及使用它的语境，这是逐渐过渡的。可以将'认识一个词'看成是一个连续体"。

从"对词的识别和理解"到"对词的使用（说和写）"就是一个词汇知识不断发展的过程。接受性知识一般在产出性知识之前获得。一个人能掌握的产出性词汇知识只是所学词汇中很少的一部分。即使母语者，对一些低频词也不一定会说会写，只是可以听懂、看懂而已。

词汇教学中，词语可以分为复用式和领会式。复用式词语也称复用式掌握词语，要求听、说、读、写"四会"，即不仅要理解，还要能运用；领会式词语是指只要求达到领会式掌握的词语，即指听、说、读"三会"，听、读"二会"或听"一会"的词语。

词汇教学的任务，就是帮助二语者掌握一定数量的复用式词语和一定数量的领会式词语，同时努力缩小这两类词汇量的差距，促使学生从理解词汇逐渐发展到能正确运用词汇。教学中应分轻重主次。对复用式词语应精讲多练，对领会式词语则可少花力气。

由于课堂教学时间有限，学生不能仅靠教师在课堂上的讲解和训练来学习词汇。教师要注意指导学生掌握多种词汇学习策略，培养其自学汉语词汇的能力。

第三节 词汇教学的重点与难点

复用式词语当然是教学重点。但并非所有复用式词语都是难点，有些复用式词语容易掌握，不必花太多力气。从教学实践看，对二语者来说，以下几类词语是难点，应该重点讲练。

一、近义词

近义词是汉语二语词汇教学中的重点、难点之一，尤其是进入中级阶段，近义词误用偏误十分常见。但近义词数量庞大，不可能都进行讲练。必须抓住近义词教学中的重点、难点，有针对地进行讲练。从二语学习者的角度看，近义词讲练应考虑以下几点：

（一）常用近义词

常用近义词主要是初级、中级近义词。如："不—没、别—不要、家—家庭、见—见面、爱—喜欢、办法—方法、本人—自己、曾经—已经、不同—不一样、到—到达、读—念、立刻—马上、美丽—漂亮、考虑—想、借口—理由、起—起来"等。

这些常用近义词，学生即使学过，偏误仍然不少；有的到了高级阶段，还出现偏误。应予以重视，反复讲练。

（二）用法多、差异多的近义词

这类近义词主要分为三小类：

第一类，意义相近，用法不同，任何时候都不能替换，如："发达—发展、抱歉—道歉、感动—感激"等。

第二类，意义相同，用法有同有异，有时能替换有时不能替换，如："妈妈—母亲、相互—互相、害怕—怕、关—关闭、不同—不一样"等。

第三类，意义相近，用法有同有异，有时能替换有时不能替换，如"爱—热爱、低—矮、通常—常常、安排—布置、安静—宁静、尊敬—尊重、丰富—丰盛"等。

第一类近义词任何时候都不能互换，稍加讲练就可以解决问题。第二类和第三类近义词有时可以互换，有时又不能互换，是教学的重点难点。尤其要注意的是，讲练近义词时，除了重视意义区别外，特别要注意形式区别，如语法功能、组合搭配、使用范围、句型句式等。

例如，针对"常常…通常"，应讲清以下区别：①使用"通常"的句子一般需要说明与动作有关的情况、条件或结果，句中要有表示时间、地点、方式、条件等的成分；"常常"没有这个限制，可以修饰单个动词或简单的短语。②句中有表示过去或将来的时间词语，只能用"常常"，不能用"通常"。③用"通常"的句子可以表示对比，用"常常"的句子表示的只是一般事实。④"通常"可以放在句首主语前，"常常"不能。⑤"通常"还可以修饰"情况、做法、方法"等词语作定语，"常常"不能。

（三）考察学习偏误

经常混淆的近义词肯定是教学重点。如"常常—往往"，学生偏误很多：＊我往往去旅行。/＊这个学期，他往往迟到。

＊有一些学生往往不上课。/＊我往往没有带书来上课。再如："见—见面、看到—见到、会—能—可以、知道—认识—了解、又—再、懂—懂得、问—打听、想—考虑—着想、方法—方式"等。针对这类近义词进行讲练，能提高词汇教学效率。

（四）讲练重点是区别性差异

近义词的差异常常是多方面的，但有的差异是"区别性差异"，弄清楚这类差异，就可以减少大多数偏误。讲练应抓住主要差异。如"不—没"主要有五个差异：①"不"多否定将来的、未发生的动作行为，也可以否定经常性或习惯性、规律性的动作行为；"没"多否定过去的、已经发生的动作行为。②"没"可以与"过"配合，"不"不能；"不"可以和"了"配合，"没"不能。③"不"可以用在性质形容词之前，"没"不能。④"不"可用在所有助动词前，"没"只能用在"能、能够、敢"等少数几个助动词前。⑤"不"还可以用在"是、像、等于、属于、知道"等动词之前；"没"不能。

其中前三点是主要差异，要抓住这三点讲练；后两点可以先不讲练，出现偏误后再讲解。

二、多义词

多义词是具有两个或两个以上不同义项、各个义项间存在一定联系的词。汉语中有不少基本的、常用的词，都是多义词，如"看、开、乱、要、做、想、吃、漂亮"等；不少多义词还兼属不同词类，表示不同的意义，如"遗憾"既是形容词（非常遗憾）又是名词（终生的遗憾），"难怪"既是动词（这也难怪）又是副词（难怪他今天不高兴）。

多义词也是教学的重点和难点，教学中应当用举例法和归纳法重点讲练。以"看"为例，当学习表示"观察并加以判断"的"看"（你看今天会不会下雨？）时，教师可以引导学生说出带有"看"的短语或句子，教师再将包含有"看"的不同义项的短语或句子板书下来，组织学生分析归纳例子中"看"的意思。

在复习归纳已学过的"看"的义项和用法之后，教师再结合课文中的例句讲练"看"的新义项。再如中级词汇"勉强"，其义项和用法有以下五种：①形容词，能力不够，还尽力做，做状语。②形容词，不是心甘情愿的，做补语、状语。③动词，使别人做不愿意做的事，做谓语。④形容词，不充足、凑合，做状语。⑤牵强、理由不充足，做谓语。

以上这些义项不可能同时出现在一篇课文中，相对来说，前三个义项更为常用。在教学时，教师除了讲练课文中的义项外，还可以通过例句将"勉强"的常用义项展示出来，引导学生发现和归纳"勉强"在句中的不同意思与用法。

多义词教学，应特别注意不同义项的教学顺序，遵循常用原则，分阶段教学。初级阶段，教师一般根据某个多义词在课文中的意思和用法进行相应讲解，不应一次性将各个义项教给学生。如"想"有四个主要义项：①用大脑思考（你想好了再回答）；②想念（我很想妈妈）；③打算（你下课后想去哪里）；④认为（我想他一定不会去的）。这四个义项都很常用，但考虑到学生的接受能力，教师应结合课文内容语境分开讲练，在学生接触"想"的多个义项后，再进行归纳总结。到了中高级阶段，教师可以先让学生明白该词的常用义项、在课文中的意思和用法，再展开其他义项的教学。

三、用法特殊的词语

用法特殊的词语是指那些在用法上与同类词不同或使用上限制比较多的词语。例如，动词"加以"，只能带双音节动词做宾语，不能带其他形式的宾语；"见面、洗澡、堵车、签字、失眠、涨价"等离合词均不能带宾语，中间都可以插入某些词；"绝、耐烦"等词一般用在否定句中；"沉思、沉默"等一些动词不能带宾语，只能带补语；"高速"等形容词不能做谓语，只做定语；"缘故"一般只在"由于……

的缘故"和"是……的缘故"的格式中使用;动词"嫌"可以带宾语,但宾语后多数情况下还有补语。这些用法特殊的词语如果不重点讲练,学生很难掌握。

教师可通过例句展示词语的功能与使用条件,引导学生了解词语的用法。如"见面":

我们以前见过面。/ 昨天我跟朋友见了一面。/ 我们什么时候见见面?通过以上例子,让学生明白"见面"的对象不能放在"见面"的后面;"见面"中间可以放"了、过"等,还可以放数词表示动作发生的次数;"见面"可重叠为"见见面",不能说"见面见面如果只教"我们见面了",就很容易出现"我见面了老师"这样的偏误。

四、容易混淆的词语

易混淆词,是指二语学习者容易混淆的词语。易混淆词与同(近)义词有交叉关系,它不仅包括容易混淆的同义词、近义词,还包括语义关系较远或没有同(近)义关系而二语者却经常混用或误用的词。常见的易混淆词除了同义词、近义词以外,还包括以下几类:①母语汉字词与对应的汉语词。如日语、韩语中均有大量汉字词,其中不少汉字词虽然与汉语的某个词语同形,但意义、用法不相同。例如,韩语汉字词"爱情"的意义范围比汉语大,除了可指爱人之间的感情,还可以指对动物、其他事物的感情,而汉语"爱情"只指爱人之间的感情;"约会"在汉韩两种语言中同形,但完全异义,韩语"约会"是约束的意思;"顽固"在汉语里是贬义词,在韩语里则没有贬义;汉语中"执着"是褒义词,在韩语里则是贬义词。②声音相同或相近、字形相同或相近的词。有一些词语语义上相差较远,但因字音或字形相同或相近,学习者也容易混淆。③有相同语素的词。有的词语在语义上虽不属于近义词范畴,但由于有一个相同语素,学习者有时也容易混淆。

以上几类易混淆词对于汉语二语学习者而言具有一定难度,尤其是前两类,学习者容易受母语负迁移影响造成偏误。教学中可以利用"最小差异对"来讲练。"最小差异对"就是一组句子除了出现在同一位置上的某个词语不同之外,其余部分完全一样,这组句子因为使用了不同的词语而使得句子的意思不同或导致某个句子不成立。例如"认识""知道"的英文翻译都是"known",学习者在学习汉语的初始阶段就会接触到这两个词，教师可用"最小差异对"的方式展示例句：

我知道李明。—我听说过他的名字。/ 我认识李明。—我们以前见过面。

通过以上例句，引导学生明白"知道"和"认识"都可以用于人。但"认识"表示见过某人或某人的照片，并可能跟他有交往；"知道"只是听说过某人的名字或有关他的情况，但没有见过，没有交往。在此基础上，教师引导学生说出以下句子，进一步明确这两个词用于"人"时的不同：

我以前不认识他，只知道他的名字。

"认识"和"知道"的对象还可以是某个地方或某个东西，"知道"还常用于事情，教师展示"最小差异对"，引导学生把握它们在意义和用法上的不同：

我认识那个水果。—以前见过。/ 我知道那个水果。—听说过，但没见过。

我不认识路。—走错地方了。/ 我知道那条路。—但是没去过。

我不知道他去哪儿了。/＊我不认识他去哪儿了。

五、熟语

熟语主要包括成语、惯用语和歇后语，它们是汉语词汇中的特殊成分，往往包含着特定含义，反映着民族文化和社会背景，不弄清楚就无法理解和运用。中高级阶段有相当数量的成语、惯用语等固定短语，应当重点讲练。如：

讨价还价 实事求是 供不应求 引人注目 举世闻名 聚精会神 一言为定

铁饭碗 大锅饭 碰钉子 吃不消 开眼界 巴不得 凑热闹 想不开

熟语教学，除了要讲清楚基本意思外，还应重点讲解使用条件和限制。例如"聚精会神"，除了要让学生明白"集中精神做某事"的意思外，还要强调"在比较短的时间内"这个限制；否则学习者容易造出我这个月一直在聚精会神准备考试气又如"不以为然"，应强调用于"对……不以为然"；否则学习者可能产生偏误："＊我不以为然他的看法"。

第四节　词汇教学的基本原则

一、浅显讲解，难点分化

首先，用已学词语解释生词和用法。例如，用"请"来解释"邀请"，用"问"带出"询问"；如果顺序反过来，学生肯定难以理解。又如"雄伟"在《教学大纲》中是中级词，《现代汉语词典》解释为：①雄壮而伟大；②魁梧、魁伟。《HSK汉语水平考试词典》解释为：气势雄壮而高大。其中"雄壮、气势"是高级词，"魁梧、魁伟"是超纲词，学生都没学过。这样的解释，效果肯定不好。如果用学过的词语，可以这样来解释：形容高山、建筑物等高大、很有力量，或形容计划、目标等伟大。

其次，用简单的句子或结构讲解。请看对"节省"的解释：

a. 使可能被耗费掉的不被耗费掉或少耗费掉。

b. 尽量少用或不用可能被用掉的东西。A 是复杂句，有使令动词"使"，有表示被动的"被，难词"耗费"出现了三次。如果教学时这样解释，对学生理解词义毫无帮助，还会增加学习负担。相对而言，B 使用的词语、句子比较简单，学生容易懂。

此外，在讲解词语时，应该给出清晰、足够的例子，帮助学生准确理解词语的意义和用法。如讲解"帮忙"，如果只解释其为"帮、帮助"，给出"我明天搬家，想请你帮忙"的例句，学习者可能会说出我帮忙他"之类的偏误。教师应该给出以下例句：

我明天搬家，想请你帮我个忙。／要我帮你什么忙？／X 他常常帮忙我。

难点分化，就是要根据学生的接受能力和习得特点将词汇知识点分散开来，分时间、分阶段进行教学。如初级阶段，学生接触到的常用词语很多是多义词，应该先教最常用的义项，后教比较少用的或抽象复杂的义项。如"看"做动词有八个义项，应该按照词义的难易顺序，先教"看书、看电影"，之后再教"看病、看朋友"；到了中级阶段，再教表示"观察并加以判断"以及"取决于、决定于"等意义的"看"。

有的词用法复杂，如动词"理解"，主要做谓语（理解他、互相理解），有时可做宾语（我们需要你的理解）、主语（理解很重要），还可以做定语（理解能力很强），教学时可以先讲做谓语的情况，隔一段时间再讲做宾语、主语的情况，最后讲做定语的情况。

二、结合语境，精讲巧练

精讲，就是有针对性，抓住重点，准确简练，讲清主要意义和用法，不要面面俱到。例如，在初级阶段常碰到一词多义的情况，教师要根据大纲和教材，选取必要的、合适的义项讲授，而不是不分轻重、不分先后地都搬给学生。中级阶段，有的近义词差异较多，如果每个差异都讲，既复杂，学生也接受不了。所以，只要讲清主要的、区别性的差异就行了，精讲必须跟巧练结合。俗话说"熟能生巧"，反复练习才能熟练掌握，运用自如。练习不是越多越好，如果只是机械练习，效果也未必好。教师在讲解的同时应当创造多种形式、多种内容的词汇练习活动，边讲边练，讲练结合，让学生在反复多样的操练中理解词义，学会使用。如"平时"，教师可先通过完整例句启发学生感知它的意思和用法：

我平时12点睡觉,昨晚很累,10点就睡了。然后问学生:"你昨晚几点睡觉？"待学生回答后，教师继续问："平时几点睡觉呢？"通过问答，加深学生对"平时"的理解："平时"要跟某个具体时间相对，表示一般的、通常的时候。教师还可以展示后半句，让学生用"平时"说出前半句：

_____，周末九点半起床。

_____，节假日人很多。

_____，今天没迟到。

精讲巧练通常结合典型语境进行。如介词"按"可以跟其他一些词语搭配成"按计划进行、按顺序上车"等结构，这是"按"使用时的短语语境。情景则是说话时涉及的时间、场所、背景、参加者、交际话题、交际目的等。例如，你的提包丢了，但你最重要的证件没放在里面，避免了更大的麻烦，你因此感到幸运。这时可以说"提包丢了，幸亏证件不在里面，不然就麻烦了。"这是"幸亏"使用时的情景语境。在课堂教学中，情景可以是教室里的真实情景，更多的则是模拟情景和想象情景。

语境能使词语的意义和用法更加明确。在词汇教学中，教师应将生词放入上下文或尽可能真实的贴近留学生生活的情景中进行讲解和操练。这样有利于学习者理解和掌握词语的意义和用法，也能激发学习者的学习兴趣，增强师生互动，活跃课堂气氛。

例如针对"倒霉"进行讲练，教师给出"我出门摔倒了，上课迟到了，现在手机又不见了"这三个具体的情景引出"我今天真倒霉"，学生很容易就明白"倒霉"的意思。教师再让学生说出他们认为倒霉的事情，如"钱包被偷了，护照不见了"等，班上同学一起用"倒霉"说出完整的句子。

三、语素教学与整词教学相结合

语素教学，就是利用汉语语素构词的优势，将词和语素的学习结合起来。不但要讲练目标词语的意义和用法，还要将语素构成词的规律教给学生，通过语素义解释词义，并利用语素引导学生扩展生词、猜测词义，帮助学生理解和记忆生词，扩大词汇量。

汉语词的构造单位是语素，许多单音节语素可以单独成词（如"人、学"）；语素跟语素又可以按照一定的构词方式组合成合成词（如"人民、学习"）。合成词的意义大多与语素义存在一定联系，可依据语素义去推求和理解。因此，教学中可以借助语素构词的特点帮助学生学习汉语词汇，提高对词语的领悟和学习能力。例如，认识了汉字"车"以后，就能清楚确定"货车、轿车、电车、出租车"等表示的是交通工具而不是别的事物；学过"高度"这个词，又掌握一些汉语构词知识后，遇到"难度、深度、广度、热度"等词语，加上合适的上下文，就可以猜出大概是什么意思了。

值得注意的是，"面试"这样的词，语义透明度比较高，适合利用语素进行教学。但是，汉语有些词，语义透明度比较低，如"疲惫、小说、马虎、点心"等，就需要进行整词教学；一些音译外来词"幽默、克隆"等也很难进行语素教学，可借助外语翻译或语境，整体掌握词义、用法。

实际教学中，可以同时运用多种方法讲授词语。如"足球"，可以用翻译法；还可以用语素分解的方法把词语分成"足"和"球"。用直观法引导学生了解"足"就是"脚"，"足球"是用脚进行的运动，引出动词"踢"和词组"踢足球"。

最后还可让学生扩展出"手球、水球、网球"等。综合讲练，能促使学生更好地掌握词语，扩大词汇量。

第五节　不同文化模式对汉语文化词语的认识

汉语文化词语作为语言的重要组成部分，蕴含着深刻的文化内涵。而来自非汉语文化语境中的对外汉语学习者在对汉语文化词语的认识受其母文化模式的影响，常会产生一些差异。在这种情况下，教师必须清楚认识不同文化模式对汉语文化词语的认识，以结合对外汉语学习者的文化认知模式开展对外汉语教学。

一、文化词语的内涵

通常情况下，文化词语主要包括两种情况。

一种是目的语文化所特有，但母语文化中没有的，主要反映的是目的语文化中的某些特有事物、现象的词语。比如说汉语中的"作揖""岁寒三友"等，这些在英语中很难找到完全对等的词语。同样，英语中的"knightliness"（骑士精神）、"sphinx"（狮身人面像）等表示深层文化内涵的词语，也是不容易被普通中国老百姓所理解的。

另一种是目的语中经过长期的历史积淀以及文化渗透所形成的特殊文化词语，他们虽然可以勉强在母语中找到一些与之相对应的词，但原词的"内涵意义""社会意义""情感意义"等却遭到一定的损坏，致使难以用母语完全表达目的语中该词汇的全部含义。例如，汉语中的"竹"虽然也可以在英语中找到"bamboo"，但其在汉语文化中却有着更深刻的含义，英语显然难以完全传达出它的这些文化内涵。具体来看，竹子、姿态优雅、根系发达，用途多样，具有很高的经济价值和生态价值，在物质层面满足了人们的需要。与此同时，我国劳动人民在长期的生产实践和文化生活中，把竹子的生态习性、生物学特征和形态特征总结升华成了一种做人的精神风貌，如虚心、气节等，竹子也逐渐被列入高尚人格和道德的范畴，其内涵已经成为中华民族品格、禀赋和美学的象征。例如，白居易在《养竹记》中总结竹子的品性"本固""性直""心空""节贞",将其比作贤人君子;刘岩夫在《植竹记》中赋予竹子"刚""柔""忠""义""谦""贤""德"等品格。总之,普普通通的"竹"反映了中国人高尚志趣,凝聚了中华民族仁人志士坚毅、虚心、旷远的文化心理。所以苏东坡就说:"宁可食无肉,不可居无竹",宁肯不吃肉也要有竹子做伴。人们对居住环境都有相当高雅的品位,这是对"竹"的高度评价。而在英语中,"bamboo"仅仅表示的是竹子这种事物,而没有任何关于竹的文化内涵与联想意义。

又如"玉",它的英语对应词虽然"jade"也难以传到出汉语中"玉"的文化内涵。具体来看,"玉"具有十分特殊的意义,"黄金有价玉无价"这是一句极具对比性的判断话语。玉在中国,是一种让人刮目相看的特殊物体,以玉尚美,几乎成为中国美学的脊梁。各个朝代的玉器,虽然数量上有差异,内涵上有转移,品质上有优劣,风格上有不同,但玉的至尊至圣的地位,不但没有丝毫动摇,而且一直扶摇直上,节节攀升。在历史的场合中,玉由具体到抽象,由实物到符号,同时随着古代思想的介入,它变得更为得到花,成为道德的楷模。同时,玉的透明,也带有公开、公正、公平、清白和无私的文化内涵。因此,"玉无价"便成为中国社会的一个文化认知。然而在英语中,"jade"仅仅表示的是玉这种物质,而无中国的这种文化内涵。

通过以上分析,我们可以看出,文化词语由于包含着其文化语境中的某些深层次文化内涵,因而会通过唤起深埋于人们潜意识中的默写联想和情感,时期产生不同的文化心理感触。而这些隐藏在文化词语内核中的深层次文化内涵对于第二语言学习者而言,显然会产生较大的认知障碍,使他们难以实现有效的双语转化。有鉴于此,对外汉语教学者需要对汉语以及学习者的母语的两种语言文化都进行深入的了解和认识,在借鉴、吸收先辈的教学实践经验的同时,运用现代语言学、文化人类学、社会学、心理学等理论,全面地、深入地、持久地开展汉外词语的比较研究,以促进相互间的文化交流与彼此深入的理解。

二、不同文化模式的对汉语文化词汇的认知分析

从不同的角度可以将文化模式分为不同的类型,例如从地域的视角可以将文化模式分为西方文化模式和东方文化模式,而东方文化模式又因民族的不同

可以分为中国文化模式、日本文化模式等。而不同的文化模式对汉语文化词汇的认知也各有不同，下面主要以英语文化模式、日语文化模式和韩语文化模式为例，分析他们对汉语文化词汇的认知。

（一）英语文化模式对汉语文化词汇的认知

众所周知，英语文化模式实际上是一种吸取基督教的文化思想而逐渐形成的神性文化模式，在该模式下，英语文化中的科学、艺术、道德等均与神学密切相关，人们不仅以对上帝的皈依、对天国的向往为最高的理想和追求，而且出于对上帝既敬且畏的情绪以及一系列使命感而进行奋斗。因此有文化内涵的不同，英语文化模式下的个体对汉语文化词汇的认知常常出现各种误差，这些误差主要表现在以下几方面。

1. 由于文化内涵不同而导致的词汇空缺

所谓的词汇空缺就是"由于文化和语言的差异，一种语言有的词在另一种语言中也许没有对应或契合的词"。例如，汉语词汇中的"接风""聘礼""养老扶幼""贤妻良母""吐故纳新""黄帝""尧舜""元宵""节气""端午"等，在英语中都找不到完全意义对等的词语，因而出现词汇空缺现象。

2. 由于词义联想和文化意象不同而导致的语义差异

由于文化模式的不同，不同文化群体在对文化词语的联想意义和比喻形式与内容上会有一定的差异，导致具体的文化词语在异文化模式下所反映的联想意义和社会文化意义难以对等。例如，在汉语文化词语中，"龙"是中国人几千年来一直予以崇拜和幻想的偶像，是炎黄子孙的人文始祖轩辕黄帝为华夏民族创造的。集蛇身鱼尾狮头鹿角鹰爪于一身，寓意各民族亲如一家，团结一心。从此，这个无所不在、无所不能的"龙"，成了中华民族的象征，成了炎黄子孙共同的神圣标志。龙文化，亦即以炎黄历史文化为肇端的，囊括了不同流派的综合文化现象。正是这种文化孕育了中华民族，塑造了"龙的传人"和中华精魂，也正是这种民族魂支撑的龙的传人维系着中华民族的存续发展，才有了中华民族历史上的辉煌，今天的繁荣以及未来的希望。然而对于英语文化模式而言，西方人对"dragon"却没有中国人这样的文化认知，在他们的思想观念中，龙仅仅是一种能喷烟吐火、凶残可怕的怪物，是灾难的象征。可见，文化模式的差异也会致使其对文化词语的认知出现联想和文化意象的差异，最终造成词义的不对等。

3. 由于文化模式不同而导致文化词语的语义与文化内涵的不同

文化模式不同，对文化词语的词义及其文化内涵的认知也会有一定的差异。以汉语文化词语为例，汉语中"爱人"一词指的是自己的配偶和伴侣，而在英语中，"lover"指的是则是情人。又如"唯心主义"一词在汉语中带有一定的贬义色彩，而在英语中，"idealism"并不存在褒贬色彩。再如，汉语中的"红茶"在英语中应该是"black tea"，英语中的"black coffee"在汉语则是"浓咖啡"，汉语中的"浓茶"在英语中则是"strong tea"。

（二）韩语文化模式对汉语文化词汇的认知

历史上中国曾经对日韩两国的文化产生过很大的影响。韩国由于地域的关系和历史的原因，在传统文化方面跟中国的传统文化更接近一些，保留的古风也更多一些。例如，在韩国人的家庭生活中，男子、父亲居于中心地位，女性出嫁后要侍奉公婆、相夫教子、恪守妇道，这些都是在中国传统文化的影响下形成的。

不仅韩国文化深受中国文化的影响，而且韩国的语言也深受韩语的影响。据韩国 HANGEUL 学会编纂的《大辞典》所收录的词条显示，中汉字词占 69.32%，且韩汉同形词又占非常大的比重，如国家、动物、报告、访问、解放、方法等，不仅在读法上与汉语相似，其词义、构词法也与汉语相同。

由于文化差异相对较少，因而韩国人对汉语文化词语的认知障碍也就越小，也更容易产生认同感。例如，在汉语文化词汇中代表吉祥、皇权的龙、代表天神的麒麟，代表多福的"佛手"，代表长寿的"桃"，代表多子的"石榴"，代表喜事的"喜鹊"等均在韩语中也有相同的文化语义。可以说，由于同属于汉字文化圈，再加上过去长期受到中国的影响，韩国人对汉语文化词语的认知相较而言，要准确得多。

第六节　对外汉语词汇教学的方法与技巧分析

一、对外汉语词汇教学的方法

通常情况下，对外汉语词汇教学常常以词汇展示、词汇讲解、词汇练习三个方法进行。在具体的教学实践中，这三个方法也并不是截然分开的，而是经常相互交叉的。因此，这里对对外汉语词汇教学方法的分析，也主要是分析这三种方法。

（一）词汇展示法

所谓的词汇展示法就是在开展对外汉语词汇教学的过程中，把要教的词汇通过板书、领读等方法介绍给学生，并让学生认读，从而使学生对所要学的词汇的形、音、义有所了解和认识。

在运用这种方法进行对外汉语词汇教学时，教师一定要注意把握好词汇展示的顺序和方法。

1. 词汇展示的顺序

通常情况下，对外汉语词汇展示的顺序大多是按照这些词汇在对外汉语教材中出现的先后顺序排列的。为了加强课堂教学过程中各个环节的有序衔接，教师也可以根据教学的需要，对需要展示的词汇加以调整。具体来看，在展示词汇的过程中，常见的词汇排列顺序主要有以下几种：

（1）按词汇在对外汉语教材中出现的顺序排列

大多数情况下，对外汉语词汇中的生词排列都是根据其在对外汉语教材中出现的先后顺序排列的。根据生词在对外汉语教材中出现的先后顺序排列生词，不仅有助于教师以排列好的生词为线索叙述或串讲课文，而且有助于学生以生词作为提示的线索，听教师串讲课文和复述课文。在这里需要注意的是，为了使所排列的词汇与对外汉语教材内容衔接得更加紧密，教师可以再增加一些与内容有密切关系的重点词，用括号括起来，以与其他生词相区别。

（2）按词群排列。

词群实际上就是意义上有共同特点且相互联系的一群词汇，如"叔叔""阿姨""姑姑""姨妈""哥哥""姐姐""弟弟""妹妹""表哥""表姐""表姨""表外甥"等就是一组表示亲属关系的词群。在词汇教学的过程中，教师可以按照词群的性质，将生词予以归类排列，以便加强学生对这些词汇的了解。例如，某篇课文的生词如下：

天气　冷　热　下（雨）　下雪　季节　春天　夏天　运动

秋天　冬天　暖和　游泳　凉快　郊游　滑冰　爬山

根据这些生词的意义特点，我们可以将它们分成多个词群。如：

跟季节有关的词群：春天　夏天　秋天　冬天

跟天气有关的词群：冷　热　暖和　凉快

跟春天有关的词群：春天　暖和　下（雨）　郊游

跟冬天有关的词群：冬天　冷　雪　滑冰

跟夏天有关的词群：热　游　泳

跟秋天有关的词群：凉快　爬山

根据以上词群，将生词板书在黑板上，具体排列下：

季节	天气	运动
春天	暖和　下（雨）	郊游
夏天	热	游泳
秋天	凉快	爬山
冬天	冷　下雪	滑冰

这样的词汇排列设计，无论是行还是列，都可组成一个词群，如第一列是季节，第二列是天气，第三列是运动；第二行是春天的情况，第三行是夏天的情况，第四行是秋天的情况，第五行是冬天的情况。如此排列，对学生理解、记忆这些生词都很有好处。

（3）按字的偏旁排列

假如在一篇课文中，同一个偏旁的字出现了多个，我们就可以把它们集中起来进行教学，这样能帮助学生更好地领会汉字偏旁表义的功能，从而更深刻地领会汉语词汇的特点。例如，某一篇课文中出现了"信封""收拾""地址""商量""迎接""打扫""椅子""桌子""衣柜""地板""放""棵""树""满意"
这些生词，教师就可以选出带有"寸"和"木"旁的词汇按以下顺序进行教学：

扌	木
一棵	树
打扫	椅子
收拾	桌子
迎接	地板
放	衣柜

在按偏旁排列好这些词汇以后，教师可以告诉学生带提手旁的字一般与手
部动作有关，同时告诉他们"收"和"放"的反文旁也表示与手部的动作有关，
然后再结合情景、动作具体讲解这几个动作的特点。带木字旁的字则可以就按
上述的顺序教。教完以上生词，再教其余的。

2. 词汇展示的方法

在充分备课、排列好生词的顺序的基础上，教师就可以在课堂上展示具体
的词汇了。一般情况下，教师常用的词汇展示方式主要有以下几种：

（1）领读

领读就是教师将当天所要学习的生词，按照一定的顺序展示在黑板上后，
对每个生词做示范朗读，学生跟着教师念，以帮助学生掌握生词的正确读音的
一种方法。

（2）听写

听写就是教师念出生词，学生将这一生词写出来的过程。这一方法既可以
是教师念一个词让学生写一个词，也可以是教师说一个词的意义，让学生写出
该词。例如，可以是教师念"勤劳"，学生写"勤劳"，也可以是教师说"努
力劳动，不怕辛苦"，学生写"勤劳"这个词。

（3）认读

认读就是教师请学生集体或轮流认读黑板上的生词，同时适当向学生说明
词的形音义的过程。认读时，教师可以请学生集体或轮流按顺序认读黑板上的
生词，也可以打乱顺序认读，以检查学生是否真正掌握了词的读音。

（4）用实物或图片、图画展示词汇

用实物或图片、图画展示词汇就是以实物、图片、图画等方式来展示具有较强形象性的生词的一种方法。例如，在学习表示颜色的词汇时，教师可以利用相关的色彩卡片来帮助学生理解"红""绿""蓝""白""紫"等的含义；在学习"大""小"，我们可以在黑板上画大小两个圆，旁边分别写上"大""小"两个字。要注意的是，用画图的方式展示生词，画的应该是简图，切勿让图画喧宾夺主。

（二）词汇讲解法

词汇讲解法就是通过向学生讲解词汇的意义及其用法来帮助学生掌握具体词汇的含义，并使其学会使用该词汇的一种方法。因此，在对外汉语词汇教学中，常见的词汇讲解法主要通过对词汇的词义及其用法的讲解得以应用。

1. 讲解词汇的词义

一般情况下，对外汉语词汇课堂教学中解释词义主要有四种途径：一是非语言法（形象法），即用非语言的方式对词义进行形象说明；二是母语法，即用学生的母语进行翻译或解释；三是汉语法，即用汉语对词义进行说明和解释；四是猜测法，即通过教师的引导让学生猜测词汇的意义。例如，在学习的入门阶段，从对外汉语学生的角度来说，他们在面对一大堆自己不认识、不熟悉的汉字时，必然会产生畏难情绪，在这种情况下，教师可以运用学生的母语来解释词汇的含义，使学生较快地掌握一些简单的、与母语含义没有差别的词汇，减轻他们在学习上的焦虑和紧张情绪。

此外，对于一些表示具体事物的名词如"黑板""门""粉笔""窗户""书""大楼"等，就可以通过实物、图片、幻灯或肢体语言等形象化的展示来让对外汉语学生理解它们的含义。此外，教师还可以通过尽可能地利用学习者学过的相应的同义词进行解释，以淡化他们对生词的生疏感来讲解词汇，如解释"漂亮"，就可以直接用它的近义词"好看"解释。既然同义词解释可以行得通，那么反义词解释也可以运用于词汇讲解的过程中，如"高"和"低""上游"和"下游""软件"和"硬件"等。但需要注意的是，不能直接在反义词前面加"不"来解释一个词汇的含义，如"饱"和"不饿"并不是完全相同的。汉语中的"我不饿了"的意思,与"我饱了"是不一样的,二者有着程度上的差异。"不饿"只是肚子不空,不是非常想吃东西了,还没有达到"足够"的程度,而"饱"则是已经吃够了,不需要再吃了。这种情况直接说两个词是反义词就已清楚了,学生也容易理解。

2. 讲解词汇的用法

进行对外汉语词汇教学,除了要让学生明白词汇的含义,还需要让他们明白相关词汇的用法。具体而言,让学生了解词汇的用法可从以下几方面入手。

(1)词汇搭配

让学生明白词汇的用法可以通过向学生讲解词汇常与哪些词搭配、怎么搭配让学生了解词汇的用法。就汉语词汇的搭配关系来看,词汇常见的搭配关系主要有两种。一种是像讲"吃"这样的动词时,可以引导学生一起与名词搭配成"吃—吃饭、吃力、吃惊、吃苦、吃醋、吃食、吃亏"等。为了避免学生出现错误的搭配,教师可以将与吃有关的错误搭配先写在黑板上,告诉学生这种搭配方式是错误的,以防止他们出现相关的词汇搭配错误。另一种是词与词之间的呼应搭配,如"白花花""金灿灿""胖乎乎""黑黝黝""慢腾腾""沉甸甸"这样的等一些带有双音节词缀的状态词,必须与"的"呼应搭配,比如"这孩子胖乎乎的""这个人慢腾腾的""他的心里沉甸甸的"。

(2)句法功能

句法功能也就是以词汇充当句子成分的能力或者与别的成分搭配的能力。例如,名词一般可以在句子中充当主句,形容词可以充当句子的定语,副词可以充当句子的状语等。

在对外汉语词汇教学中,通过向学生讲解词汇的句法功能也是帮助其更好地掌握词汇用法的一种较为实用的方法。例如,"突然"和"忽然",因为"突然"是形容词,所以它在句中就可以充当谓语,比如说"这件事很突然";"忽然"是副词,只能充当状语,不能充当谓语,不能说"很忽然",只能说"忽然下雨了"。

需要在注意的是,以上的关于"突然"和"忽然"句法功能的区别在初级阶段是不必详细讲给学生的,其中的一些术语也不必教给学生,但作为教师要心中有数,可有意识地通过举例引导学生练习,使他们在实践中掌握所学词汇的用法。

（3）感情色彩

汉语词汇也带有一定的感情色彩，有的词表示褒义，如"英雄""君子""高大""聪明""能干""豁达""坚强""善良"等；而有的词则带有贬义色彩，如"小人""鼠辈""嚼舌根""猥琐""毒辣""懒惰""废物"等，还有一些词是中性词，如"电话""房子""道路""记忆"等。

（4）语体色彩

语体色彩主要指向词汇使用的环境和场合，汉语词汇的语体色彩主要有口头语和书面语两种风格。在对外汉语教学的过程中，教师应引导学生了解在什么场合应使用书面语，在什么场合应使用口头语。例如，同样描述清晨

阳光升起的场景，书面语和口头语就有所不同，具体如下：

书面语：清晨的阳光洒满院子，暖洋洋的甚是舒服。

口头语：太阳出来后，院子里就暖和起来了。

（三）词汇练习法

词汇练习法一般是在学生初步掌握了词汇的音、形、义的基础上予以实施的，是通过让学生反复练习、实践词汇的用法，最终熟练掌握词汇。在对外汉语词汇教学中，词汇练习大体可以分成三类：识别词汇的练习、辨别词汇的练习和应用词汇的练习。

1. 识别词汇的练习

识别词汇的练习是帮助学生识别、记忆词汇的读音、意义和书写形式的练习。主要有以下方法。

（1）利用实物、图片或者动作让学生说出具体词汇

在对外汉语词汇教学过程中，教师可以在课堂前先准备好学生已经学习过的某些具有较强形象性和指向性的词汇的事物、图片、动作等，然后在课堂上通过对这些实物、图片或者动作的展示，组织学生练习说出具体的词汇，帮助学生记忆。例如，练习汉语数字的识别，教师可以通过做出不同的数字手势，让学生根据教师的手势说出数字。

（2）说出同义词

在对外汉语词汇教学过程中，教师可以先说出一个词汇，然后让学生说出这个词汇的同义词，以便让学生对汉语中成组的同义词进行联想，加深记忆，培养他们对汉语词汇的联想能力，扩大词汇量。例如"美丽"—"漂亮"，"爸爸，，—"父亲"等。

（3）说出反义词

在对外汉语词汇教学过程中，教师可以先说出一个词汇，然后让学生说出这个词汇的反义词。这一联系可以和说出同义词的练习同时进行。教师可以将词汇写在黑板上或卡片上，练习时，首先让学生说出黑板上或卡片上的词，然后让另一个学生说出同义词或反义词。例如，"安全"—"危险"，"开"—"关"等。

（4）听义说词

在对外汉语词汇教学过程中，教师可以用汉语说出词汇的意义，或者讲述一个情景，让学生说出表示该意义的词汇。例如，练习"老大爷、司机、理发师"等词汇，可以用以下方法：

教师：年纪大的老年人我们可以怎么称呼他？

学生：老大爷。（老先生、老爷爷、老师傅）

教师：开车的人可以怎么说？

学生：司机。

教师：理发店给你剪头发的人可以称呼他

学生：理发师。

（5）听词说义。

在对外汉语词汇教学过程中，教师可以先说出一个词汇，让学生用汉语解释它的意思。一般来说，教师可以说出一个句子，然后让学生解释句中某个词汇的意义，比如要练习"饮料、开夜车、打（的）"，可以：

教师："他喝了一杯饮料。""饮料"是什么意思？

教师："过几天就要考试了，他最近经常开夜车。""开夜车"是什么意思？

教师："他是打的过来的。""打的"的"打"是什么意思？

一些熟语也可以采用这种方式，教师说一个熟语，让学生用汉语解释熟语的意义。

2. 辨别词汇的练习

辨别词汇的练习就是结合学生已经学过的词汇知识，对教师所给的语言材料进行辨别、分析，最后让他们做出选择或判断的练习。常见的练习方式主要有以下几种：

（1）选词填空

选词填空主要用于近义词或容易混淆的词汇的辨析练习，是让学生根据句子的具体语境和词汇的不同用法，在所列举的词汇中选择最恰当的词汇填空的练习。在具体的运用过程中，教师可以事先将题目写在黑板上，然后让学生选词填空。

（2）给词汇分类

给词汇分类可以通过让学生根据词汇形音义的特点对词汇进行分类来加深他们对词汇形音义的印象。在具体的运用过程中，教师可以按词汇的特征写出一组同类词汇，其中故意写上一个非同类的词汇，然后让学生辨认，并说出为什么该词不属于同类。

（3）修改病句

修改病句可以用来检验学生是否真正掌握了词的意义和用法，一般是教师给学生一组病句，让学生修改。练习时，可以全班一起讨论，找出我，并说明原因，也可以由学生自己独立完成。

3. 应用词汇的练习

应用词汇的练习就是通过词汇的实际运用来帮助学生掌握词汇用法的练习。常见的联系方式主要有以下两种。

（1）词汇搭配

在对外汉语词汇教学中，教师可以先说出一个词汇，然后让学生说出可以与这个词汇搭配的词汇。例如：

教师：发生

学生：发生意外发生变故发生口角

教师：喝

学生：喝茶喝西北风喝醉

教师：菜

学生：买菜炒菜择菜种菜野菜

（2）用指定的词汇造句

用词汇造句是词汇练习最基础的训练方法之一，它可以帮助学生尽快掌握具体词汇可以应用于何种语境中，并最终理解相关词汇。但需要注意的是，用制定词汇造句又是一种非常难组织的课堂教学方法。如果仅仅给学生一个词，没有任何情景，学生可能一时想不出句子来，课堂容易冷场，即使有的学生造出句子来了，也很容易出现各种各样的错误，有些错误，教师一点即明，有些错误却可能一时很难讲清楚，这时如果纠正，可能会浪费时间，不纠正，又等于肯定了学生的错误。因此，在造句练习时，教师最好给出一定的提示，以便学生按照教师提示的思路造句，而不用花过多的时间确定要说什么。例如，教师可以根据假设情况或学生的真实情况提出问题，然

后请学生用指定的词汇做出回答：

①你什么时候回国？（打算）

②你对北京的印象怎么样？（觉得）

③身体感觉不舒服，应该怎么办？（得）

④他的意见很不合理，让大家很难接受。（难以）

⑤中医看病的时候，首先要仔细地看病人的脸色。（观察）

二、对外汉语词汇教学的技巧

在词汇教学的过程中，词汇的记忆及其使用常常会给学生带来很大的负担。但是词汇在汉语应用中又是十分重要的，且不同的情境与场合下，常常需要运用不同的词汇。因此，在对外汉语学习中，学生们一方面迫切地想学会更多的词汇，另一方面又为汉语词汇的丰富和难用而烦恼，因而觉得词汇学习十分辛苦。在这种情况下，教师若能掌握一些对外汉语词汇教学的技巧，就能充分调动学生学习汉语词汇的积极性，大大提高他们学习的效果。具体来看，对外汉语词汇教学的技巧主要包括以下几方面：

（一）营造良好的课堂教学氛围

对外汉语词汇教学本身是以诸多汉语词汇为教学内容的学习，学生对于汉

语词汇的认知及其了解相较中国人而言要弱得多，若教师在教学过程中，一味向学生传授相关词汇知识，很容易让学生产生疲惫感，因此，营造良好的课堂教学氛围是十分重要的，如果课堂气氛是轻松愉快的，处在这种环境中，教师就会精力集中、思路清晰，有时甚至是妙语连珠；学生则积极思维，热情参与，即使一些沉默寡言的学生也会主动配合。

具体来看，要想在对外汉语词汇教学中营造良好的课堂教学氛围，教师首先要有生动的表情，在课堂上要能表演，要手舞足蹈，用手势、动作、表情、语调传神，不要温文尔雅，死板板地站在讲台上，也不下来走走，这样的教师是不会成功的。例如，在讲解"好吃"和"难吃"这两个词时，有的教师就拿出了两份对比鲜明的食物，先吃了好吃的东西，做出陶醉的表演，然后再吃难吃的东西，做出勉强和难受的表演，当学生看到老师的表演后，都发出了会意的笑声，并且很快就记住了这两个词。

其次，教师要表现时需要有适度的夸张，以吸引学生的注意力，引起他们的重视。例如，在讲解"难怪"这个词时，教师可以找班里一个高个子的学生，问他"你的父母个子高吗？"待得到肯定的回答后，教师便可以做出"果然如此"的表情和动作，同时配合点头等的肢体语言，回道"难怪你的个子这么高"，并且在回答时故意将"这么"这个词念得很重。这样一来学生便会被教师的表现所吸引，明白"难怪"这个词一般适合用于的情境环境，并且认识到在使用"难怪"这个词时，句子中会出现"那么"这个词。

最后，教师要有幽默的语言，若教师能以幽默的方式和语言将所学传到的词汇知识传递给学生，便能在课堂上营造一种轻松愉悦的氛围，让学生下意识地放松自己，参与到教学活动中来，进而取得良好的教学效果。例如，在讲解"追问"这个词的含义时，一位教师先讲了这样一个笑话：小明的爸爸为了鼓励他好好学习，许诺他如果考了90分，就给他买90块钱的礼物；如果考了80分，就给他买50块钱的礼物；如果考了70分，就只能给他买70块钱的礼物。小明听后，马上追问爸爸："如果我考了50分，你是不是给我买50块钱的礼物？"爸爸一怒，竟然想着考50分，于是把小明痛揍了一顿。课堂中的学生听到这个笑话都哈哈大笑，笑过之后，他们也明白了"追问"这个词汇的含义。

在这里需要注意的是，开玩笑是常见的一种幽默方式，但一定要注意不能过火，并要尊重别人的民族的习惯，而且开玩笑的对象一定得是平时比较活跃、性格较外向的学生。

（二）巧妙利用课堂游戏

学生要在短时间内学习记忆大量的词汇，一定会感到很疲惫。如果我们在课堂教学中只是讲解、做练习，很快学生就会产生厌倦感。因而，进行一些课堂游戏是很有必要的。课堂游戏既可以调节气氛，也可以帮助他们练习和记忆。例如，在学习了一组描写外貌的词汇后，就可以让每个学生在纸条上写出自己的名字，由教师打乱后分发给学生。每个学生对自己拿到名字的那位同学进行口头或文字的外貌描写。最后让全班同学来猜"他是谁"。还可以请大家来评议，看谁写得最好，最像。又如，在总结归纳了很多反义词之后，也可以和他们玩"反着来"的游戏。如老师说"大"，他们用肢体语言表示"小"，老师说"哭"，他们用表情表示"笑"。依此类推，很多反义词都可以这样进行记忆练习。

（三）创设和学生关系密切的语境

在对外汉语词汇教学中，创设与学生关系密切的语境时一个常用的技巧，教师可以根据所要教授的词汇内容，结合该词汇具体的使用环境、方式等，在解释词汇含义、展示词汇用法等过程中创造具体语境。具体来看，在对外汉语词汇教学中，创设与学生关系密切的语境可以从以下三个方面入手。

首先，教师可以使用某些环境中会使用的一些道具创设具体的语境。例如，在学习"时……时……"这个表示不同现象交替发生的词语时，教师可以利用教室里的电灯，通过连续开关电灯，创设一个语境，让学生回答刚才教室里的电灯发生了什么事，学生便可以做出"时亮时灭""时明时暗"这类的回答，从而不仅了解了这个词语的语义，而且知道他们跟着意义相反的单音节动词或形容词。

其次，教师可以利用课堂中发生的某些事创设具体的情境。例如，在学习"再"和"又"这两个词汇量的时候，课堂上正好出现了一位经常迟到的学生，这时教师就对这位学生说："你上节课迟到了，这节课又迟到，如果你下节课还迟到，你就要接受我们大家的惩罚。"然后让大家讨论该怎样惩罚这位学生。这种方式不仅直接调动了学生的积极性，活跃了课堂氛围，而且也让大家明白了"再"和"又"这两个词汇的含义和用法。

最后，教师可以结合学生的具体情况创设情境。例如，在学习"成功"这个词时，班级里正好有一个学生在找兼职工作，于是教师就对大家说："兼职是一个很好的方法，但是怎样才能成功获得兼职机会呢？"然后让大家讨论一下成功获取兼职机会的方法，就这样教师便创设了一个关于"成功应聘"的情境，学生通过讨论与分析，也会明白"成功"的意义。

（四）帮助学生拓展词汇

随着学生学习的不断深入，他们对词汇的要求也日益增加。所以教师在词汇教学时，也要掌握一些拓展词汇的技巧，以此帮助学生更好地积累词汇。有以下几种技巧可供参考：

1. 联想法

人脑平时储存多种语言信息，在一定的新信息的刺激下，人脑机制就会调动起关于这一信息的存储信息。这是一种联想反应。例如，人们在谈到婚礼时，常常会想到"婚纱""戒指""鲜花""宴会"等词汇。所以，教师完全可以在设计情境的过程中，利用联想法，引导学生发挥自己的想象力，联想出与这个情境有关的所有词汇，也是拓展词汇量的一种方法。

2. 归纳法

在学生掌握了一定量的词汇后对一些附加语素进行指导性的归纳和总结是非常必要的。例如，学习了一组带后缀"化"的词汇："现代化""绿化""美化""丑化""机械化"等，教师不仅要讲解这些词汇的含义和用法，同时还要指出，"化"可以看作是动词兼作名词的标志。这样既可以举一反三，使学生掌握更多词汇，而且还可以帮助他们逐步掌握汉语的构词规律。

3. 衍生法

汉语的词汇和词汇之间存在着密切的联系，同一个语素在词汇中的位置是非常灵活的，因此教师可以利用语素的结合衍生让学生进行联想，以此来拓展学生的词汇量。例如，教师利用学生已经熟悉的"词头接词尾"的方式，让学生开动脑筋，说出大量的词汇。像"间接—接受—受苦—苦难—难过—过节—

节日—日历—历史—史诗—诗歌—歌唱—唱片—片断"等。在进行这个活动的同时，既练习记忆了新的词汇，又复习巩固了已学过的词。这样用自然的方法引导学生掌握词汇，既不生硬，也不枯燥，更不会使学生产生厌烦心理，从而也就提高了词汇拓展的效率。

4. 扩展语素法

遇到构词能力很强的语素时，就可以联系过去学过的词汇，扩展出同语素的词汇。例如，教"亲眼"这个词的时候，可以同时回顾以前学过的"亲口""亲手""亲笔""亲身""亲耳""亲自"等词汇，这样学生就可以在回忆的同时学会一串词。

总之，教师在进行课堂词汇教学的整个过程中，各种方法技巧都会用到。而且每一种技巧都不是孤立的，而是密切结合在一起。只要随时注意提高自己的基本功，熟练运用教学方法和技巧，相信不仅学生词汇量会得到提高，其运用汉语进行实际交际的能力也会进一步增强。

第八章 对外汉语课堂教学及评估

第一节　课堂教学活动概述

一、开展课堂教学活动研究的必然性和必要性

开展课堂教学活动的研究可以说是世界范围内第二语言教学研究发展的必然。这一点从西欧和北美语言教学的历史看似乎更清楚。

听说法以其在 20 世纪 40 年代在美军语言训练中的成功，以其语言学和心理学的基础，在 20 世纪 40 年代中期以后曾一度颇具影响。与此同时，随着语言教学技术手段和方法的不断创新，产生了一些新的教学法。为了对这些方法进行评价，研究人员和语言教师便开展了一些比较实验，将各种教学法在不同的课堂上加以试行，通过一段时间（通常为两年），再比较各种方法产生的结果。令人失望的是，其结果显示各种方法产生的教学效果很少甚至没有什么不同。产生这种结果的原因是多方面的，而对于研究人员来说，要分析这些原因，一个根本的问题是他们未能把这些教学法在课堂上的实际情况记录下来。

目前西欧、北美的第二语言／外语教学的总趋势是对语言教学的各个方面进行扎实地调查分析，而较少空谈这个法那个法的。建立对外汉语教学这门新学科，我们必须从现在起加强基础理论研究。可以把课堂教学活动的研究作为一个突破口，逐渐向外延伸。

二、当前第二语言课堂教学活动研究的主要方面

在讨论课堂语言教学活动研究时有必要先区别两种课堂，即第二语言课堂和外语课堂。第二语言课堂是指这种课堂的大背景是目标语社团，学生走出这种课堂仍处在这种语言的环境之中，如在中国的汉语课堂，美国的英语课堂，日本的日语课堂等。外语课堂指的是这种课堂的大背景是非目标语社团（往往

是母语社团），学生走出这种语言课堂便离开了这种语言环境，如中国的英语课堂，美国的日语课堂，日本的汉语课堂等。这种背景对语言课堂的影响是不能低估的，因此在调查语言的课堂教学活动时必须充分注意这二者的差别。目前课堂语言教学活动研究主要集中在第二语言课堂。

第二语言课堂教学活动的内容非常广泛，研究的题目几乎是无穷无尽的，当前研究工作者和语言教师的兴趣集中在以下几个方面。

（一）教师的言语

教师的言语指的是教师在课堂上所说的话。大家之所以对教师的言语感兴趣，与克拉申提出的颇有影响的"输入假说"的理论有关。一个人要学习一种语言如果没有这种语言的输入是不可能的，最能说明问题的例子是狼孩和猪孩。这些孩子虽然具有普通人的学习语言的大脑机制，但由于他们没有语言环境，没有接受到任何语言输入，所以在他们进入人的世界之前始终不会人话。因此语言输入是习得一种语言的必要条件。课堂语言教学和课外语言自然习得的一个很重要的差别就在于语言输入的不同。学习者课堂外接收到的语言输入是来自多方面的，是零乱的：而课堂内接收到的语言输入则主要是教师的言语。克拉申认为对于学习者来说，只有可理解的语言输入才能对他有帮助。课外的语言输入是难以做到这一点的。教师的主要任务之一就在于为学生提供在课外难以得到的语言输入。至于课堂内所传授的语言知识，如语法规则的作用，克拉申的解释是并不是这些语法规则本身帮助学生提高了他们的语言水平，而是讲授这些规则的过程（即学生要听懂教师的讲解和记笔记等）促使他们吸收了大量的可理解性输入，从而提高了语言水平。

克拉申的理论引起了很大的争论，课堂上教师的言语由此受到了人们的关注。现在对教师言语调查得比较多的是教师课堂上对学生的言语与他在课外说本族语时的言语有什么不同：课外的其他说本族语的人对外国学生的言语与课堂上教师对外国学生的言语有什么不同；如果提供给学习者的言语必须是可理解的，那么是什么因素使教师的言语适合不同程度的学生？为了弄清这些问题，研究者们对教师言语的语速、句式、语用项目等的选择和使用做了调查，试图在调查的基础上弄清教师的言语对学生语言水平的影响。不过迄今还没有什么满意的结果。

（二）学习者的行为

在调查学习者的课堂行为时有一个基本的指导思想，这就是课堂上学习者不是被动的而是主动的。在语言教学活动中学习者对教师提供的输入不是像海绵似的全部吸收，而是有选择地吸收。换句话说，教师提供的"输入"不等于学习者的"纳入"（intake）。与这一问题相关的是学习者的有意识注意与无意识注意的作用。

自20世纪70年代以来，学习者在第二语言习得中的地位越来越受到重视。当前研究者们对学习者课堂上的行为的调查集中在他们的语言产物，即他们说出的话；引发输入，即通过打开话题，通过提问从对方获得所需要的语言输入；同其他学习者的相互交谈；以及学习者的学习策略等方面。其目的是要回答以下问题：课堂上学习者有哪些行为特点？是哪些因素在影响学习者的课堂行为？这些行为与学习的结果有什么样的关系？

（三）教师与学生的相互应对

课堂内教师与学生、学生与学生的相互应对一直是课堂语言教学研究的重点对象。这是因为在课堂教学活动中教师并不是一统天下，学习者的参与占有重要的位置。课堂教学过程在某种意义上是教师与学生为完成预定的项目的互相协商过程。许多研究者和教师认为，教师和学生之间的交谈为学习者分解目标语结构，检验他们对目标语所做的假设，将目标语结构变成自己的言语，以及得到有用的反馈提供了最好的机会。现在这方面的研究比较集中在教师的课堂提问，角色轮换、课堂的反馈等方面。

教师提问在课堂上一般都使用得很频繁，这是课堂上常见的"教师提问—学生回答—教师评价"这种小循环的第一环，其目的在于引起学生的注意，或是促使学生做出言语反应。角色轮换指的是交际过程中说话的角色由一个说话者转为另一个说话者。角色轮换的调查可以为我们了解学习者的个性特点和文化背景对语言学习的影响提供许多有价值的材料。反馈包括教师对学生问题的反馈，学生对教师问题的反馈。在这方面研究得最多的是所谓教师的纠错。

整个课堂教学实际上是教师与学生、学生与学生相互作用的过程，这里边涉及的范围很广，目前的研究仍然是不系统、不全面的。

三、第二语言课堂教学活动研究的研究方法

第二语言习得研究是一个跨学科的领域，它涉及语言学、心理学、教育学、人类学等多种学科。由于这个领域自身的复杂性，由于研究人员的研究目的和对象的不同，其研究方法也是多种多样的。不过概括起来可以分为三类：定性研究、描写研究和实验研究。

所谓定性研究是一种自然的、不加控制的、启发式的研究而不是演绎式的研究。换句话说，进行定性研究时研究人员对被研究对象事先没有什么假设，研究的目的就是首先尽可能全面、客观地观察研究对象，在观察的基础上提出假设，因此观察是其主要手段。与之相反，实验性研究则旨在论证假设，因此定量分析是其主要手段。而描写研究则介于定性与实验性研究之间，它既可用于提出假设也可用于论证假设。

如前所述，当前第二语言课堂教学活动研究的目的就是对课堂上教师是怎么教的，学生是怎么学的，教师和学生是如何完成课堂教学任务的，也就是对课堂教学活动的全过程，做尽可能全面的观察与描写，因此这一领域的研究方法主要是定性研究，现在用得比较多的是观察法和内省法。

观察法。这一方法要求研究人员对课堂活动做客观的观察记录。研究人员当然可以借助录音和录像来帮助完成这一任务。不过录音、录像必须转写成文字材料后才便于分析。因此课堂观察的一个关键问题是如何保证其文字记录真实地反映课堂活动的进行情况，如何保证记录手段的一致性以利于对不同课堂的活动进行比较分析。在已有的第二语言课堂教学活动的研究中，研究人员在对课堂上教师—学生、学生—学生相互应对进行观察时对记录手段做了许多尝试，他们提出了不少"范畴系统"作为记录的规范。但直到今天仍然没有一套较理想的。

课堂观察的另一个难点是如何避免观察者的主观性和片面性，以保证观察记录的可靠性和有效性。为了做到这一点，学者借用人种学方法论的术语提出了"三角测量法"。顾名思义，此法的要点在于对观察记录做多角度的验证，比如将录音／录像放给授课教师、学生或其他研究人员听／看，然后把他们的

意见同原记录进行比较，这样可以增强观察记录的可靠性。

内省法。观察法通常只能记录我们所能看到的现象，而课堂上教师和学生当时的感受和想法我们是难以观察到的。为了弥补这一不足，研究人员又采用了内省的方法。这种方法就是通过与教师或学生面谈或向他们进行问卷调查去了解他们的感受。最近几年来，日记式研究作为一种内省的手段比较受人青睐。这种研究就是记日记者（教师或学生）课后将他们课堂上的感受和想法记录下来作为研究资料，在此基础上进行分析研究。

到目前为止第二语言课堂教学活动的研究方法大都来自语言学、社会学、人类学和心理学等。由于这些学科各有自己的研究对象，由于语言调查的特殊性—语言既是授课的媒介又是授课的内容，因此这些学科的研究方法都不能满足第二语言课堂教学活动研究的需要。寻求第二语言课堂教学活动研究的方法也是亟待解决的一大课题。

四、开展对外汉语课堂教学活动研究的一些设想

就所能接触到的资料来看，到目前为止还没有见到我国对对外汉语课堂教学活动进行系统的调查研究。鉴于国外在这个领域已有多年的历史，同时鉴于不同语种的课堂教学活动有其共同的地方，我们的第一步工作应是对现有的第二语言课堂教学活动的研究成果进行一番梳理，特别是对其理论基础、研究方法进行认真分析，弄清各自的长处与短处，以使我们的研究建立在较高的起点上，避免走前人走过的弯路。

第二步是制定周密的课题计划。当前第二语言课堂教学活动的研究主要采用定性研究，这种研究通常要有一个过程，既需要一定的时间，也需要一定的经费，因此要保证研究工作取得满意的结果，一个周密的计划就显得十分重要。这个计划首先必须根据人力和物力确定好课题范围和时间跨度，比如是观察一个班还是几个班，是一个学期还是一个学年等等。其次是确定研究对象。虽然从理论上讲课堂教学活动的定性研究是尽可能全面地观察描写课堂活动，但实际上由于课堂教学的复杂性，我们不可能一次性地把课堂活动全都记录下来，因此每次观察必须有具体的对象，比如重点在教师还是学生，还是教师与学生的相互影响等，对这一具体对象我们要尽可能地观察记录。在确定研究对象时

还必须考虑到课型，是精读课堂、口语课堂还是阅读课堂。课题计划者心中应该明确：对于授课教师来说，不同的课型是彼此分开的；而对于学习者来说，它们是有机结合的。我们虽然很难同时观察记录所有这些课型的课堂活动，但是一旦我们讨论课堂教学活动对学生语言水平的影响时，不同课型所起的作用以及它们之间的相互联系必须充分考虑到。这方面的研究反过来可以论证我们的课型设置是否科学。第三是确定研究手段。这一点最关键也最困难，其难点就在于如何保证观察记录手段的一致性。也就是说甲用于观察记录 A 课堂的手段与用于观察记录 B 课堂的手段必须是一致的，这样 A 课堂与 B 课堂的观察结果才可以进行比较。同时还要保证乙的记录手段同甲的记录手段一致，这样甲、乙的观察结果才具有可比性。这些正是第二语言课堂教学研究亟待解决而还未能解决的难题。

第三步是计划的试行阶段。对于一个费时又费力的课题来说，试行阶段对于避免课题中途受挫必不可少。试行阶段的主要目的是检验计划的可行性。除了检验计划的规模是否恰当、目标是否合理外，还要通过试行培训研究人员，寻求可靠又可行的研究手段。也就是说，要通过对课堂教学活动的实际观察，使课题组成员在观察的角度、记录的方式以及有关的标准上达成尽可能的一致，这才有利于观察结果的比较分析。根据计划试行的情况，对原计划做出修订，如有必要，修改后的计划还可以进一步试行。

第四步是课题实施阶段。一旦课题计划经过试行确定后，研究工作便转入实施阶段。尽管我们在这之前对课题计划进行过试行，但是在实施过程中，仍会出现一些事先没想到的情况，这就需要我们在课题进行的过程中不断地进行总结，并根据新的情况对原计划作必要的调整，从而保证课题取得预期的效果。

对外汉语教学的课堂教学活动研究是对外汉语教学学科理论建设的重要内容之一，其前景是非常广阔的。因为课堂教学活动研究的内容跟语言学、教育学、心理学、社会学、人类学等诸多学科的内容有关，所以这一领域的研究成果不但对语言教学本身有直接的意义，而且对以上相关学科的建设也会提供有价值的材料，因此这是值得我们去开垦的一个重要领域。

第二节 课堂教学行为研究

一、教师必须研究课堂教学

改革教学，大面积地提高教学质量和效率，是各级各类学校工作中的头等大事，也是教育科学研究的根本目的和任务，更是我们广大教师时时面对、苦苦探索的大课题。

对外汉语教学从总体上看教学质量不尽如人意，教学水平还不高。很多有识之士为此开出药方。有的认为要提高对外汉语教学的质量首先要研究汉语，我们称之为"本体说"。有的认为首先要研究学生的学习过程，我们称之为"习得说"。有的认为首先要研究教学，我们称之为"教学说"。

以上三种不同观点有一个共同之处，就是都认为提高教学质量必须进行科学研究。研究"什么"跟提高教学质量直接相关，是分歧的焦点。

我国学者仲哲明说："心理学家关于教师知识水平与教学水平关系的实验研究结果证明，教师知识水平只有低于岗位要求标准时才对教学效果和学习成绩产生影响，超过岗位标准以后就无显著相关。这就是说，并不是教师知识水平越高教学质量越好。就当前情况看，影响对外汉语教学效率的主要原因，我以为，不是教师汉语知识水平低，而是他们对这门学科的性质、特点和教学规律的认识不明确，教学思路不对头，而又很少下苦功研究、实验、总结，提高。这方面的内容应该成为（教师）培训的重点。就多数人来说，教师就是教师，不是语言学家，也不是心理学家，但他们应该能够成为语言教育专家。"这段话明确地回答了上面的问题。作为教师，本职工作就是教学，必须完成好教学任务。要搞好教学，就必须要研究教学，研究教学的规律。要研究对外汉语教学"学科的性质、特点和教学规律"，理清"教学思路"。也就是科研必须结合教学，科研必须为教学服务。

对外汉语教学是一门学科，也是一种教学活动。"对外汉语教学"，中心词是"教学"，"汉语"是修饰"教学"的，"对外"是修饰"汉语教学"的。

对外汉语教学应该是一门应用学科，学科理论属于应用理论范畴，这些理论应该直接指导教学活动。能够直接指导教学活动的理论是教学理论。教学是这个学科的"本"，应当是第一属性。作为教师必须研究教学，这是提高课堂教学质量的关键。

我们主张"教学说"，但是并不排斥研究汉语本身的规律和外国人习得汉语的规律。我们要从教外国人的角度研究汉语，研究中国人习焉不察，而外国人很难理解或者不会运用、一用就错的语言现象。如果我们把外国人学习汉语的规律和特点、优势和劣势、重点和难点都研究透了，就能避免盲目性，增加自觉性，教学效果就会非常明显。从这个角度说，在我们的对外汉语教师中培养出少数"语言学家""心理学家"是值得庆贺的事。

研究教学从哪儿入手呢？应从四大环节入手，重点是研究课堂教学。学者把对外汉语教学的全过程归纳为四大环节：总体设计、教材编写、课堂教学和测试。总体设计主要研究针对不同等级的教学对象要开设哪些不同的课程，并分别制定出不同的词汇大纲和语法大纲，确定教哪些内容。教材编写主要是研究最新的教材编写理论，并且按照这些理论编写出高水平的教材。研究测试主要是研究如何使用考试这根指挥棒进行教学管理，要考虑与学分制接轨。在四大环节中，课堂教学是中心环节。总体设计、教材编写和测试都是围绕课堂教学进行并为课堂教学服务的。提高课堂教学的质量是提高对外汉语教学质量的关键。课堂是教师工作和学生学习语言的主要场所；课堂教学是教师从事的主要工作，也是学生掌握语言知识、提高语言能力的重要途径。作为一名教师研究教学主要是研究课堂教学，了解课堂教学的理论和方法，掌握课堂教学的规律。

二、研究课堂教学主要研究什么

研究课堂教学主要是研究自己如何教—明确教学意识，规范教学行为。

课堂教学是教师以教材为教学内容，以课堂为教学环境，指导学生获得知识和技能的活动，是教师和学生共同完成教学任务的活动，是教师"教"和学生"学"的相结合或者相统一的活动。

语言课的课堂教学是一种有控制的语言信息传输和反馈系统。它是由语言信息源、信息传输通道、信息传输者和信息接收者构成。语言信息源主要指教材提供的教学内容，也包括教师：信息传输通道指教学环境，即课堂，包括教学的时间、空间和教学组织形式；信息传输者是教师，包括教师的课堂教学意识和数学行为、教师遵循的教学原则和采用的教学方法：学生是信息接收者。

可见，在众多影响课堂教学质量的因素中，教师、学生、教材和环境成为四个基本的因素。其中，教师和学生是两个最活跃的主体性因素。教师的"教"和学生的"学"是贯穿教学的全过程的主要矛盾，支配着其他矛盾的存在和发展。只有充分调动教师和学生两个方面的积极性，才能保证课堂教学的顺利进行，提高课堂教学的质量、效果和效率。

在教师和学生这一对主要矛盾当中，它们的地位和作用是不相同的。有一方起主导的作用，是矛盾的主要方面。在课堂教学中，教师的"教"主导着学生的"学"，能否提高教学质量，关键是教师，所以教师是矛盾的主要方面。在整个教学中，从学习的全过程看，学生的"学"是矛盾的主要方面。但是，矛盾的主要方面是不断转化的，在课堂教学中矛盾的主要方面是教师。

这里的课堂教学意识，除了"感觉、思维、想法"的意思以外，还包括"对课堂教学应该遵循的原则的认识"，还含有"应当时刻清醒、不要忘记"的意思。课堂教学行为主要是指教师在课堂上的活动方式和具体的操作方法。可以说，"意识"是一定的教学思想、教学原则在教师头脑中内化的结果；"行为"是教师头脑中的教学思想、教学原则外在的表现。在课堂上，教师有什么样的课堂教学意识就会有什么样的教学行为，有什么样的教学行为就会有什么样的教学质量；教学质量与教学行为之间存在着直接的相关性。同时，教师的课堂教学行为都是一定教学意识的反映。把教师的课堂教学意识和教学行为结合起来考察和研究，既不是纯客观的、纯外在的，也不是纯主观的、纯内在的，这样就可以发现教学的规律性。

教师在课堂上的教学行为一个接着一个，多而且复杂。我们把教师的教学行为分为两大类：有效教学行为和无效教学行为。有效教学行为指的是能够促进教学目标实现的行为，无效教学行为指的是阻碍教学目标实现的行为。

作为一名教师，应该自觉地、有意识地、尽量地追求和增加有效教学行为，自觉地、有意识地、尽量地防止和克服无效教学行为。在对外汉语教学中，怎么样使学生尽快地掌握看似简单的教学内容，并转化为他们的能力和本领，关键在于教师的教学行为，在于教师怎么教。教师只有自觉地端正课堂教学的意识，才能增加有效教学行为，从而提高课堂教学的效率。

三、"讲解"和"指导学生操练"是最重要的教学行为

在课堂教学中，教师最重要的教学行为当属于"讲解"和"指导学生操练"。所以我们要着力研究如何讲解、如何指导学生进行操练。

讲解和指导学生操练必须贯彻精讲多练的原则。"精讲"是教师精讲，"多练"是学生多练。精讲多练是课堂教学最重要的总的教学原则。

"精讲"包括两个方面的含义：一是内容方面，指的是所讲的内容必须经过精挑细选，要少而精，该讲则讲，不该讲的则不讲；二是方法，指的是教师要用最少的语言、最简单的方法把该讲的内容讲深、讲透、讲清楚、讲明白。"多练"有三个方面的含义：一是指讲和练的时间比例，讲要少，练要多；二是全面练习，该练习的一定要练到，不能有遗漏；三是指同一内容要充分练习，学生通过大量、反复、有效的练习掌握应该掌握的知识和技能。

精讲多练还包含这样的意思：讲在前，练在后；讲为了练，练要在讲懂的基础上进行；不能盲目地练、糊涂地练，应该有目的地练、有效地练。贯彻精讲多练的原则能够增加教师的有效教学行为。

教师在讲解的时候，首先做到正确简明、通俗易懂，还要考虑如何使用直观性和启发式的方法，以及如何有控制地使用外语等等。

正确简明。教师在课堂上的讲解，不管是讲解生词还是讲解语法，最重要的是正确、简单、明白，不能讲错。这是最基本的要求。在教学中我们经常发现有的老师有"讲错"的现象。比如有一位老师讲"因为"和"由于"。他说"由于"是"因为"的意思。学生问："'由于'和'因为'完全一样吗？"老师回答："完全一样。"实际上"因为"和"由于"有相同点：都可以用作连词和介词，后边都可以表示原因或理由。区别在于：①搭配对象不同，"由于"用作连词时可以和"因此""因而"搭配，"因为"不能。②用法不同，"因为"用作连词时可以用在表示因果关系的复句的后一分句，"由于"不能。③语体色彩不同，"因为"多用于口语，"由于"多用于书面语。如果不讲清楚这三点区别，

学生在说的时候就会该用"因为"的用"由于"，该用"由于"的用"因为"。

通俗易懂。对外汉语教学的对象是外国人，他们的汉语水平有限。在进行讲解的时候，一定要根据学生的语言水平，用最通俗的话、最简单的动作和方法使他们理解。学生最反感教师在课堂上说他们听不懂的话，用生词解释生词和语法点。比如一位老师解释"受骗"："受"是"遭受"的意思，"骗"是"欺骗"的意思，"受骗"就是"遭受欺骗"。学生听了不但不明白反而更糊涂了。通俗易懂地讲解的关键是老师了解学生的语言水平，了解学生的已知，带领他们用已知去探索未知，变未知为已知。

直观性。直观性就是教师在讲解的时候，既要让学生听，又要让学生看，给学生增加感性认识，帮助理解和记忆。直观性包括使用实物、图片、图表、卡片等等，还包括教师的板书和形体动作等等。

启发式。启发式的核心是充分发挥成年学生认知能力强的特点，充分调动他们的积极性，训练他们用汉语思维。在课堂上，凡是学生能够自己做的，教师就应该让他们做，不能越俎代庖。有一句话叫做"一般的教师向学生介绍和解释真理，优秀的教师指导学生发现真理"，就是启发式的真谛。启发式运用得当可以大大加快课堂教学的节奏和效率。有的老师提出一个问题，学生回答不出，老师就干等着，浪费了宝贵的时间。正确的做法是老师要马上提一个难度小的问题，为回答难度大的问题作铺垫。

有控制地使用外语。教师在讲解的时候可以适当地使用外语，课堂用语绝对不使用外语。提高学生的交际能力包括课堂交际，如果教师使用外语，怎么提高他们这方面的能力呢？进行讲解的时候，特别是抽象的生词、抽象的理论，考虑学生的语言水平，直接用汉语讲说不清楚，用外语一、两句话就能讲明白，这样的时候就应该使用外语。不然，为什么要求对外汉语教师至少要掌握一门外语呢？使用外语是为了贯彻精讲多练的原则。当然，使用外语应该严格控制，能使用汉语说清楚的，尽量使用汉语。

教师指导学生操练，首先要从学生的角度考虑练习的有效性，不做无用功：还要考虑针对性和难易适度、趣味性和控制性等几个方面的因素。

有效性。指导学生练习最重要的是讲究实效，防止无效和低效的活动。教师为学生设计的每一项练习都要紧紧围绕教学目的，都是为了完成本课的教学任务，都是为了从根本上提高学生的语言交际能力。有效性练习首先要考虑学生的需求，主要表现在练习的内容必须是学生实用的。比如汉语语音，21个声母和36个韵母，不是每个声母跟所有的韵母都能相拼，汉语里只有410多个音节。b、p、m、f只跟u拼，不跟其他合口呼的韵母拼，也不跟撮口呼的韵母拼。一般来说每个音节有四个声调。但是有相当一部分音节没有四个声调，如zen通常只有第三声，没有第一、第二声，极少出现第四声。如果练习了一些汉语里没有的音节就是做了无用功。

针对性。练习的针对性是说，老师设计的练习要针对"学生的困难"和"困难的学生"。"学生的困难"是从学习内容的角度说，在教学内容方面要把握重点和难点，哪儿有困难，哪儿不会重点练习哪儿。"困难的学生"是从教学对象的角度说，谁有问题，谁不会谁重点练。已经会的学生要少练，对他们是提高要求的问题。针对"学生的困难"和"困难的学生"，让他们通过练习从不会到会，教学就会出效果、出效率。

难易适度。要提高课堂教学的质量和效率，教师设计的练习要控制好难易度。一般来说，中等程度的学生稍加思考就能完成的练习是难易适度的。在一个教学班里，学生的程度和水平肯定不整齐。中等学生觉得合适，上等学生会觉得容易，而"学困生"会觉得难。这又产生了新的矛盾，教师怎么办呢？学习语言的难易由多种因素决定，不光取决于内容，还取决于练习的方法。比如老师提问，上等学生用稍快的语速，中等学生用中等的语速，"学困生"用稍慢的语速，或者对他们稍加提示。教师提问题的角度不同，难易程度也不一样。用这些办法可以有效地解决练习时学生水平不齐的问题，使练习的难易程度趋于平衡。

趣味性。练习要增加趣味性，这是为了引起学生的学习兴趣，使他们愿意做，喜欢做。做练习是被动地做还是主动地做，效果大不一样。兴趣是一种带有趋向性的心理特征，当人们对所做的事情感兴趣的时候，就会产生愉快的情感，就会乐此不疲地去做。这时人的心理活动自然地趋于定向—集中注意力。

哪些练习是学生感兴趣的呢？从内容方面讲，实用的、贴近学生生活的、夸奖他们并有鼓励作用的和信息最大的内容学生喜欢做。从方法的角度说，灵活多样的，近似游戏的和有比赛竞争性质的练习方法学生感兴趣。

控制性。有些练习方法教师能够控制学生的思维。比如问答、改句子、完成句子、完成会话等等，应该尽量采用。不能控制学生思维的练习方法有让学生口头造句、让学生说新闻、让学生没有限制的自由会话等等，尽量不用或少用。

控制学生是为了减少他们犯错误的几率，也是为了控制教学的节奏。学生犯的错误少，就会增加他们学好汉语的信心和勇气，提高学习的积极性和主动性。课堂教学的节奏该快则快，该慢则慢。太快，学生不易理解；太慢，不利于训练学生快速思维的能力。控制教学的节奏，是体现教师主导作用的重要方面，也是为达到教学目标和完成教学任务采取的重要措施。

总之，我们应该大力提倡教师研究教学，特别是研究课堂教学，又特别是研究自己的教学意识和教学行为，这是提高教学质是的务实求本之道。

第三节　课堂教学结构分析

关于课堂教学的概念。对外汉语教学中的课堂教学，与其他外语教学或第二语言教学中的课堂教学一样，是为培养学习者运用目的语的能力而进行的，在教学对象、教学内容和教学程序上都是有组织的一种"集体"学习方式。

教学对象的组织是指，处于同一学习集体（班）中的学习者具有相同的学习目的、相同的（至少是相近的）汉语水平、相同或相近的目的语接受能力，学习集体应有适当的规模。

教学内容的组织是指，课堂教学应当使用适合学习者需要和水平的、依据一定的教学思想筛选、组织和排列的教材。

教学程序的组织是指，针对学习者和教学内容、按照外语教学规律而安排的大大小小的课堂教学程序和与之相配套的课外活动程序。

一、课堂教学过程的概念

所谓课堂教学结构，是对课堂教学过程和教材结构进行分析的结果。所以为了讨论课堂教学的结构，需要对"课堂教学过程"和"教材"这两个概念作一些相关的说明。

在本文中，"教学过程"是指：①一个课型（如精读课、听力课、口语课、阅读课、写作课等）的自始至终的完整的教学过程。表现在教材上，是该课型的完整的教科书：表现在时间上，是该课型所用的全部时间。②一个课型依据一定的原则切分成的或大或小的教学阶段。比如下一节中讨论的课堂教学的四级单位，便是依据一定原则切分出来的大小不同的教学阶段。

二、教材的概念

（一）第一个概念："教材"

通常，对外汉语教学中精读课的教材都是依据某种大纲，如语法大纲、功能大纲、情境大纲，编写的。在教材的结构中，一个最基本的单位是"课"。"课"是教材根据大纲、按照一定的顺序切分出来的教学单位。每一课包含大纲中的一个或数个项目。每"课"内容的排列，一般是按照教材编写者所设计的教学进程排列的。

（二）教学环节

一个教学单位可以划分为若干教学环节。环节是为实现教学单位的教学目的所设计的过程，一般说来，它是依据对教材中"一课书"的语言项目（如生词、课文、语法解释、练习等）处理顺序划分的。

比如一节精读课可以划分为检查复习预习情况、生词处理、新语法点处理、课文处理、归纳总结、留作业六个教学环节。其中生词处理、新语法点处理、课文处理三个环节是主要环节，是依据处理的语言项目划分的。其余三个环节是辅助的环节，是用剩余的方法划分出来的，它们既不能归到后面的环节中去，也不能归到前面的环节中去。

一个比较长的教学单位，可以分成数个较小的教学单位，也可以分成若干教学环节。

我们也可以依据课文的进展情况，分成四个小的教学单位。每个教学单位都由检查复习预习情况、生词处理、新语法点处理、课文处理、归纳总结、留作业等环节构成，在多数情况下，人们是采取后面的方法，即把较长的教学单位划分为小的教学单位而不是大的教学环节。这是由于后者更符合教学规律。

教学环节是由教学步骤构成的。

（三）教学步骤

每一个教学环节都是由一个或数个教学步骤构成的。教学步骤是依据对教学环节所处理的语言项目的处理方式划分的。比如"处理语法点"的环节是由展示语法点、解释语法点、练习语法点、归纳语法点等步骤构成的。

教学步骤的安排是为完成教学环节所要达到的目的服务的，在精读课上，一般比较固定。比如生词、语法点的处理，都分为展示、解释、练习等步骤；课文可以分成教师口述、就口述的课文内容提问、学生复述、朗读课文以纠音、提问、答疑等教学步骤。

有的课型，如听力课、口语课、阅读课、写作课的教学步骤，至少到目前为止，还没有比较一般的教学步骤。教学步骤是由教学行为构成的。

（四）教学行为

一个教学步骤是由一个或数个教学行为构成的。比如练习生词这一教学步骤，可能由领读、单读、就生词进行问答、用生词组句等教学行为构成。再如练习一个语法点，可以由领读例句、词语替换练习、师生问答、学生之间问答等教学行为构成。

教学行为是课堂教学过程中最基本的单位。课堂教学归根到底是由一连串的教学行为构成的。教学行为是课堂教学中最活跃，最能表现教学艺术、经验、水平的地方。因此教师应当对各种教学行为心中有数，了如指掌。在课堂教学中根据学生、教学内容、教学进程，选择最合适的教学行为，加以最优的组合。

有经验的教师选用的教学行为，一般都有以下特点：①选择学生最容易理解的行为；②选择使学生有最多的练习、实践机会的行为；③选择最接近实际交际的行为：④在教学行为的排列上，达到各行为之间的互相铺垫，平稳过渡。

第四节　基础汉语课堂教学方法

一、怎样教生词（包括汉字）

教科书上每课生词是按其在例句、课文中出现的先后排列的。教师可根据自己的教学需要来重新安排顺序，进行认读、讲解、听写等活动。

（一）归类排列法

把当天的生词按词类排列，即分成名词、动词、形容词、介词、结构等，课前书写在小黑板上，课上让学生认读、听写，再根据词性特点给学生（或要求学生）搭配。在语法的初学阶段可多用这种方法，有助于学生明确汉语的词类概念。

（二）意群排列法

把当天的生词按相关的意群排列起来便于学生记忆。如某课书上的排列顺序是：着、挂、墙、妹妹、拿、姐姐、菜单、戴、弟弟、请客、饭馆、菜、鱼、肉、炒、青菜、好吃、啤酒。词与词之间没有什么有机联系。我把它们改成：姐姐、妹妹、弟弟；拿、表、戴；墙、挂；请客、饭馆、菜单、菜、青菜、炒、鱼、肉、好吃、啤酒、看。前三个词都是家庭成员名称，一起认读、记忆，比较容易。第四、五、六三个词可分别组成"拿表""戴表"。从第九个词开始都是与请客吃饭有关的生词，可按顺序给学生搭配成："今天 XX 请客，在饭馆请客，饭馆里有菜单，菜单上有很多菜，有青菜、炒青菜、有鱼、有肉，这些菜很好吃，还有啤酒（这时可补充'好喝'，啤酒很好喝）"。学生很容易接受，而且兴趣很大。最后念"看"，引出当天的语法。这样的排列可避免学生记忆上的跳跃，帮助他们理顺记忆时的思路。

（三）串连排列法

把当天的生词按课文情节排列。认读、听写后，教师可根据生词的顺序把课文串讲出来。当某课的语法不难，不需要在课文前讲解练习语法，而是通过学习课文总结语法时，可用这种排列法。

（四）相连排列法

把当天的生词和以前学过的有关生词按近义词相连（参观、访问；旅行、旅游等）、同义词相连（大夫、医生；输、失败等）、反义词相连（远、近；大、小等）、搭配关系相连（动宾、介宾、定语中心语等）、同字素词相连（学生、学校、学习、学院；英语、汉语）等关系排列。

在帮助学生认读、记。记汉字时常用析字法、构词法和回顾法。

（五）析字法

结合当天所学汉字，给学生一些最简单的汉字知识。如简单介绍一些象形字（人、山、日、月、木等），简单介绍一些常用偏旁部首的含义（亻—表示人，如你、他、们、体等；氵—表示水，如河、湖、海、清、深、浅等；目—表示眼睛，如看、眉、眼睛、瞪等），目的是加深学生对汉字结构的了解和记忆。

（六）构词法

结合当天所学生词及已,知的生词把同词素、同结构的词相连起来。如：车—汽车、自行车、火车；机—飞机、电视机、录音机、洗衣机等。

（七）回顾法

在教新字或新词时，教师可引导学生回顾新字、新词中已知的字素、词索，温故而知新。如瞪—"目"字旁，一个"登记"的"登"（已学过）；熊—上边一个"能"（已学过），下边四点，等等。

二、怎样教语法

让学生理解并能运用所学语法是这一阶段的主要教学任务。不同的语法点应根据其语义特点、结构特点用不同的方法来教。

（一）提问法

教师用提问的方法展示所教语法的结构和含义。这是最常用、最有效的一种方法。

如，教几种主要的疑问句时都可直接用提问法；这是由疑问句的语义、结构特点所决定的。但是如果教"把"字句、"被"字句、带各种补语的句子或带"了""看""过"的句子时，教师过早用"你把本子带来了吗？""他说汉语说得好吗？"等形式提问，学生会因为不了解"把"字的功能、含义，不了解程度补语的结构而不知怎么回答。

（二）表演法

教师用自己的表演展示或引导出所教语法的含义和结构。如，教结果补语时，先教"完"作结果补语，学生最容易理解、接受。教师可以从"看书"开始表演。边表演边问学生："老师做什么呢？"学生答："老师看书呢。"教师一边表演"看书"，一边把书翻完，嘴里同时说："我看，我看，现在看完了。我看完了这本书学生通过这样的表演立刻就明白了"看完"的含义，然后教师再通过类似的表演引导学生理解并说出"听完""写完""看懂""听懂"等结构。较难理解的是"见"作结果补语（看见、听见）。教"看见"时，教师可先从表演"看"开始。教师事先把一本书放在教室里学生不易注意但又都看得见的地方，如靠近黑板的窗台上、扶手椅上。开始表演时，教师说："我有一本书，不知，道在哪儿，我来看一看。"教师边说边"看"，目光可从自己的讲台到学生的课桌，最后落在那本书上，同时嘴里说（伴以手势）："我看见了那本书。"这样学生就了解了"见"是"看"的结果了。然后问学生："谁看见我的铅笔了？"这时学生会非常有兴趣地"看"，当一些同学的目光落在那支铅笔上时，就会兴奋地说出"我看见"，这样就知道学生已掌握"看见"的含义和结构了。

关于结果补语，书上的定义是：说明动作结果的补语叫结果补语。如果直接说出这个定义或板书一个句子，再分析动词，结果补语，就显得非常死板，学生也不易理解。

用表演法时应该强调的是，教师的表演动作要经过设计，做到准确、清楚。

（三）递加法

教师先给出句子的主干，再根据教学要求，以出现的先后顺序逐个加以提问并回答，逐渐增加句子的修饰成分。整个句式呈一梯形。

如，教定语的顺序时，教师可先给出：

这是书

阿里的（谁的？）

一本（几本？）

新（新的还是旧的？）

英文（什么书？）

最后再指出定语的顺序，板书成：这是阿里的一本新英文书。

教这些语法点时，如果一开始就把所有的定语排列出来，再划线分析，当然也可以，但不如用递加法使句子的层次清楚、明确，印象深刻，便于记忆。

（四）限定法

如，教表示动作完成的"了"时，教师可先提问"昨天你去友谊商店了吗？"并点头，示意学生作肯定式回答；再问"你买什么了？"可用图片或实物，示意学生回答"我买水果了"，紧接着问学生"你买了几斤水果？"学生回答后板书：

我买水果了。

我买了两斤水果。

通过比较，给学生指出，第二个句子中的宾语前有定语。也就是先给学生限定出条件：宾语前有定语时，"了"放在动词后。然后再作一系列巩固性练习。

以上两个"了"的语义较难理解（第一个句子中"了"表示动作已发生，第二个句子中"了"强调动作已完成），但它们在结构上的特点（一个在句尾，一个在动词后）很明显。用限定法先使学生记住句子的框架，再巩固、理解，是一个有效的办法。

（五）直入法

教师配合其他方法直接展示某一语法现象。

如，教"把"字句时，书上说："当我们要强调说明动作对某事物有所处置及处置结果时，就可用'把'字句。什么叫处置？用中文解释，学生听不懂，即使用学生母语解释，学生一时也很难理解。用提问法、图示法等手段也难让学生体会"把"字的处置意义。60年代普遍采用的是转换法，即把普通句"请你给我一本书"转换成"请你把那本书给我"。练习时虽然学生会转换成"把"字句，但几乎没有一个学生会主动运用"把"字句。我想，这跟他们不理解"把"

字句的处置语义有关。近年来我用直入法伴以表演法让学生体会"把"字句的处置意义。

如，我说："这是我的书"（同时用手指书）。首先让学生明确，现在要谈的是"我的书"，即确指的一个宾语。然后我借助表演直接给出一系列的"把"字句，并板书出来：

我要把这本书给他。

我想把这本书看一下。

明天我要把这本书看完。

明天我要把这本书带来。

我想把这本书放在书架上。

我想把这本书寄给朋友。

围绕着"我的书"即"这本书"直接给学生一系列的"把"字句，可以使学生初步获得一个印象，即"把这本书怎么样？"这就使学生初步接触了"把"字的"处置"含义。然后教师拿起一支铅笔问学生："你想把这支铅笔怎么样？"教师可用动作引导学生说出不同的句子，这样就使学生进一步体会到"把"字句的处置意义。在这个基础上再作一些练习并指出"把"字句的特点。几年来实践的结果，我发现，有部分学生能主动运用"把"字句了。

（六）引导法

有一些语法点教师可不直接给，而是通过其他方法，引导学生的思路向教师确定的方向发展，让学生自己体会、意识、说出要用的某个语法点。

如，教"过"时，教师先板书"过"，并说："今天我们要学习这个'过'，大家看什么时候用。"然后板书学生已知的一个汉字，问学生：

这个字怎么念？（学生会）

这个字什么意思？（学生答）

这个字你会写吗？（学生说"会"）

这时，教师说："好，你们会念、会写这个字，也知道这个字的意思，这时候你们就可以说（同时用手指示黑板上的'过'字）'我'。"学生一定会马上说出"我学过这个字"。

接着再给一串问题：

长城离这儿远吗？（学生答"很远"）

坐车要坐几个小时？（学生答"两个多小时"）

长城高不高？（学生答"很高"）

长城好看吗？（学生答"好看"）

这时，教师说："好，你们知道长城高这儿很远，坐车要坐两个多小时，长城很高，很好看……你们怎么知道的呢？"学生一定会说："我去过长城"或"我看过长城的照片"。

通过这样的引导，使学生体会到要表示过去的某种经历时就要在动词后用"过"，这比直接给出"过"字的用法更能调动学生的主动性、积极性。

（七）转换法

同样一个意念可以由不同的句式来表达。教师先给出学生已知的句式，然后通过提问等方法，完成句式的变化，引出新的句式。

如，教被字句时，教师先给一个主动句并板书出来"他借走了我的词典"，指出这个句子强调"他借走了什么"。这时问学生，如果不强调"他做什么"而强调"你的词典怎么样了"该怎么说呢？教师边说边板书："我的词典被他借走了。"这样做完成了由主动句到被动句的转换。又如，教可能补语时，也可由带结果补语的句子（我能吃完这些水果），转换成带可能补语的句子（我吃得完这些水果）。

（八）翻译法

这是要求学生从他们的母语或媒介语译成中文的一种教学方法。

如，教主谓结构作定语时，教师可先板书一句英文：The book I bought yesterday is very interesting. 试着让学生译成中文。有的学生可能译成：书我昨天买很有意思。这也没关系。教师可指出，这是英文的语法，中文不这样说。然后可问学生这句话的主要意思是什么，学生说"书很有意思"，接着教师问"什么书很有意思？"学生马上明白了，应该把英文中的定语从句 I bought yesterday 放到动词前边去，但他们又可能不知道应该在动词前用"的"，经过教师的引导，学生就能把这个句子翻译出来了："我昨天买的书很有意思。"接着再让他们翻译几个类似的句子。经过几次翻译，学生对这类句子中中英文定语位置的差异会留下极为深刻的印象，学习效果较好。对日本学生不需用翻译法，因为日语中这类句子的定语位置与汉语相同。

（九）合成法

教师用两个已知的简单的小句，引导学生合成一个复杂的长句，以引出新的句式。

如，教主谓结构作定语时，除用翻译法外，也可用合成法。先给出两个句子并板书：

a. 那个学生穿红毛衣。

b. 那个学生叫安娜。

然后板书：那个学生叫安娜。

问学生："哪个学生叫安娜？"

学生回答时可能不知道用"的"，经过教师的提示、强调，学生即可说出："穿红毛衣的那个学生叫安娜。"

（十）对比法

我们的学生都是成年人，分析、比较的能力都较强。在教学中教师可充分发挥他们的这一特点，使他们准确地掌握所学的内容。教师可以从两个方面引导学生对比，一个方面是汉外对比，一个方面是汉汉对比，着重指出其不同之处。例如：汉外对比方面：汉语形容词谓语中不用"是"，英语中用；汉语中主谓结构作定语时在动词前，英语中定语从句在所修饰词之后；汉语疑问句中疑问代词的位置与英语不同；等等。

汉汉对比方面：程度补语、可能补语之间的差别等；近义词之间的差别等。

（十一）游戏法

寓枯燥的学习于游戏之中，创造新颖的练习机会，调节气氛，刺激兴奋，争取更好的学习效果。

例如，初学地点状语时，学生因受母语干扰，常把汉语中的地点状语放在动词后，说出"我学习在北京语言学院"的句子。为了加深学生对汉语中地点状语在动词前的印象，可作这样一个游戏，教师分别发给学生三张小纸条，要求他们分别在上面写出姓名（可用拼音或英文）、地点（如，在学校、在食堂等）、做什么（如，吃饭，看书、打球等）。然后选出三个学生，大家把这三张纸条分别交给这三个学生（他们可把纸条的顺序重新排列）。然后让第一个学生念姓名、第二个学生念地点、第三个学生念做什么。因为人名、地点、动作是随意组合的，有时会出现很可笑的句子，如"阿里在食堂睡觉""玛丽在图书馆打球"等，同学们对此很有兴趣，游戏中轻松愉快地掌握了地点状语放在动词前这一语法特点。

第五节　基础汉语教学中的课堂操练

一、关于数量

吸收知识主要靠理解、记忆，掌握技能除了理解、记忆之外，更重要的是要靠实践，而且这种实践需要一定的数量。这是人们所容易理解的。语言技能同样需要一定数量的实践才能获得。可以说，没有数量就没有熟练，就没有语言习惯。比如说，每一种语言都有一些比较特殊的音素。从发音学的生理角度讲，不同的音素有发音器官的不同运动，准确地掌握某种语言的特殊音素，也就是要使发音器官的有关部位作相应的运动。语言习惯的形成就包括着这种运动的熟练，这需要大量的操练。当然，句型的选择，词的选择和搭配，语调的得体、流畅，等等，远比这种生理运动复杂得多，它尤其需要大量的操练。教学大纲规定的各个阶段的听力速度、阅读速度、口语表达速度、笔语表达速度，这些指标既是语言训练在某一阶段内所应达到的要求，又是为了保证语言训练能有一定的数量，它体现了语言教学自身的要求和规律，是完全必要的。多数教师非常重视这些规定，想方设法，"搭梯子"，除障碍，根据实际情况，努力达到这些"数量"规定。听课记录表明，有的教师在教授新的句型时，两节课内学生开口达 260 人次句以上，平均一节课 130 人次句。我们现在每节课为 50 分钟，也就是每一分钟内学生开口为 2.6 人次句。如果一班有 10 个学生，那么一节课内每个学生开口 13 次，说 13 句话，每隔 3 分钟多一点的时间开口一次。

除去教师的讲解、组织教学、纠正错误等时间，学生开口的实际频率还要高一些。应该说，这样的操练数量是很大的。听课记录还表明，有的教师在一节练习课内，学生开口为 200 人次句左右，据统计，多数教师在讲授新句型时，一节课上学生开口 100 人次句左右。我们之所以不厌其烦地开列这些枯燥的数字，是因为这是一个至关重要的问题。我们试想，假定一个学生在一个学时内多操练 10 句，或少操练 10 句，在一个学年几百个学时内就是多操练或少操练几百句，甚至上千句。对短期速成的基础语言教学来说，这实在是一个十分可观的数量。教学大纲规定的各种数量指标正是通过一定数量的练习才能达到的。学生最终语言实践能力的高低，也正是在这日常的、容易被人忽视的"细小"差别中逐渐形成的。

为了保证操练有一定的数量，很多教师十分注意从每一个学生的实际出发，操练时区别对待：接受能力强一些、水平高一些的学生，操练的难度大一些，相反，则难度小一些，使绝大多数学生都有机会参加难度不同的操练，在各自的水平上有所提高。整个操练节奏十分紧凑。如果操练难度不当，不注意每个学生的具体情况，就必然会影响整个操练的进行。

"学生懂了"，人们常常因此而不再坚持操练的数量，或者学生的错误一经改正，"懂了"，就不再继续操练，以致学生在操练中，对于某一教学内容，他的错误的东西多于正确的东西；正确的东西在课堂上既没有得到反复操练、强化和巩固，课下必然回生，更谈不上正确地用之于交际实践了。这里，必须明确的是，实践语言教学的终点不是懂，而是准确、熟练。从不懂到懂，需要数量；从懂到准确、熟练，更需要数量。没有第二个数量，就不可能有语言技能的准确、熟练，从掌握语言的技能来说，只是"懂"是没有意义的，也是不巩固的。

二、关于质量

课堂操练要有一定的数量，绝不意味着只是盲目的多和快，而可以忽视质量。没有质量标准的数量是没有意义的，甚至是有害的。

所谓有质量的操练，首先体现在它的明确的目的性上。大而言之，基础语言教学的目的、要求不同于本国人的一般语文教学，更不同于文学欣赏。就教学的不同阶段来说，其目的、要求也是有区别的。不同课型的操练也各应有所侧重。小而言之，操练的每一种方式都要有明确的目的，切忌形式过多，无目的的过于频繁的变换，像舞台上的某种台步一样，步姿固然多彩，惜乎所进不多，甚至仍在原地。我们提倡运动场上"三级跳式"的操练，步子不在多，一步是一步，步步踩在关键处，每步都有前进。也就是说，每一种形式的操练，要达到什么目的，解决什么问题，都应该在总体设计的指导下，十分明确。学生在操练后，确实有所收获。

有质量的操练必须全面体现本课的教学内容，突出重点和难点。既不能漏掉应该操练的内容，也不要平均使用力量。不少教师在操练时十分注意重点和难点，操练的数量也比较大。此外，在语调上有暗示性的提示，必要时还辅之以醒目的板书。如有的教师在操练复合韵母时，为了使学生注意其中的韵腹在音长、音强上同韵头、韵尾的不同，利用板书，把韵腹写得大一些。有的教师针对学生操练定语时常常忽视"的"的错误，板书一个斗大的"的"字。总之，对重点和难点，像电影的特写镜头一样加以强调，使学生在操练时特别注意，留下深刻的印象。如果操练不能体现本课教材的内容，或者对重点把握错了，或者对学生的难点心中无数，或者对重点、难点没有加以突出、强调，这样的操练就必然是例行公事，隔靴搔痒，没有质量。

有质量的操练还应体现在准确性上。操练前，教师对学生的难点，可能出现的错误，要有一定的预见，使操练更有针对性，从而降低学生在操练中的错误率，使操练从一开始就尽可能准确地进行。这既可以排除错误印象对语言学习的干扰，从心理上说，有利于激起学生的学习兴趣，保护学习积极性。在操练中，对学生要严格要求，不要轻易放过学生的错误，更不要听任学生不断地重复错误。教师在课堂上对学生有很大的权威性，教师的评定和指导往往被认为是判断正确与错误的准绳。放过错误会被认为是默认。重复错误的操练非但无益，反而有害。

但是，这里所说的"不要轻易放过"，"不能听任"，必须十分讲究方法，注意适度；如果错误太多，可区分轻重缓急，有重点、有计划地逐步解决。这里，照顾学生的自尊心，保护学生的积极性，让学生有时间琢磨、体会，教师要有耐心，这些无论从语言学习的规律，还是从心理学上来说，仍然是必要的。总之，正确的做法是：要求严格，处理适度。

有质量的操练善于把新旧知识联系起来，既操练了新的教学内容，又有助于旧内容的巩固。这就要求教师善于把握新旧知识的内在联系，善于以旧引新，善于在进行新内容的操练时把旧内容包括进去，使以前学过的词语、句型不断地得到重视，使学生在原有的语言水平上不断提高，而不是把新的语言现象孤立起来操练。

"学生对重复没有兴趣"，组织操练时常常会遇到这样的问题。其原因也许是多方面的。不过，如果我们的操练能注意在重复中有所变化、提高，如在速度上可以由慢逐渐加快，句子由简单到复杂，音节由少到多，使学生在每次重复中都有所收获，也就是说，以提高操练的质量增加学生对大数量操练的兴趣。有的教师也安排一些"游戏"，但是，这种游戏的目的是为了教学，是经过教师精心设计的。我们不赞成对提高学生语言水平毫无意义的"游戏"。

另外，教师要十分注意课堂语言，排除课堂语言的任意性。因为教师的课堂语言不仅是为了组织课堂教学，同时也是学生学习的实际语言材料，又是一种听力训练。课堂语言要完整、准确，要及时吸收新学的语言成分。节奏、语速要有利于锻炼学生的听力。

最后应该说明的是，语言操练的最终目标是掌握、运用。学生是不是会用，用得是不是准确，是检验操练质量的标准。

三、关于理论指导

语言是一种复杂的现象，是有其内部规律可循的。语言学、语言教学、外语教学都各是专门的科学。强调基础语言教学的实践性，强调操练，不是排斥理论指导。前面说过，成年人学习外语有别于儿童学话的重要之点是他们的自觉性。所谓自觉性，除了明确的目的和积极的态度之外，更多的是说他们在文化、语言知识上有一定的基础和理解力。必须充分利用这些有利条件，在大量操练的同时，给以必要的理论指导，使他们明确重点，抓住要害，掌握规律，融会贯通，举一反三。如果把成年人的外语学习与孩子学话等同起来，只要求他们盲目地、机械地模仿，学生往往会感到受了"智力上的嘲弄"，厌倦于语言操练。

从实际情况来看，如果没有必要的理论指导，学生不懂得"所以然"，大量的操练很可能是"顺竿爬"。曾经有这样的现象，在教学汉语某一特有的常用虚词时，学生在课上作了不少操练，但是，临下课时，学生问老师，这个虚词是什么意思。显然，缺乏必要的理论指导，不仅违背了成年人学习语言的特点，也达不到操练的真正目的。

当然，这种理论指导并不等于"满堂灌"，不是把操练作为长篇理论讲授的例句。这种理论指导是以大量的实际操练为前提的，是为培养学生的语言实践能力服务的。因此，必须抓住要害，有高度的概括力。有一个教师在教授连动句时，首先作了大量的操练，并把典型的句子板书在黑板上。然后问学生，这些句子有几个动词？学生回答有两个。教师接着说明这些句子或者表示目的，或者表示方式，或者表示工具，在汉语里叫做连动句。接着让学生看墙上挂着的语法术语表（有外语注释），带领学生朗读"连动句"，最后又问学生，连动句有几个动词，表示什么意义，短短几分钟，有教师的讲解，有师生的对话，把语法点得十分清楚。

强调语言操练不是贬低理论指导的作用，而是对理论讲授提出了更高的要求。教师必须对有关的语言现象有比较透彻的了解，有一定的理论素养，并能结合教学实际，灵活运用，做到综观全局，突出重点，抓住要害，以简明的讲授画龙点睛，收事半功倍的效果。举例来说吧，一个语音教师从实践角度上说，必须掌握普通话，此外，必须具备普通语音学的知识，了解决定各音素的要素，这样才能在实际操练时抓住要领，能敏锐地发现错误，准确地分析产生错音的原因，有针对性地纠正错误。否认必要的理论修养，以为只要会说普通话就可以教好外国人说汉语的观点是错误的。人们强调语言环境，但哪所学校也不会到十字街头随便找个人来就做课堂上的语言教师。但是，"身在此山中，不识真面目"，有意无意之间忽视、贬低语言教师条件的事仍然是常常发生的。作为语言教师无论在认识上、实践上都决不能轻视语言理论的指导作用。一个严肃对待语言教学的教师，一定是在教学实践上用心的人，同时也是对语言理论刻苦钻研、努力在实践中加以灵活运用的人。

四、关于外语的作用

为了使学生在大量操练中逐渐养成语言习惯，养成用目的语思维的能力，有些教学法理论不提倡，甚至禁止使用学生的母语或媒介语。在汉语作为外语教学的历史上，50年代和60年代初，曾采用语法翻译法，这时，外语的使用是大量的。以后，在国外直接法、听说法等方法的影响下，改用汉语直接进行教学。那么，现在对外语的态度是什么呢？从使用上说是有所控制，即既不绝对禁止，又反对大量使用。所谓不绝对禁止，是说在教学初期的某些课堂用语和理论指导的必要词语可以使用外语，如上面提到的连动句表示目的、工具、方式中的"目的""工具""方式"这三个词，教师就是使用了外语的。使用外语简明地说明问题，可以免除学生探索之苦，缩短从感性认识到理性认识的过程。这里，不绝对禁止使用外语同操练中不排斥理论指导的作用，是相为表里的。所谓不大量使用外语，是因为只有大量的理论讲解才需要大量的使用外语，而大量的理论讲解和使用外语就必然削弱语言的实际操练。这个主张又是同反对理论讲解"满堂灌"相一致的。

有一种意见认为，如果在操练中不直接使用外语，教师掌握外语就失去了意义。这种把操练中直接使用外语与外语在操练中的作用等同起来的意见实在是一种误解。教师懂得外语—学生的母语的重要意义在于，它有助于进行汉外对比研究，了解学生母语与汉语的异同，知己知彼，从而更准确地确定操练乃至整个教学的重点，科学地预见学生在操练中可能出现的错误，使整个操练更有针对性、目的性。如汉外语音对比可以告诉我们，汉语中哪些音素在学生的母语中是没有的，哪些音素与学生母语中的有关音素相似而又有所不同，其不同又在哪里，哪些音素学生学起来是没有困难的，从而使我们心中有数，减少操练的盲目性。学生在操练中出现错误的时候，汉外对比可以帮助教师了解这些错误产生的原因是受母语的影响，还是偶然的因素，分别情况进行处理。如有的说英语的学生在操练时说出这样的句子；"离学校到商店有五公里。"如果教师懂得英语，就可以知道这是受英语"from"的影响，"from"的意义固然相当于汉语的"离""从"，但汉语"离""从"在用法上是不同的。又如阿拉伯学生常说："可以我们去。"如果教师懂得阿拉伯语，就可以知道这是受阿拉伯语的影响。当然，这只是一些最简单的例子。从深度和广度两个方面，进一步开展汉外对比，是摆在我们面前一项十分艰巨的任务，它对提高包括课堂操练在内的整个教学的质量具有重大的意义；比起在课堂操练中直接使用外语来，这是一个更高的要求。从这个意义上来说，教师的外语知识不是无用武之地，而是大有作为，而且亟须进一步提高。

第六节　课堂教学评估

一、课堂教学评估的作用

课堂教学评估是信息反馈的重要手段，它可以帮助教师和学生有效监控课堂教学和课堂学习的过程。但在一般情况下，教师都是通过期中考试或期末考试来获取有关学生学习情况的反馈，对教师的教和学生的学进行评估。这种评估更多地关注学生的学习效果和教师的教学效果，往往忽略了学生在学习过程中的情感、态度、努力程度和存在的问题，也忽略了教师在教学过程中的意识、行为、方法等因素。教学是一个过程，最有效的评估时间不是在期中或期末。应该搞"进行时"的教学评估，不都是"完成时"的教学评估。只有关注学生的学习过程和教师的教学过程，为教学提供早期的和及时的反馈，才是成有效的教学评估。

（一）课堂教学评估对教师的作用

1. 积累教学经验，提高教学技艺

课堂教学的质量取决于教师的课堂教学意识和教学行为。有效教学行为越多、无效教学行为越少，教学的效果越好。增加有效教学行为、减少无效教学行为的关键是积累教学经验。教学经验跟有效教学行为成正比，跟无效教学行为成反比。而课堂教学评估正是帮助教师积累教学经验，提高教学技艺的重要途径。

教师，特别是年轻的教师，不断发现自己教学中的"短木板"，找出不足之处，明确此时此处"不应该这样做"，从反面吸取经验教训更为重要。因此，教师的自评，应该以发现问题，分析原因，思考和提出改进措施为主。这样，教学评估才能真正起到积累教学经验，提高教学技艺的作用。

2. 得到必要的信息反馈，及时调整教学计划和安排

教师在课堂上及时得到必要的信息反馈非常重要。比如教师讲解完生词或一个语法点之后进行练习，学生的眼神和表情就是对教师讲解的评估。如果从大多数学生的眼神和表情中看出他们充满信心，跃跃欲试，就证明他们已经理解了。如果有的学生蹙眉做思考状或者眼光避免跟教师接触，就证明他们没有理解或没完全理解，需要回炉补火候。同样，学生做练习的正误对错，也是对教学的评估。大多数学生练习做对了，证明他们已经掌握了，可以进行下一个项目了；如果相反，就证明他们没有掌握，需要重新讲解和练习，不能急于进行下一个项目。

教师对学生的学习情况和学习效果了解得越深入、越全面，就越能有效地安排自己的教学活动，最大限度地增加有效教学行为和减少无效教学行为。有经验的教师总是不断地从学生自然的评估中得到必要的信息反馈，及时调整教学计划和安排，使教学符合实际，具有更强的针对性，从而取得最佳的教学效果。

3. 改善师生关系，优化课堂环境

课堂教学评估对教师的第三个作用是改善师生关系，优化课堂环境。教师给学生机会发表对教学的意见和建议，通过师生对话加深彼此的了解和沟通，可以消除隔阂，改善关系，为更有效地开展教学奠定基础。

学生对教师教学的评估无非是两个方面：一是肯定，二是否定。学生的肯定是对教师教学的认可，可以帮助教师总结成功的经验，获取成就感并增加信心，同时增进师生间的亲和力。学生的否定可以帮助教师找出或者印证自己教学中的"短木板"，可以更有针对性地改进教学。教师改进教学，必定受到学生的欢迎，同样可以增进师生间的亲和力。学生对教师的教学不满意，说出来总是比不说出来好，教师给学生机会提意见，是缓和矛盾、化解矛盾的有效方法。

优化的课堂环境，应该是民主的、宽松的、和谐的，为教师和学生提供充分表演的舞台。及时的教学评估，师生互相鼓励，学生为教师加油，教师为学生加油，课堂上一阵阵掌声、一阵阵笑声可以使教师和学生抖擞精神，使学生感到艰难的学习内容不觉得累，枯燥的训练不觉得烦，从而淡化学习的紧张气氛，

强化轻松学习的氛围。

4. 为科学研究提供素材和资料

在高等学校工作的教师应该认认真真地上课，踏踏实实地做学问。这两个方面不能一手软一手硬，必须两手都要硬。所谓"做学问"就是搞科研，如果只搞教学，不搞科研，教学就没有根基，教学就会在低水平上徘徊，教学质量很难进一步提升。特别是对外汉语教学领域，科研必须结合教学，教学是对外汉语教学学科的"本"，只有抓住这个"本"，研究这个"本"，才能突出我们学科的特色，也才有我们学科的地位。

进行教学评估是研究教学的突破口，经过长期的、不断的、及时的教学评估，教师可以透彻地了解学生的学习过程和自己的教学过程，同时可以取得和积累大量学生学习和教师教学的素材。这些素材是进行科学研究的重要资料。通过研究这些素材和资料既可以发现教师"教"的规律，又可以发现学生"学"的规律，从而写出高水平的论文。

（二）课堂教学评估对学生的作用

1. 使学生了解学习的过程，更加积极主动地学习

学生学习语言往往只关心学习的结果，比如考试通过几级，他们不太关注学习的过程。其实过程比结果更重要。

做任何事情都一样，过程是漫长的线，结果是短暂的点。没有过程就没有结果，也可以说过程决定结果。学习也是这样，学习的结果靠过程的积累。经验告诉我们，其他条件都一样，坚持努力学习的学生比三天打鱼两天晒网的学生学习成绩好。知识和技能是在学习的过程中获得的。通过课堂教学评估，学生了解了学习的过程，就会更加积极、主动、努力地学习：就会更好地监控自己的学习行为，减少盲目性，增加自觉性；就能打破应试教育的弊端，使学生扎扎实实地练好基本功，实实在在地提高语言交际能力。好比走路，如果每一步都能走好，结果一定会到达目的地：如果走的过程中方向错了，或者中途出现故障，结果很难到达目的地。

2. 使学生及时了解自己的进步，获得成就感

课堂教学评估使学生学习的过程成为可视之物，学生能够清楚地看到自己

学习的轨迹和学习的进步，就会获得成就感和满足感，从而增强学习的信心和动力。

学习，特别是语言学习，又特别是第二语言学习，往往枯燥乏味，很多人学不到头，中途打退堂鼓。中外很多学者的研究表明，学生提高学习的质量和效率，第一是爱学、喜欢学；第二是方法得当；第三是勤奋刻苦。学生爱学习、喜欢学习是首要的，没有这条，其他都谈不上。课堂教学评估，教师以鼓励为主，让学生及时了解自己的进步，及时获得成就感和满足感，就会化解枯燥乏味，变艰难的苦差为乐事，变怕学厌学为爱学乐学，提高学习兴趣。

课堂教学评估针对具体的学生和具体的教学内容，对个别学生的成绩和进步，教师可以在全班公示，让其他同学都了解，得到其他同学的认可。教师的表扬应该是对学生能力的认可和肯定，而不仅仅局限于具体的成绩和进步。学生认识到自己有能力学好，才能真正转化为持久的动力。

3. 使学生及时了解自己的不足，以便改进

课堂教学评估的目的是提高学习质量，它注重学生是否达到学习目标，而不是与其他学生进行学习成绩比较。因此，绝对不能搞一个教学班学习成绩的排名。每个学生的起点不同，智能不同，自然不能要求学习的结果相同。课堂教学评估注重学生在各自的基础上有没有提高。

成绩和进步要当众表扬，对于个别学生的个别问题和不足，教师尽量采用个别面谈的方式告诉学生，从而既不伤害学生的自尊心，又能让他们及时了解自己的不足，以便改进。教师在跟学生面谈时，要像医生给病人诊病一样，具体地告诉他毛病在哪儿，根源是什么，如何解决。比如一个词语学生用错了，教师首先要指出错在哪儿，对于顽固性的错误，教师跟学生面谈时要了解学生的想法，发现和指出为什么会出现这样的错误，最后说明解决的办法，告诉学生这个词语应该怎么用。

4. 帮助学生学会学习，改进学习方法

课堂教学评估的一项重要任务是帮助学生改进学习方法，调整学习策略。学习质量和效率的提高很大程度取决于学习方法。方法得当则事半功倍，方法不当则事倍功半。通过课堂教学评估，教师可以帮助学生掌握正确的学习方法，

克服不良的学习习惯。课堂教学有张有弛，学生的注意力才能得到合理的分配，教师发现学生注意力有问题，就要告诉他们什么时候应该集中注意力，什么时候可以稍事休息，让他们养成习惯。

现在已经进入信息社会，提倡终身学习。学生离开教师、离开学校以后应该能够自主地学习。通过课堂教学评估，学生了解了学习的过程，等于在游泳中学会更好游泳，帮助学生更好地学习。总之，帮助学生学会学习比教会具体知识更为重要。

二、课堂教学评估的原则

（一）目的性原则

进行课堂教学评估，教师首先要明确本次评估的目的和预期的效果，因为每次评估的目的和预期结果不同，那么本次评估要达到什么目的，要取得什么样效果不仅教师明确，也要让学生明确。这样学生才能积极配合，从而达到预期效果。一般来说，课堂教学评估的具体目的有：①检测学生对当堂教学内容掌握的情况；②检测学生的学习方法和学习策略；③检测学生对学习过程的自我监控情况；④检测教学任务的完成情况；⑤发现学生在学习中仍未解决的问题；⑥发现教师教学方法的问题；⑦了解教师采用新方法的效果；⑧发现课程设置和教材的问题；⑨为教师调整教学策略提供反馈；⑩为学生调整学习策略提供反馈。总之，课堂教学评估的目的是为了更好地了解学生的学习以便更好地开展课堂教学活动，提高课堂教学的质量和效率。

（二）针对性原则

课堂教学评估的针对性很强，往往针对教学中的具体问题进行。

这一堂课进行得非常顺利，师生配合得非常默契，此时需要进行教学评估，帮助教师总结经验，以便推广；肯定学生的学习方法和学习策略。这一堂课上得很不顺手，出现的问题比较多，此时需要进行教学评估，发现教师教学方法的问题，总结教训，以便克服。一堂课下来，对于是否完成了教学任务没有把握，此时需要进行教学评估，帮助教师了解教学任务完成的情况。某课的教学内容十分重要，此时需要进行教学评估，了解学生对当堂教学内容掌握的情况。

教师改变了教学方法，进行教学实验，此时需要进行教学评估，了解此种方法的效果。发现学生积极性不高，有畏难情绪，课堂气氛沉闷，此时需要进行教学评估，鼓励学生树立信心，活跃课堂气氛，及时扭转被动的局面；同时培养学生对学习过程的自我监控的能力。

总之，课堂教学评估的针对性体现为不是积累性的，而是过程性的；不是结论性的，而是诊断性的；不是行政性的，而是个人性的；不是全局性的，而是局部性的；不是总体的，而是具体的。

（三）有效性原则

课堂教学评估要讲究实效。不是为了评估而评估，也不是为了完成上级交代的评估任务。课堂教学评估以学生自评为主，以培养学生的自我监控能力和自主学习能力。教学评估得到的信息反馈，可以使教师调整教学策略，学生调整学习策略，及时地、有针对性地解决教学中存在的问题，从而提高教学的质量和效率。

（四）常规性原则

课堂教学评估应该纳入正常的教学之中，并非只在期中和期末进行。课堂教学评估是监控教学和学习的手段，必须经常有规律地进行。这种评估不一定占用很多时间，也不一定很正规，关键是教师必须有课堂教学评估的意识，才能把它作为常规的教学内容之一。

（五）客观性原则

科学的评估务求客观公正、真实可靠。要尊重客观规律，力戒主观臆断和避免随意性。客观的评估才能起到评估的作用。评估的结果主要是给自己看，所以好就是好，不好就是不好，教师要控制自己的感情。科学、真实、客观、尺度统一、标准一致是课堂教学评估成功的基本保证。

（六）可行性原则

课堂教学评估的方法必须简便易行，实施起来没有太多的困难。如果评估方案操作起来太麻烦，学生不愿意配合，评估就很难成功。评估给教师和学生带来很多麻烦，效果当然不好。

（七）变化性原则

课堂教学评估可采用多种方式进行，可以口头，也可以书面；可以自评（包括教师自评和学生自评），也可以互评（包括师生互评和学生互评）；可课上进行，也可课下进行；可分组讨论，也可全班一起讨论，还可以师生一对一地面谈。多变化、多角度、多方位的课堂教学评估可以增加学生的新鲜感，使学生乐于参与，明确课堂评估的作用和价值，使他们看到课堂评估给自己带来的好处。

第九章 文化视角下对外汉语教师的素质培养

第一节 教师的发展类型

一、经验型教师

在传统教学中，教师是知识的传递者。韩愈把教师的职责归结为"传道、授业、解惑"。在这里，教师是绝对的权威和知识的源泉，教师的作用就是把书本中的知识挪到学生的大脑中，学生能在考试时回忆起这些知识。在这种思想影响下，教师普遍以向学生传授知识为己任，重视学生成绩的提高。在多年的教学实践中，已经把教学变成了一个标准化、规范化、程序化以及可预设、可控的一整套规范操作步骤。教师只要把这套"经验"学到手，就可以一辈子受用。

受这种思想的影响，在对外汉语教学领域，许多教师最终成了很好的经验型教师。例如，为了忠实地向学生传授课本知识，有些教师采取的教学方法也是多年一成不变的。他们五年、十年教一种课型，由于教材不变，考试题型不变，一切都在教师的"掌控"之中。教师上课只需拿着一本课本，上课的内容就是课本中的课文，"教案"就是课文空白处的"眉批"，多年来书不离手，而且是多年不变的一本书。就这样年复一年、日复一日地"辛勤"工作着，到了一定年龄成了一个"富有经验"的教师。然后再"师傅带徒弟"，一代代传下去，最后成了一个按部就班的"教书匠"。

一个优秀的教师不在于他教了多少年的书，而在于他是否用心地教书。多年来的教学体制使一部分教师陷入了一种"教而不研""教而不思"的怪圈，严重阻碍了教师自身的专业发展。随着时代的发展、国家课程改革的深入，教师仅仅成为一个知识的传授者、一个"经验型教师"，已经不能适应时代的要求，教师以"专家"或"研究者"的角色出现在教育实践中已经成为一种必然的趋势。

二、专家型教师（研究型教师）

"专家"有广义和狭义之分，广义的专家是指在某个领域（或方面）有专长的人；狭义的专家特指"对某种学术、技能有特长的人"。每个专业、每个学科领域都有造诣精深的人，如被我们称为"语言学家""心理学家""经济学家"等各学科的专家，我们把他们泛称为"学科专家"。但是"学科专家"不等于"学科教学专家"，后者更注重使自己所擅长的学科知识能被学生所掌握和运用。因此我们这里所说的专家型教师是指具有某种学科教学专长的教师。

构成专家型教师的基本特征是什么呢？美国教学专家斯腾伯格指出，专家型教师应具有以下特征：①将更多的知识运用于教学问题的解决；②解决教学问题的高效率；③富有洞察力。

根据斯腾伯格的观点，有学者进一步指出，专家型教师应该是：①有丰富的经过组织化的专门知识，并能有效运用。专家型教师在教学中能有效地运用自己的知识（包括学科知识和教育学知识）来解决问题；②能高效率地解决教学领域中的各种问题。由于专家型教师在某些技能方面已经程序化、自动化，这使得他们能够迅速且只需很少或无需认知努力便可完成多项活动，他们能将更多的精力集中于更高水平问题的解决上。另外，专家型教师在接触任务时由于具有广泛的知识经验，能对问题的解决方法进行相应的调整。例如，对于哪些问题能立即解决，哪些问题可进行尝试，哪些问题稍后解决等。③专家型教师善于创造性地解决问题，有很强的洞察力。专家型教师在教学中能够鉴别出有助于问题解决的信息，并能有效地将这些信息联系起来重新加以组织，新颖而恰当地解决问题。

目前在对外汉语教学领域，许多教师能做到在教学中注意总结自己和借鉴他人的课堂教学经验，逐步改进教学方法，成为教学熟手和经验型教师，但是离专家型教师还有一定的距离。许多教师一辈子兢兢业业地在教学一线辛勤耕作，但是最后没有成为专家型教师，这里的原因有很多，但是有几点是不容忽视的。①认为对外汉语教学不难，尤其是初级阶段，词汇量和语法有限，多年来就教这些东西，对于母语是汉语的教师，教学是易如反掌的事情，教师无须掌握更多的知识。②认为留学生都是成人，且大部分都是自费来学习的，该不该学习，努力到什么程度，他们自己能够决定，无需教师管理和要求，教师只要完成自己的教学任务即可。教师没有从教育学的高度来对学生进行培养，教育学、心理学、教学论等学科的知识欠缺。③只注重教学经验的积累，缺少对教学过程的反思。许多教师可以成为经验丰富的教师，但是却成不了反思型、研究型的教师，很重要的原因是教师课下不作研究，没有科研意识和科研能力。

通过上面的研究和探讨，对外汉语教师要成为专家型教师，应具备以下这些特征。①有先进的教育理念，并能用此来指导教学实践。②具有坚实的学科知识，明确学科的知识体系、构成、发展脉络以及学科内部各知识之间的关系，能用自己的语言表达学科的基本内容，能成为该学科的学者和专家。③有精湛的教学技艺，并能不断地进行反思。④有较强的科研能力，善于开展教学科学研究，能成为研究者和反思者。

21世纪初，国家汉办（国家汉语国际推广领导小组办公室）公布了《国际汉语教师标准》，对教师的综合素质有了明确的规定：教师应具备对自己教学进行反思的意识，具备基本的课堂研究能力，反思自己的教学实践和教学效果并据此改进教学；教师应具备自我发展的意识，能制订长期和短期的专业发展目标；教师应具备良好的心理素质，能应对教学过程中的突发事件，并在任何教学场合中，都能体现良好的职业道德素养。

鼓励教师从事教学研究是时代发展的必然。日益频繁且日见深刻的教育教学改革，使广大教师不得不经常面对新的教学思想、新的课程计划、新的教学方法和设施，这些变革既要求教师知识结构上的更新，也要求教师情感与技能上的适应，这就要求教师必须要从事教学研究，以跟上时代的步伐。这样，一种新的教师形象专家型教师就出现了。这样的教师既是学科领域的专家，又是教育教学领域的专家；既是授业者，又是学习者。教师只有树立起学者和专家的形象，才能真正成为专业人员，受到社会的尊重。

苏霍姆林斯基是伟大的教育家，也是专家型教师的典范。他几十年如一日，兢兢业业地工作在教学第一线，在工作的同时孜孜不倦地研究教育理论。他在《给教师的一百条建议》中写道教师"要天天看书，终身以书籍为友。这是一天也不断流的潺潺小溪，它充实着思想江河。阅读不是为了明天上课，而是出自本性的需求，出自对知识的渴求"。苏霍姆林斯基全面探讨了普通教育的各个领域，并从理论与实践的结合上研究教育问题，最终成为闻名世界的教育专家。

三、智慧型教师

近年来随着教师职业的发展，人们已经不再满足于专家型教师（研究型教师）的提法。有专家指出：虽然教师向专家型发展总体上是好的，但是有些教师在很多情况下把"专家"当成一种标签，为研究而研究，把研究作为目的，带有很强的功利性。另外，一些教师特别是一些青年教师，为了成为专家型教师，只注重理论研究，忽视教学实践，这种倾向不利于教师的地位和发展。随着时代的发展，人们又提出了"智慧型教师"这一概念，以期对教师专业发展进行新的诠释。

一般来说，一谈"智慧"人们就会想到"机智""敏锐"等词语。《现代汉语词典》解释为：智慧是"辨析判断、发明创造的能力"。从这一概念中我们可以看出，"智慧"是一个人综合素质的体现，而且最重要的是要有独创性和创新精神。教育智慧是优秀教师内在秉性、学识、情感、精神等个人独具的性格化的东西，在特定情境下向外的喷涌和投射。它常常表现为教师在处理教育情境时的自持、分寸感、敏锐和机智。教师可能事先无计划、未有预见、也不一定有规则和程序，但在特定的瞬间所表现出来的行为却是规范的、适宜的、流畅的、合理的。

那么，何为智慧型教师呢？承上观点，智慧型教师就是指在现代教育活动中具有辨析判断、发明创造和主动适应等能力和能量的教师。具体说来，应当具有高智商和高情商，能在教学活动中开明开放、民主平等、竞争合作、自我反思、批判创新，既能把学生教聪明，又能使教师本人在教学活动中由必然王国走向自由王国。

怎样的教师才算是一个智慧型的教师呢？智慧型教师主要表现为"教师对于教育教学工作的规律性把握、创造性驾驭和深刻洞悉、敏锐反应以及灵活机智应对的综合能力。"对规律的把握，不是一朝一夕可以做到的，要经过长期丰富的教学实践才能最终形成，它是教师对教学的一种深层的理性认识，是智慧的最高表现。对复杂多变的教学情境能不能创造性地驾驭，是否有深刻的洞察力和敏锐的反应，也是体现智慧的一个很重要的方面。当教学出现突发事件，当具体的教学任务、目标、场景随着情况发生改变，教师能不能作出灵敏的反应、灵活机智的应对、恰当的现场调整，基本上能真实反映一个教师的实际智慧水平。

智慧型教师主要表现为在教育教学活动中的教育智慧，而教育智慧是教师长期教学实践、感悟、反思的结果，也是教师教育理念、知识素养、情感和价值观、教育机制、教学风格等多方面素质高度个性化的综合体现。智慧型教师和研究型教师有许多共同之处，但是智慧型教师具有更丰富的内涵和更高的目标指向，即在理论和实践的紧密结合中全面提升自身的教育智慧水平。因此，以"智慧型教师"这一概念来对教师的专业发展方向进行新的概括，将对教师的理论学养和综合实践素质提出更全面的要求。

四、对外汉语教师

对外汉语教师要有不同的类型和层次，大体上可以分为以下几种：①能够胜任课堂教学工作的教师；②能够胜任多种教学任务的教师；③教学艺术高超的教师；④既能胜任教学工作，又能进行科学研究工作的教师；⑤科研能力特别强的教师；⑥能够兼任教学、科研的组织领导工作的教师；⑦能够受到特别欢迎和尊敬的教师。对不同类型和不同层次的对外汉语教师，在知识结构、素养要求上应当有所区别。这七种类型，实际上可以归结为三大类，即能够胜任教学工作的教师、科研能力特别强的教师和既能胜任教学工作又能进行科学研究工作的教师。第一种我们称之为"教学型"教师，第二种我们称之为"研究型"教师，第三种是两者兼备的教师。

对外汉语教学界的确存在着"教学型教师"和"研究型教师"。有的教师上课认真，跟学生关系融洽，深受学生欢迎，但是不会进行科学研究，很少写论文。几十年来兢兢业业地工作，学生换了一届又一届，老师还是原地踏步，只是积累的经验越来越丰富，但是很少借鉴先进的理论和研究成果提升自己的教学实践，最终成了一个"教书匠"。还有的老师科研搞得很好，但是很少跟教学实践结合。科研和教学是两股劲儿，怎么也拧不到一起，结果是科研越搞越红火，上课应付了事。这两种教师都不是教师职业发展所追求的教师类型。

现在的教师队伍不缺少研究型教师，但是缺少教学和科研兼备的教师。随着时代的发展，对外汉语教师不能再以教学型或科研型作为自己的主要发展方向，而要以科研促进教学，以科研带动教学，以教学完善科研，以教学促进科研作为自己的发展方向，成为一名具有科研能力的教学专家，也就是"专家型教师"，进而成为一名"智慧型教师"。

第二节　对外汉语教师的智能储备

教师是教学活动的主体，在教学中发挥着主导作用。教师的知识结构、教学能力等都制约着教师主导作用的充分发挥。对外汉语教师应该具备什么样的知识结构、教学能力，直接关系到对外汉语教学的质量和效果。我们认为一名优秀的对外汉语教师，不仅要有合理的知识结构，还要有较强的教学能力，这些构成了一名优秀的对外汉语教师必备的专业智能储备。

一、合理的知识结构

（一）通晓所教的专业知识

教师首先要对学科的基础知识有广泛而准确的理解，熟练掌握相关的技能、技巧。这是因为教师只有对知识和技能有了准确熟练的掌握，才有可能花更多的精力去设计教学，才能在课堂上关注学生和教学的进展情况，而不是把注意力集中到"自己不要把知识讲错"的担心上。其次，教师要了解该学科目前的研究状况、最新研究成果，以及未来的发展趋势。具体来说，对外汉语教师要通晓下面一些专业知识。

1. 现代汉语知识

汉语教师要能理解、掌握并运用现代汉语的基本知识与基本技能，包括语音、词汇、语法和文字等方面的知识，以及听、说、读、写等技能，并能将汉语知识与技能相结合并运用于教学实践。

2. 语言学知识

汉语教师的语言学知识包括普通语言学、社会语言学、心理语言学以及应用语言学中以语言学习理论和习得理论为主的语言学的基本理论和知识以及语言教学法等。

3. 文化知识

教师要能了解和掌握中国的国情、历史、文学艺术、传统文化以及当代中国政治经济等方面的知识，并将相关知识应用于教学实践，引起学习者对中国文化的兴趣。文化主要包括节日、饮食、风俗习惯、历史人物、琴棋书画、戏曲、绘画、建筑、园林、中药、服装、茶酒、教育、经济等。

教师除了具备相关的文化知识外，还要了解中外文化的主要差异，了解跨文化交际的主要概念以及文化、跨文化对语言教与学的影响，并能将上述理论和知识应用于实践。

4. 外语知识

对外汉语教师要有较强的外语知识和运用外语的能力。外语是教师和学生沟通的桥梁，也是教师确定教学重点、难点的依据，还是教师教学的辅助手段之一，因此对外汉语教师要具备外语的基本知识和基本技能以及综合运用这些知识和技能的能力。具体说来，教师要熟练掌握外语的语音、语调、词汇、语法、功能、话题、文化等方面的基本知识，并能综合运用听、说、读、写、译等能力进行交流。

（二）具备扎实的教学理论知识

从事语言教学必须掌握一定的教育理论知识，因为掌握必要的教育教学规律，能快速地提高教学质量和效率。著名特级教师魏书生说："我的教学不过是雕虫小技，只要认真学习教育理论，把教与学的规律搞清楚了，人人都可以有上百种方法把学生教好。教书育人涉及一系列有关教育学、心理学、哲学等理论方面的问题，越思考越觉得自己所面临的未知领域极其广阔、新奇，这更激励我潜心于教学实践与理论学习中，探讨教书育人的真知"。魏书生的成功经验告诉我们，教师的成功教学要以教育学、教学论和心理学作为学科的教学理论基础。具体说来，教育学如教育的属性、目的、功能，教育的对象、环境等；教学论如教学内容、过程、方法、原则、教学的组织形式等；教育心理学如知识的保持和遗忘，知识的掌握和迁移，学生的个别差异，学习的动机、情感、焦虑、人格因素等；认知心理学如感觉、知觉、注意、记忆的结构、短时记忆、长时记忆、问题解决等；心理语言学如语言和思维等。

二、较强的教学能力

教学能力是指教师运用教科书、其他有关教学材料或采用某种特定方式从事教学活动、实现教学目标的能力。教师的教学能力是教师进行教学的必备条件，一个教师应该具有哪些教学能力，目前学界众说不一。根据对外汉语教学的要求以及教师职业发展的趋向，我们认为对外汉语教师的教学能力主要有以下几个方面：

（一）加工和驾驭教学内容的能力

教师的教学并不是把书本内容简单地灌输给学生，而是要对教学内容进行必要的加工和处理，以便更好地适应学生的水平。一般来说，学生的认知水平与所要掌握的内容之间有一定的距离，教师的作用就是缩短这个距离。为了帮助学生更好地掌握教学内容，教师常常要根据学生的学习实际对教学内容进行加工处理，以使教学内容更便于教师操作和运用，也有助于学生更好地学习。例如，教师对教学内容的取舍、教学重点难点的确定、教学活动的安排、教学任务的设计等都应胸有成竹。

（二）胜任多种教学工作的能力

对外汉语教师不仅要能够胜任教学工作，而且还要能够担任其他跟教学有关的工作，如课程设计、教材编写、出练习题、编制考试试题等。教师如果参与课程设计就会清楚课程之间的衔接与配合，主要课程和辅助课程、必修课程与选修课程之间的关系，上课时更能体现课型的特点；教师如果参与教材编写，就会分析所用教材的特点在哪，作者编写的意图是什么，要达到什么样的目的，了解这些对于教师处理和加工教材更有针对性，也更有利于学生掌握教材；教师只有亲自出练习题，才能进一步明确教学的重点、难点在哪，在练习中怎样训练学生掌握这些重点、难点；教师只有参加考试试题的编制，才能更有效地得到反馈信息，以进一步提高教学质量。

（三）协调人际关系的能力

成功的教学取决于多项因素。其中，一个重要的因素是教师与学生之间的沟通质量。教师要懂得去与学生沟通，懂得去满足学生的需求，并引导学生懂得如何来满足教师的需求。师生之间要建立相互信任、尊重、接纳和理解的关系。教师要善于运用言语和非言语的手段来表达自己的看法，遇到具体情况能灵活应变，使师生关系朝着和谐、融洽、愉快的方向发展。

（四）对教学的控制能力

教师在教学过程中的控制能力是指教师在教学活动中始终占据主导地位，操纵教学活动按照预期的方向发展。教师对教学的控制能力包括三个方面的内容。

1. 对学生的控制

教师要善于了解和观察班级学生的思想动向和情绪变化，捋清班级的脉搏，对班级的情况作出准确的判断和分析，并在此基础上确定行之有效的措施。对学生的控制，不是监督学生、管制学生，而是掌握情况，因势利导，使教学朝着有利于学生学习和发展的方向进行。

2. 对自己的控制

教师要在学生面前保持最佳的状态，就要有控制自身心境、情绪和情感的能力。

3. 对情境的控制

教学活动是在一定的情境中进行的。情境由物理空间和社会气氛为主构成。物理空间表现为一定的环境和场景，社会气氛表现为师生之间、生生之间心理状态的相互碰撞。教师要善于利用现有的物理环境创设情境，以期增强教学效果；教师更要具备组织、协调各种人际关系的能力，努力创造和谐的氛围，使班级气氛和谐民主。

（五）运用现代技术的能力

以多媒体和网络技术为特征的信息技术的发展，给对外汉语教学带来了新的教学手段和方法。掌握和利用这一现代化手段是对外汉语教师又一必备的教学能力。教师不仅要具有恰当地使用现代技术的操作能力，如下载、上传、搜索、个人网页、博客、电子邮件、论坛、视频会议、防火墙等；而且还要有配合教学活动的实际制作能力，如能熟练运用常见的办公软件完成教学资料的编写和制作，能利用 ppt 等制作教学课件等。

（六）研究能力

教师不但要教好书，还要能搞好科研。许多优秀教师都是一边教学、一边实验、一边研究、一边著述，逐渐成为专家型教师的。教师要充分利用长期在教学第一线，对教材和学生深入了解，有着丰富的教学经验的优势。学会在教学中发现问题，尤其是发现那些一般教师视而不见的问题，并学会抓住问题的实质，学会灵活运用教育科学的一般原理，解决实际教学中的问题。

总之，作为一名优秀教师，应该具备良好的口头表达能力、文字写作能力、信息搜集整理能力、科学研究能力、知识创新能力、社会交往能力、合作共事能力等。

第三节　对外汉语教师的基本素养

一、对外汉语教师的情感素养

情感，从生理学的角度来讲，是人体对外界刺激所产生的心理反应。行为科学认为，人的一切认知活动均是生理和心理相互作用的结果，缺少其一都是不完整的。任何活动都是在情感的影响下进行的。情感是维系和协调师生双边活动的纽带和桥梁，是教学活动的灵魂，直接影响着教学效果。对外汉语教学，由其教学对象决定了教师的情感应更丰富、更细腻、更得体、更有分寸感。主要表现为以下几个方面：

（一）真诚

教师对学生真诚的爱，既是教师良好心理素质的一种表现，也是一种重要的教育力量。有关研究表明，学生对教师情感方面的要求远远超过了对教师知识水平的要求。学生最喜欢的教师所具备的特点前三项依次为：和蔼可亲、平易近人；热爱、了解学生；活泼、开朗、善谈、热情。可见，教师对学生的爱是一种十分重要的教育力量，是其他教育因素所不能代替的。教师对待学生要真诚，要开诚布公，不虚伪行事，不趋附于人。

（二）移情

移情是指教师把自己主观的情感移入或灌输到知觉或想象的对象（学生）中去，而且意识到二者的完全合一。移情的意义在于能站在别人的立场上，设身处地为别人着想，用别人的眼睛来看这个世界，用别人的心来理解这个世界。能够意识到"我也会有这样的时候"，"我遇到这样的事情会怎么样"。

教学中教师要充分利用这种移情作用。

1. 教师对教材的移情

教师要对教材的内容深刻领会，结合自己的智能储备准确地理清教材的思路并对其进行判断，挖掘教材的思想含义和艺术特色，达到身临其境的感觉，这样在讲解课文时才能运用自如。

2. 教师对学生的移情

教师将自己置于学生的位置，准确观察、体验学生的情感，了解学生的认知策略和认识水平，设置相应的情境，进行有针对性的教学。

3. 教师对所教课程的移情

教师长时间教某门课程，往往会对这门课程产生浓厚的兴趣和特殊的感情。结果凡是遇到和自己所教学科有关的东西都能引发联想和对比，使之不断地加强对这门学科的认识和理解，课越上越得心应手，同时也会让学生越来越喜欢这门课程。

（三）非权势

教师在与学生交往中不要居高临下、盛气凌人，要有民主平等的思想，尊重课堂内每一个人。要建立一种和谐、融洽的师生关系。

（四）最大限度地宽容

宽容也是一种心理品质，是对待他人的利益、信念、信仰、行为习惯的一种友善态度。教师在教学过程中有时不可避免地与学生产生一些小摩擦，教师要学会最大限度地宽容，不断锤炼自己的性格，让爱永驻心间。

二、对外汉语教师的心理素养

教师良好的心理素养对学生的感染、教育、影响是十分深刻的。教学活动实质上是一种师生双方交往的过程，在这一交往过程中，需要教师具有良好的心理素养。

（一）教师要始终保持一种健康的心态

教师要积极、乐观、敬业，在教学中发自内心地爱学生、爱教学、爱工作，能从教学中体会到美感、愉悦感、成功感与崇高感，把教师的职业道德要求升华到完善自我品格、超脱情操的精神层面上来。

（二）教师要有良好的性格和坚强的意志

良好的性格特征能使教师在学生间具有强大的亲和力，学生会产生以教师为核心的心向，会产生巨大的凝聚力，使班级氛围和谐、融洽。意志品质对教师来说主要体现在坚定、果断、沉着、冷静、耐心、自信和自制中。其中，最关键的是耐心、自信和自制。有耐心才能说服学生，耐心是教师顺利地进行说服教育的保证，教师的自制则要求教师无论在何种情况下，都善于控制自己的情绪，掌握感情的平衡，正确把握对待学生的态度和行为。除了耐心和自制，教师还要有自信心。自信心是教师工作成功的基石，没有自信心的教师必然缺乏抗挫折能力与心理承受能力。更重要的是，一位对自己、对自己的教育对象缺乏自信的教师，是无论如何都培养不出具有自信心的学生群体的。

（三）教师要善于调节情绪

在教学过程中，由于教学的压力、学生的表现不尽如人意等，会使教师产生一些消极情绪，稍不注意就可能会影响教师的健康，更会折射到学生身上，造成负面影响。因此，教师要不断提高自己应对心理压力的能力，要善于调节情绪，克服焦虑。

三、对外汉语教师的人格素养

人格即个性，是指一个人的各项比较重要和相当持久的心理特征的总和，是个人在生理基础上，受到家庭、学校教育和社会环境等影响而逐步形成的气质、能力、兴趣和性格等心理特征的总和。教师的言行举动、人品格调、学识风范，无不成为学生的表率和楷模。教师为人师表，要有良好的人格素养。教师要热爱学生，有高尚的道德品质、渊博的专业知识、广泛的文化兴趣和高超的教育能力，从而真正赢得学生的爱戴，成为有威信、有人格魅力的好老师。

四、对外汉语教师的技能素养

（一）普通话

普通话是教师的职业语言，是教师必备的一种基本技能。尤其是对外汉语教师，普通话就显得更加重要。对外汉语教师要在一切教育教学活动中使用标准的普通话，要发音准确、口齿清楚，语速适中、语流流畅。

（二）电子计算机

随着电子时代的到来，计算机在教学中的运用越来越广泛，条件好的院校几乎每个教室都有电子计算机。作为一名在国内外任教的对外汉语教师，能熟练地操作和使用电子计算机是必备的一种基本技能。

计算机在教学中的运用早在20世纪60年代就开始了，经过几十年的研究和实践，越来越多的计算机技术运用于教学，并取得了较好的教学效果。因此，对外汉语教师要掌握这门技术。例如，对外汉语教师要能运用计算机综合处理文本、图形、图像、声音、动画、视频等多种媒体，更好地为教学服务。

（三）其他技能

对外汉语教师还要具备绘画、唱歌、书法、表演、体育、非语言运用等方面的能力。

第四节　对外汉语教师的角色意识

一、"知识传授者"角色

教师的最基本角色是知识的传授者，但是在新的教学理念影响下，教师作为知识传授者的角色已经发生了根本的变化。

二、"领导者"角色

教师的身份和作用会使学生自然地听从于教师的命令和指挥，教师的"领导者"角色会在学生中自然形成。作为教师要会当"领导"。

（一）教师要有领导的品质

①公正；②以积极的态度工作；③有学识；④果断；⑤善于听人讲话；⑥以身作则；⑦尊重学生；⑧善于沟通；⑨不记仇；⑩对自身工作热心、投入。

（二）教师要有领导技巧

①放手让学生做事，不包办代替；②鼓励学生自己开展活动；③选一个起核心作用的班长；④形成一种友爱、团结、自律的班风。

三、"心理医生"角色

教师要提供一种能相互谅解和宽容的气氛，帮助学生减轻焦虑或紧张，帮助学生获得心理的满足，给学生以情感和心理方面的支持，这时需要教师扮演"心理医生"的角色。例如考试，教师在使用考试的频率和进行结果处理时要尽量减轻学生的心理压力。教师不要给学生制造压力，而应把学生从惧怕、胆怯、缺乏自信心以及自卑中解放出来。

四、"朋友"角色

在学生面前，教师还要扮演一个热情、平等、耐心、细腻的"朋友"角色，这是师生间带有感情色彩的一种交往形式，表现为教师对学生的喜爱、友好、宽容与理解。教师作为朋友不是完整意义上的私人朋友，而是一种制度化的支配和从属关系，是以公务情感为基础的朋友。因此教师不能过于热情地扮演朋友的角色，更不能为了取得学生的支持，而无原则地迁就学生，如对学生的过失采取容忍和不批评的态度等。教师作为学生的朋友时，不能忘了自己教师的身份。

五、"父母"角色

学生离开父母来到学校以后，自然地会把"家长"的一些特征迁移到教师身上。例如，请教师帮助出主意，教师是绝对的权威，只要教师说的都是对的，有些依赖感等。

教师要勇于承担起学生"父母"的角色，如帮助学生判断哪些行为是对的、哪些是错的等；要给学生真诚的、无私的爱，不仅要满足学生知识的需求，还应当以爱抚、温存、体贴来满足学生心理的需求。

但是，教师毕竟不是父母，教师在对学生进行关怀、爱护的同时，不能放弃严格要求。这就要求教师既扮演了父母温暖与关怀的角色，又扮演了一般父母所不具备的严格要求的角色。

六、学生学习热情的培养者

学习一种新的语言，不是所有学生都能很快适应一种新的语言体系和学习方法，有的学生学了一段时间以后，可能学习热情会减退，甚至放弃学习。教师要及时把握学生的学习心理，帮助学生树立学习外语（汉语）的信心。第一，教师要从自身的讲解中让学生体会到汉语并不难学；第二，要对不同的学生给予不同的适当期待，让他们感受成功、感受快乐；第三，要为学生营造一个宽松、愉悦的学习环境；第四，要帮助学生认识到学好汉语的意义。

七、教师的"榜样"作用

我们常说，身教胜于言教。教师是教育人的人，要成为学生的榜样。教师应该意识到自己的这种作用，要使自己的一言一行成为学生的表率。孔子曰："其身正，不令而行；其身不正，虽令不从"。作为学生的榜样，教师要成为一个自尊自爱、宽厚坚韧、乐观向上的人。

每位教师都希望自己受学生欢迎，这就要求教师正确分析和评价自己的角色。不断地调整自己的角色行为，以适应教学的发展需要。教师要积极学习，善于总结经验，熟练运用各种技能，调动各种情感，积极扮演一个成功的教师角色。

第五节　对外汉语教师要掌握的研究方法

一、实验法

实验法是在可控制的教育情景中，依据一定的理论假说，有目的地使一个变量（自变量）发生变化，并控制无关因素，观察记录其对另一个变量（因变量）所产生的影响的一种研究方法。实验法的本质特点是控制变量和验证假说。

也就是说，实验研究必须有假说，研究者根据假说进行精确的实验设计，然后进行实验。在实验的过程中，研究者要控制自变量和其他无关变量，最后对实验获得的数据和资料进行分析，对一些理论问题进行探讨并对假说进行检验。实验研究的结果表现为要么证实假说，要么证伪假说。

实验法的操作步骤：提出实验课题—建立实验假说—实验设计—实验的实施—资料的统计处理—实验报告。

二、行动研究法

行动研究法是近年来在国外发展起来的一种教学理论研究方法。起源于20世纪30年代的美国，最开始是在社会领域，20世纪70年代以来逐渐成为教育研究中的一个重要语汇。自80年代以来，教师行动研究逐渐风行于世界各地，我国也是在这一时期引入的。行动研究以解决实际问题为目的，研究在实际工作中进行。它是一种自下而上的研究方式，强调研究（者）与行动（者）的结合，倡导在行动中研究、在研究中行动。这意味着·作为实践者的教师不再是教育理论的被动接受者，而是教育理论的积极建构者；教师不只是纯粹的教育者，而且是真正的研究者，是集二者于一身的"教师研究者"或"研究型教师"。

教师的行动研究是指教师作为行动者和研究者，为了提高教学质量，在教学实践中，对自己的教学进行的反思性研究，其一般过程是：

①发现问题：主要是指教师在实际教学中遇到的问题。

②分析问题：即对问题予以界定，诊断其原因。

③确定解决问题的行动及其目标与过程：问题确定后，教师根据自己或其他教师的经验，根据一定的教育理论，凭借自己对问题的理解，设计出解决问题的行动步骤，明确这些行动步骤所要达到的目标。

④收集资料：应用有关的方法，如观察法、问卷调查法、访谈法、测验法等对行动做记录，收集证据以确认目标实现到什么程度。

⑤批评与修正：凭借行动中提供的事实材料来判断、修正原计划中的缺失。有可能第一次确定的行动方法在实践中证明是不正确的，或者有了更好的解决办法，这时可能需要重新修正对问题的界定和行动计划。

⑥试行与检验：着手实行计划，并在试行之后仍要收集证据，以考验假设，

改进现状，直至能够有效地消除困难和解决问题。

⑦撰写研究报告：根据研究结果写出完整的报告。

随着研究的深入，行动研究体现出两种研究类型：一种是指导实践型，即教育研究专家和教师合作，专家主要作为"咨询者"和"指导者"，帮助教师设计假设、计划行动、实施研究、评价过程和结果。另一种是独立型，即教师通过自身批判性的思考，对教学中的问题采取相应的行动。这种研究也需要合作，即教师之间的合作。教师可根据自己的实际情况选择一种类型进行研究。

三、叙事研究法

所谓叙事研究，就是讲述故事，讲述叙事者过去或现在亲历的生活故事。这种研究方法，是 20 世纪 80 年代由加拿大的几位课程学者倡导的。教育叙事研究不直接定义教育是什么，也不直接规定教育应该怎么做，它只是让读者从故事中体验教育是什么或应该怎么做。它的最大意义在于真正使教师成为研究的主体。如果说实验研究侧重于教育事实的发现，行动研究侧重于教育问题的解决，那么叙事研究侧重的则是教育经验或意义的反思和理解。从这一角度看，教育叙事预示着一种由外而内的转化。教育叙事的目的在于促使叙事者通过叙述个人或他人的教育经验，不断反思个人在教育时空中的生存状况，追寻个人教育生活的价值和意义。

叙事研究的特点在于：①叙述的故事是已经过去或正在发生的教育事件。它所报告的内容是实际发生的教育事件－而不是教师的主观想象。②叙述的故事中包含有与事件密切相关的具体人物。教育叙事特别关注教师的亲身经历，不仅把教师置于事件的场景之中，而且注重对学生的行为作出解释和合理说明。③叙述的故事具有一定的情节，叙事谈论的是特别的人、特别的冲突和问题，或使生活变得复杂的任何东西，所以叙事不是记流水账，而是记述有情节、有意义的相对完整的故事。

教育叙事研究写作中要注意的事项包括：①观察访谈并重，多向收集资料。教育叙事的写作离不开丰富的素材和详细的原始资料，而这些资料的收集通常采取观察、访谈和问卷等方法。教师撰写教育叙事报告离不开大量的第一手材料，这里还包括教师的"研究日志"，为学生整理的"档案袋"等。②以故事为主线，展示真实自我。教师在叙事过程中应该有一个明确的主题，这个主题应该体现相关的教育教学理念。另外，教师在讲故事的时候还要展示真实的自我，这样才会使讲述的故事生动形象、富有感染力，才能打动读者的心，引起读者的共鸣。③直面事件本身，注意事件细节。教育叙事所叙之事就是教师自己和学生之间的教学事件和生活事件，事件在教育叙事报告中有着重要的地位，发挥着不可替代的作用。在撰写时，就是用"事件"来说话，来讲故事。在对事件进行讲述的过程中，还要注意对细节部分的精雕细刻，因为细节不仅能使读者了解故事的来龙去脉，还能提供给读者隐藏在由细节组成的画面之中的潜在含义。这也需要教师拥有高超的写作技巧，能将教育事件和事件细节组织成有意义的"教育叙事"。④叙事兼以分析，描写兼顾阐释。教育叙事当然以叙事为主，但是对所叙之事进行分析和解释，也是必不可少的。教育叙事报告既要有对故事细致入微的描述，还要有洞悉教育事件的深刻阐释；既要把日常的教育现象详尽地展现在读者面前，又要解析隐藏在教育现象背后的教育本质，使平凡的教育故事蕴藏着不平凡的教育智慧。

四、个案研究法

个案研究是以一个典型的事例或人物为具体的研究对象，对其人其事进行全面系统的调查研究。个案研究可以是个例（个人、机构、团体），也可以是事件。个案研究有三种类型：第一种是以理论探求和理论验证为目的的个案研究；第二种是故事讲述—图画描绘的个案研究，叙述和描写那些有趣的、值得仔细分析的教育事件、方案、计划、章程和制度；第三种是评价型个案研究，对教育事件、方案、计划、章程和制度进行分析，判断其价值。

个案研究的基本特征是：①通过聚焦特别的事例来研究一种现象。②对每一个事例进行深入研究。一项个案研究包括了一个有关特例的大量资料汇集，主要是文字陈述、影像、实物等。访谈、观察、实物分析等方法也要运用，也要用一些定量资料。③研究在自然背景下的现象，包括田野工作。④呈现研究者和被研究者的观点。通过访谈和现场观察，了解被研究者的观点。

个案研究的目的在于描述、解释和评价。描述是对某一事物或现象进行清晰地刻画和描述，提供一系列用来再创情境和内容的陈述；解释是对某些特殊现象逐行解释，研究者在现象中寻找模式；评价是为决策者和实践者提供信息，帮助他们判断、决策。

个案研究在语言教学研究领域被广泛采用，近年来，在对外汉语教学研究领域也有一些专家学者使用个案研究的方法进行研究。

行动研究、叙事研究和个案研究都是目前社会科学中日益兴起的质的研究的主要表现形式。这些研究是以研究者本人为研究工具，在自然情境下采取实地体验、开放性访谈、参与性和非参与性观察、文献分析和个案调查等多种资料收集方法对教育教学现象进行整体性探究，使用归纳法分析资料和形成理论，通过与研究对象互动对其行为和意义建构获得解释性的一种活动。质的研究并不是演绎出一般规律，而在于描写个案。研究者对研究对象和研究背景不加以控制和操纵，强调自然观察。它是一种自下而上的研究，适合边教学、边研究、边解决实际问题的一线教师操作。

参考文献

[1] 张颖，赵艳梅，雷敏．现代汉语量词研究与对外汉语教学［M］．成都：四川大学出版社，2017.09.

[2] 陈晓宁．立足于对外汉语教学的类推研究［M］．北京：科学技术文献出版社，2017.03.

[3] 冯冬梅．对外汉语教学中的思维导图实践与创新［M］．成都：四川大学出版社，2017.04.

[4] 吕美娥，王羽．对外汉语教学引论［M］．成都：电子科技大学出版社，2017.09.

[5] 刘巍，张冬秀，孙熙春．对外汉语教学理论与实务［M］．北京：清华大学出版社，2017.09.

[6] 冉晓丽．对外汉语教学与文化艺术传播［M］．长春：吉林美术出版社，2017.04.

[7] 李婧．新视野下的对外汉语教学实践认知［M］．北京：九州出版社，2017.01.

[8] 时萍．文化视角下的对外汉语教学研究［M］．成都：电子科技大学出版社，2017.12.

[9] 张小胜．新视野下的对外汉语教学实践认知研究［M］．北京：原子能出版社，2017.03.

[10] 王晓丹．对外汉语教学方法研究［M］．吉林出版集团股份有限公司，2017.10.

[11] 宋雨涵．对外汉语教学理论研究［M］．北京：北京工业大学出版社，2018.06.

[12] 贺佳．对外汉语教学理论研究［M］．北京：北京工业大学出版社，2018.12.

[13] 毕彦华．对外汉语教学理论与实践 [M]．北京：北京工业大学出版社，2018.12.

[14] 罗艺雪，徐亮，李月炯．面向对外汉语教学的称谓语研究 [M]．成都：四川大学出版社，2018.07.

[15] 刘祥友，何好娜，彭龙英．对外汉语教学散论 [M]．长春：吉林大学出版社，2018.06.

[16] 赵春利．对外汉语教学语感培养研究 [M]．北京：中国社会科学出版社，2018.08.

[17] 张宁．跨文化交际与对外汉语教学研究 [M]．江苏凤凰美术出版社，2018.08.

[18] 闫春慧．跨文化交际下的对外汉语教学及其创新发展探究 [M]．上海：上海交通大学出版社，2018.

[19] 吴莉．对外汉语词汇与词汇教学 [M]．长春：吉林教育出版社，2018.07.

[20] 皮奕．多维视域下对外汉语教学探析 [M]．中国原子能出版社，2018.06.

[21] 马莹．对外汉语教学创新研究 [M]．哈尔滨工业大学出版社，2019.04.

[22] 李娅菲．对外汉语教学与策略研究 [M]．延吉：延边大学出版社，2019.08.

[23] 乐守红．中国传统文化传播与对外汉语教学 [M]．长春：吉林人民出版社，2019.11.

[24] 江淑青．跨文化背景下对外汉语教育教学研究 [M]．北京：北京工业大学出版社，2019.11.

[25] 赵文书．对外汉语教学与研究 [M]．南京大学出版社，2019.03.

[26] 崔式蓉．对外汉语教学研究 [M]．延边大学出版社，2019.05.

[27] 王惠莲．对外汉语教学方法与教学模式的创新实践 [M]．长春：东北师范大学出版社，2020.03.

[28] 胡晓晏. 基于跨文化适应性的对外汉语教学研究 [M]. 长春：吉林人民出版社，2020.10.

[29] 潘伟斌，聂敬磊，李晓蕾. 对外汉语教学实践研究 [M]. 北京：中国纺织出版社，2020.06.

[30] 王晓岚. 对外汉语教学理论实践探索 [M]. 长春：吉林出版集团股份有限公司，2020.09.

[31] 魏龙欣. 跨文化视域下的对外汉语教学探索 [M]. 北京：九州出版社，2020.07.

[32] 李平. 高校对外汉语课程与教学研究 [M]. 吉林出版集团股份有限公司，2020.05.

[33] 邱佳，王亚楠，李法玲. 对外汉语词汇与词汇教学研究 [M]. 吉林出版集团股份有限公司，2020.12.